ROMEON
VERLAG

Nowhere to run
1. Auflage, erschienen 07-2023

Umschlaggestaltung: Romeon Verlag
Text: Michael Krausert
Layout: Romeon Verlag

ISBN: 978-3-96229-464-9

www.romeon-verlag.de

Bibliografische Information der Deutschen Nationalbibliothek:
Die Deutsche Nationalbibliothek verzeichnet diese Publikation in der Deutschen Nationalbibliografie; detaillierte bibliografische Daten sind im Internet über *https://portal.dnb.de* abrufbar.

Michael Krausert

NOWHERE TO RUN

Inhalt

Kapitel 1 Bekannte Umgebung

Auch in Okayama gab es, wie überall, keine Anzeichen dafür, dass Umeko dort gewesen sein könnte. Selbst nach der Bitte, nicht nach ihr zu suchen, kamen sie nicht umhin, immer wieder nach Spuren von ihr Ausschau zu halten. Während sie Tokio um einiges näher gekommen waren, hatte sich auch „das Nichts“, eine schwarze Masse, die sich seit über einem Jahr unaufhaltsam über die Erder ausbreitet, seinen Weg gebahnt. Wenn der Rest ihres Weges genauso ruhig wie die letzten zwei Wochen verlaufen würde, hätten sie noch genug Zeit, um nach Tokio zu gelangen.

Der einzige Zwischenfall hatte sich vor fünf Tagen ereignet. Für die Nacht hatten sie sich in einem Haus niedergelassen. Noch vor der ersten Nachtwache hatte sich ein Rudel Wölfe im Vorgarten versammelt. Der Geruch des Fleisches, das es zum Abendessen gab, hatte sie angelockt. Es waren insgesamt 7 Tiere, die vor der Haustür auf und ab tigerten und auf eine Gelegenheit zuzuschlagen warteten. Am nächsten Morgen war das Rudel weitergezogen, nicht aber ohne die Gruppe noch für eine ganze Stunde aufzuhalten. Indem sie noch eine Weile vor der Tür campierten. Erst danach hatten sie es aufgegeben und sich neue Beute gesucht.

Selbst die Tempelritter waren in den letzten zwei Woche unauffällig gewesen. Der Adler mit dem Bild und dem achten Gebot war ihre letzte Botschaft gewesen. Aus den Köpfen der Kinder waren sie aber noch lange nicht verschwunden. Ihre Geschenke erinnerten sie jedes Mal aufs Neue wieder an ihre Existenz. Ob Nobu, der bei jeder Erwähnung von Schach an den mysteriösen Großmeister Noah denken musste. Oder Rei, die bei jedem Beerenstrauch an ihr Geschenk, den roten Lippenstift in schwarzer Halterung, erinnert wurde. Daran wie sie selbst in den intimsten Momenten nichts vor ihnen verstecken konnten. Die Templer hatten sich in die Köpfe der Jugendlichen gefressen.

Jeden Abend, bevor sie schlafen gingen, überprüften sie noch einmal, ob ihre Waffen geladen und entsichert waren. Auch wenn es nach dem Vorfall in der Sternwarte zu keiner gewaltsamen Auseinandersetzung mehr kam. Für den Ernstfall wollten sie auch weiterhin gewappnet sein.

Ein kleines Apartment sollte ihnen in dieser Nacht Unterschlupf bieten. Die Gegend war auch vor dem Verschwinden der Menschen kein allzu schöner Ort gewesen. Da er zu den von Banden kontrollierten Vierteln gehörte. Überall befanden sich Graffitis an den Wänden sowie Müll, der in jeder Ecke herumlag. Besonders die Wohnung selbst erinnerte die Zwillinge an ihr eigenes Zuhause, das inzwischen vom „Nichts“ verschlungen worden war. In allen Zimmern war Müll verteilt, der bereits angefangen hatte zu stinken. In der Luft hing der Gestank von Urin, Alkohol und Tabak. Die Wohnung eines Messies wäre ein Traum dagegen gewesen.

Als sie die Tür aufbrachen, mussten sie erstmal schwer schlucken, sie wollten die Wohnung nicht sofort betreten. Lieber hätten sie noch weitere aufgebrochen, das wäre jedoch nicht sehr erfolgversprechend gewesen. Nobu war sich sicher, dass die anderen Wohnungen in dieser Gegend nicht viel besser ausgesehen hätten. Allerdings waren solche Wohnungen am leichtesten zu knacken. In den letzten Tagen waren sie öfter in Häuser eingestiegen, um die Nacht dort zu verbringen. Die Türen dort waren immer schwer aufzubrechen gewesen. Diese Billigwohnungen hingegen konnte man leicht aufbrechen. Niemand besaß viel, das zu stehlen sich gelohnt hätte. Sicherheit war darum nicht sehr großgeschrieben, sondern wurde gerne auch mal mit den Fäusten geregelt.

Erst nachdem der erste Mief verflogen war, betraten sie den Eingangsbereich, womit sie auch schon halb im Wohnzimmer standen. Es war eine sehr kleine Wohnung, alles war in einem Raum vereint. Einzig das Bad und die Schlafzimmer waren in separaten Räumen. Drinnen verbarrikadierten sie die Tür mit einem Sofa und zusätzlich noch einem Regal. Vor die Fenster zogen sie Vorhänge, kippten diese aber, um ein wenig Frischluft zu bekommen. Im Kühlschrank befand sich nur eine angefangene Packung mit einer Fertiglasagne, die schon ewig da drinstand. Lasagne war Nobus Lieblingsessen, dennoch verging ihm bei diesem Anblick jeglicher Appetit. Ein grüner Pelz hatte sich darüber ausgebreitet.

„Ich kann einfach nicht verstehen, wie jemand in so einem Saustall leben kann." Harui und Jinpei fühlten sich persönlich angesprochen. Das merkte Rei auch und berichtigte sich gleich darauf in ruhigem Ton. „Bei euch war das was anderes. Ihr musstet in so einer Wohnung leben und hattet keine andere Wahl."

„Ihr hättet ausziehen können", sagte Nobu trocken.

„Und wo hätten wir dann bitte hingehen sollen?" Jinpei war aufgewühlt, was hauptsächlich daran lag, dass der Kommentar von Nobu stammte. Nach Umekos Verschwinden waren die beiden noch schlechter aufeinander zu sprechen als ohnehin schon.

„Ich bin mir sicher, dass euch jeder von uns aufgenommen hätte", entschärfte Daisuke die Sache nur an der Oberfläche. Den Hauri musste an die vielen Wochenenden denken, die sie bei ihrer besten Freundin verbracht hatte, um aus genau so einer Umgebung zu fliehen. Doch jetzt gab es diesen Rückzugsort nicht mehr und sie bekam jede Menge Flashbacks an die Zeit von vor 2 Monaten. Ohne es zu bemerken, fing sie an, am ganzen Körper zu zittern. Nobu erkannte die Situation und wollte etwas unternehmen. Doch da er nicht einfach so die Einrichtung oder Struktur der Wohnung ändern konnte, begann er den Müll wegzuräumen und allgemein sauber zu machen. Seiner Schulter ging es inzwischen wieder einigermaßen gut. Vor zwei Wochen steckte in seiner rechten Schulter ein benutztes Küchenmesser. Die Wunde wurde jedoch so gut wie möglich von Rei versorgt. Jetzt hatte er nur noch selten Schmerzen, meistens dann, wenn er in der Nacht besonders unbequem gelegen hatte. Die anderen verstanden sein Vorhaben und packten mit an. Da es nur zwei Mülleimer in der ganzen Wohnung gab, die auch schon zum Bersten gefüllt waren, räumten sie alles, was nach persönlichen Gegenständen aussah, in eine Ecke. Solange man nicht dorthin sah, kam einem die Wohnung relativ ordentlich aus. Der Rest, wie zum Beispiel Plastikverpackungen oder leere Flaschen, warfen sie einfach aus dem Fenster.

„Wird sowieso bald vom ‚Nichts' verschluckt", sagte Rei sich, um die Umweltverschmutzung, die ihr früher immer absolut zuwider war, zu rechtfertigen. Je mehr die Menschen die Natur zumüllten, desto weniger Lebensraum hatten die Tiere, die sie und ihr Vater so sehr liebten.

Stück für Stück wurde die Wohnung ordentlicher und Haruis Zittern ließ langsam nach. Bis alles ordentlich aussah, konnte man ohne künstliches Licht nichts mehr sehen, da die Sonne bereits untergegangen war.

Um keine Aufmerksamkeit mehr zu erzeugen, machten sie sofort das Licht aus, als sie mit dem Aufräumen fertig waren. Ihr Abendessen nahmen sie nur im Licht der Flamme des Gasherdes zu sich.

Harui und Jinpei schmeckte das Essen anders, obwohl es dasselbe Fertigessen wie auch schon die letzten Wochen war. Sie hatten wieder das Gefühl, in ihrem alten Zuhause zu sein. Während es normal besser schmeckte, wenn man zu Hause war, schmeckte es für sie dort immer am schlechtesten. Manchmal haben sie es deswegen einfach ausgelassen. Es gab einfach zu viel, das sie an ihr altes Leben erinnerte. Trotz der Tode und der ganzen Gewalt, die sie erleben mussten, hatte sich ihr Leben in den letzten zwei Monaten um Welten verbessert. Gegen ihr früheres Leben würden sie es niemals eintauschen wollen. Die Schule und auch die Freunde, die sie dort hatten, waren immer schön. Dennoch hatten sie immer im Hinterkopf, dass sie irgendwann zurück zu dem Freund ihrer

Mutter mussten, welcher sie immer wieder misshandelt hatte.

Vor drei Jahren lernten Harui und Jinpei Masahiro das erste Mal kennen. Er war der letzte Freund ihrer Mutter, bevor sie Selbstmord beging. Anfangs wirkte er noch ganz nett.

Er und ihre Mutter warteten schon in der Wohnung, als die Zwillinge gemeinsam von der Mittelschule kamen. Er war ein stämmiger Mann, Mitte 40 mit einem schwarzen Kurzhaarschnitt, der gerade aus der Armee ausgetreten war. Sie waren von Beginn an von ihm abgeschreckt, und als sie sich an ihn gewöhnt hatten, fing das Misshandeln an. Um mit ihrer Mutter zusammenzukommen, hörte er zeitweise mit dem Trinken auf, konnte aber nicht lange abstinent bleiben. Als er dann wieder damit begann, hatte er sich nicht mehr unter Kontrolle. Auch wenn er mal nüchtern war, versuchte er erst gar nicht sich zu kontrollieren. Er hat sie geschlagen, getreten und alles mögliche andere. Meistens nur wenn sie in seinen Augen einen Fehler gemacht hatten. Wie zum Beispiel, dass sie zu laut ein Zimmer verließen oder betraten oder er keinen Alkohol mehr hatte und sie ihm welchen bringen sollten. Manchmal tat er ihnen aber auch nur so die grausamsten Dinge an. Den Gedanken zur Polizei zu gehen hatten sie überhaupt nicht, sie fürchteten sich davor, nicht ernst genommen zu werden. Sie befürchteten auch, dass er es rausfinden würde und ihnen als Strafe noch viel schlimmere Dinge antun könnte.

Als sie dann endlich in die Oberschule kamen, hatten sie es gerade so mit den schlecht möglichsten Noten geschafft. Für Jinpei wurde es selbst in der Schule, die früher für die beiden ein schöner Ort war, schnell zur Hölle. Er kannte das alles zwar schon, es hatte ihn aber noch mehr gebrochen. Er dachte, es würde auf der ganzen Welt niemanden geben, der ihm oder seiner Schwester helfen könnte.

Schon recht zügig wurde er dann allerdings vom Gegenteil überzeugt, als Nobu und Daisuke ihm halfen die Mobber loszuwerden. Nachdem sie ihm dort geholfen hatten, lief er ihnen eine Weile nach, bis sie ihn gefragt haben, ob er mal was mit ihnen machen möchte. Das war der Zeitpunkt, als er fragte, ob er seine Schwester mitnehmen könnte. Obwohl sie zu diesem Zeitpunkt noch nichts von der Misshandlung wussten, stimmten sie zu. Harui hatte sich zu dieser Zeit auch schon mit Umeko angefreundet und wollte sie ihrem Bruder vorstellen. Am Ende gingen sie dann zu fünft zum Bowling. Auch danach hatten sie zusammen noch sehr viel Spaß. Damit hatten sie zwar eine Blase aus Freundlichkeit um sich herum, doch wenn sie nach Hause kamen, ging das Leiden weiter. Es dauerte danach nicht mehr lange, bis alle davon erfuhren. Jeder riet ihnen zur Polizei zu gehen, aber sie hatten noch immer zu viel Angst davor, was alles hätte schiefgehen können.

Von all diesen Gefühlen wurden sie in dem Moment erschlagen. Ihnen war klar, dass sie ohne die Misshandlung ihre jetzigen Freunde, außer Umeko, vermutlich nie kennengelernt hätten. Trotz der vielen schrecklichen Dinge, die sie durchmachen mussten, sahen sie vor allem die schönen Dinge, die ihnen widerfahren waren.

„Was, denkst du, ist ihr wirkliches Ziel?“ Jinpei und Harui hatten mittlerweile gemeinsam Nachtwache. Nobu, Daisuke und Rei, die Einzigen, die bereit waren allein Nachtwache zu halten, vertraten der Meinung das die beiden keinen „Großen“ mehr an ihrer Seite brauchen würden. Dennoch wollten sie sie nicht allein Wache halten lassen.

„Von wem redest du?“ Harui merkte, dass Jinpei immer noch an Umeko denken musste. Er war, seitdem sie verschwunden war, fast jeden Abend wach, um nach ihr Ausschau zu halten. Auch in dieser Nacht schaute er nur aus dem Fenster in der Hoffnung, dass Umeko auf der Straße auftauchen würde. Er hatte die Hoffnung, dass sie wieder zurückkommen würde, noch nicht aufgegeben.

„Das ist doch wieder eine ihrer kleinen Streiche, sie kommt wieder. Umeko möchte nur sehen, wie lange wir es ohne sie aushalten können." Das war immer die Antwort, die er gab, wenn ihn jemand fragte, wieso sie überhaupt gegangen war. Je öfter er die Antwort gab, desto missmutiger war ihm zumute. Mittlerweile glaubte er selbst nicht mehr an das, was er sagte, er hoffte es einfach nur noch. Er sah richtig fertig aus, so als hätte er schon seit Tagen nicht geschlafen. Darum war sie es, die es diesmal zu ihm gesagt hatte.

„Ich rede von den Tempelrittern, was, glaubst du, ist ihr wirkliches Ziel, wofür gibt es sie überhaupt?" Seine Schwester war überrascht so etwas von ihm zu hören. Das war das erste Gespräch mit ihm seit zwei Wochen, das sich nicht um Umeko drehte.

„Soweit ich weiß, ist ihr momentanes Ziel, Nobu mitzunehmen."

„Das meine ich nicht." Jinpei war es inzwischen egal, ob Nobu von ihnen entführt werden soll. Für ihn war er der Grund für alles, das passierte. Wegen ihm mussten sie sich zu Fuß auf den Weg nach Tokio machen. Wegen ihm wurden sie immer wieder in lebensgefährliche Kämpfe verwickelt. Und wegen ihm verließ Umeko die Gruppe. Jinpei wäre sogar froh, wenn Nobu endlich aus seinem Leben verschwinden würde. „Dafür wurden sie nicht gegründet, und ich kann einfach nicht glauben, dass sie nur gegründet wurden, um die Welt von Ungläubigen zu befreien."

„Das weiß ich nicht, ich denke auch, dass es nichts bringt sich darüber den Kopf zu zerbrechen. Wir würden es vermutlich sowieso nie begreifen können." Sie hoffte nur, dass sie es alle fünf sicher nach Tokio schaffen würden. Sie lehnte sich an der Schulter ihres Bruders an, so wie sie es früher schon immer getan hatte, wenn es ihr schlecht ging und die beiden unter sich waren. Als Kind fand Jinpei das immer peinlich. Doch jetzt war er es, der die Geborgenheit von anderen gebrauchen konnte.

Als Nächstes hatte Daisuke allein Nachtwache. Für ihn war das kein Problem mehr. Bis auf die beiden Zwillinge hielten nun alle allein Nachtwache. So wurden die Zeiten kürzer und jeder konnte länger schlafen.

Anders als seine immer gut gelaunte Miene ahnen ließ, war er derjenige, der sich mit am meisten Sorgen über das Gelingen ihrer Reise machte. Um sich die Zeit bis zur Ablösung ein wenig zu verkürzen, machte er das, was ihn Ishikawa einmal lehrte, wenn er auf andere Gedanken kommen wollte. Es war ein alter Armeetrick, der von seinen Vorgesetzten genutzt wurde. Eigentlich war er dazu gedacht, Soldaten, die sich nicht benommen hatten, zu bestrafen. Doch im Einsatz machten es laut seinen Aussagen viele, die unter Stress standen, um diesen abzubauen. Er selbst gehörte auch dazu. Daisuke konnte ihm das nie wirklich glauben, da er immer so wirkte, als könnte ihm nichts etwas anhaben. Aber jetzt verstand er sehr gut, was in ihm vorging. Zumindest dachte er das. Doch konnte er selbst in seiner aktuellen Lage nicht erkennen, was alles hinter Ishikawa lag, all die Dinge, die er gesehen oder getan hatte, nur damit Daisuke so aufwachsen konnte, wie er es tat.

All diese Kriege lagen so weit in der Vergangenheit. Der Junge hatte keinen von ihnen miterleben müssen. Dafür hatte er nun seinen ganz eigenen Krieg. Um sich davon abzulenken, begann er damit seine Waffe zu demontieren und zu säubern. Doch alles, was er wollte, war noch einmal ganz gemütlich im Bett liegen bleiben und gemeinsam mit Nobu die Schule zu schwänzen. Selbst wenn er dafür Ärger bekommen würde. Egal ob von Ishikawa wie früher oder seiner Freundin, die schon immer Wert darauf legte, dass sie die Schule besuchten. Die Zeiten, in denen die beiden gemeinsam die Schule schwänzten, waren weniger geworden, seitdem sie Rei kannten. Einfach mal wieder einen Tag Auszeit vom ganzen Alltag nehmen und das machen, was ihnen Spaß bereitete. Es war genau das, was er jetzt gerne tun würde. Doch würde er einfach so vor seinen Pflichten davonrennen, würden seine Freunde vielleicht sterben.

Wieder zusammengebaut lag die Waffe in seinen Händen, alles, was noch fehlte, war, das Magazin einzufüllen. Anstatt dass er es tat, schaute er die beiden Teile kurz an, bevor er sie auf den Stuhl neben sich legte und zum Kühlschrank ging. Er war leer, was nicht anders zu erwarten war. Einzig das klinisch weiße Licht strahlte ihn an. Er schloss die Tür und in der Hoffnung, dass nun etwas zu Essen darin war, öffnete er sie erneut. Doch weiterhin herrschte Leere.

Wieder erinnerte ihn das an ein Gespräch mit Ishikawa.

„Wusstest du, dass man am Inhalt des Kühlschranks erkennen kann, wie ein Mensch so drauf ist." Es war einer der Tage, an denen Daisuke minutenlang vor der geöffneten Kühlschranktür stand und sich nicht entscheiden konnte, was er nehmen sollte.

„Nein, das wusste ich nicht." Damals gingen ihm diese ganzen weisen Sprüche auf die Nerven, alles, was er wollte, war etwas zu Essen und jetzt musste er sich wieder einen Vortrag über die Weisheiten des Lebens anhören. Was würde er jetzt nicht alles für einen dieser Sprüche, die ihm sagen, was er zu tun hatte, geben.

„Wenn der Kühlschrank leer ist, bedeutet das, dass sein Besitzer einfach in den Tag hinein lebt und nicht an morgen denkt. Ein mit leckeren Speisen gefüllter Kühlschrank hingegen bedeutet, dass die Person voller Hoffnung und Zuversicht in die Zukunft schaut und ihren Träumen hinterherjagt."

„Was bedeutet das dann in deinem Fall?"

„Das ich ein armer Schlucker bin, der zu wenig Geld hat." Ishikawa lachte und tätschelte dem Jungen den Kopf, bevor er ihm einen Pizzakarton vors Gesicht hielt. Daisukes Augen strahlten wie die Sterne am Nachthimmel. Er riss den Karton an sich und rannte schnell ins Wohnzimmer, um dort bei seinem Lieblingsanime „One Piece" die Pizza zu verschlingen. Es war zwar nur die Wiederholung einer Folge, die er bereits kannte, doch trotzdem konnte er mit den Strohhüten mitfiebern. Nie hatte er auch nur eine Folge davon verpasst. Selbst vor dem ganzen Chaos schaute er noch gespannt jede neue Folge. Sogar am Tag vor alldem war seine größte Sorge, die neueste Folge zu verpassen.

Bis heute verstand er nicht, was ihm der alte Mann damals damit sagen wollte. Stattdessen hatte es in ihm den Heißhunger auf eine leckere Pizza und auf die neueste Folge „One Piece" geweckt. Wie gerne würde er jetzt einfach in diese Welt eintauchen und gemeinsam mit Ruffy und dem Rest der Crew ihr neuestes Abenteuer bestehen.

Zurück in der Realität ging er zu dem Stuhl, auf dem er die Waffe und die Munition abgelegt hatte. Jetzt endlich nahm er sie und steckte das Magazin ein, bevor er durchlud. Danach setzte er sich auf den Stuhl und starrte auf die Pistole in seiner Hand. Er würde sie so gerne gegen ein einziges Stück Pizza mit schön viel Belag und extra Käse tauschen. Sogar sein Magen hatte sich bereits darauf eingestellt Pizza zu bekommen und fing enttäuscht an zu knurren.

Als Nobu zur Wachablösung kam, merkte er, wie müde und hungrig Daisuke doch war.

„Wenn jemand klingelt und eine Pizza dabeihat, lass ihn bitte rein und weck mich", bat er Nobu, bevor er schläfrig zu Rei ins Bett stieg. Diese war ebenfalls so müde gewesen, dass sie nicht dadurch aufwachte. Trotzdem bemerkte sie, dass jemand mit ihr im Bett war, und kuschelte sich an ihn.

„Wenn hier ein Pizzabote klingeln würde, würde ich ihn mit offenen Armen willkommen heißen. Aber das wird wohl leider nicht passieren", dachte Nobu sich.

Nobu grübelte nicht über die Vergangenheit, die sich nicht mehr ändern ließ. Viel lieber wollte er dafür sorgen, dass die Zukunft genauso schön werden würde wie die Zeit vor der Apokalypse. Wieder einmal schaute er sich die Schachfigur, die er von den

Tempelrittern bekommen hatte, an. Immer wieder, wenn er allein war oder sich fragte, wovor sie überhaupt wegliefen, betrachtete er sie. Das „Nichts“ war zwar nicht aus seinen Gedanken verschwunden, wurde aber von den Templern und ganz besonders diesem mysteriösen Noah überschattet. Für ihn waren sie die wichtigere Bedrohung, eine, vor der man nicht einfach fliehen konnte. Einmal in Tokio angelangt würden sie alle in der Höhle des Löwen sitzen. Sein Vater hatte ihm zwar gesagt, dass sich das Hauptquartier der Ritter im Vatikan befand, doch fand er Tokio bedeutend gefährlicher. Im Vatikan war klar, dass jeder eine Bedrohung war, in Tokio konnte jeder Feind aber auch Freund oder ganz einfach nur ein Statist am Rande sein.

Wie jedes Mal untersuchte er die Figur genauestens, immer hoffte er irgendeinen neuen Hinweis zu finden. Er hatte auch schon versucht den Boden abzudrehen, wie es in einigen Filmen zu sehen ist. Doch es funktionierte nicht, außerdem hörte sich die Figur massiv an. Nicht so, als wäre innen ein Hohlraum, in dem jemand eine Nachricht verstecken könnte. Das Einzige, was er jedoch jedes Mal erkannte, war, dass sie schon sehr alt sein musste. Vielleicht sogar ein Familienerbstück einer früheren Adelsfamilie, so schön und filigran, wie sie bearbeitet war.

„Die müssen sich ja so einiges auf meine Fähigkeiten einbilden. Dabei war ich noch vor wenigen Wochen nichts mehr als ein einfacher Schüler.“ Er hielt kurz inne und seufzte. „Aber ich nehme die Herausforderung an, wer auch immer dieser Noah sein mag. Ich werde ihn finden und ihm diese Figur in seine toten Hände legen.“ Er hoffte jedoch, dass seine Freunde nicht der Preis dafür sein würden, um dieses Versprechen einzulösen.

Plötzlich begann sein Magen zu knurren.

„Verdammt, Daisuke, jetzt hast du sogar mir mit deinem Gerede über Pizza Hunger gemacht.“ Er ließ den Kopf in den Nacken fallen und starrte an die Decke. Dass sie unterernährt waren, wusste er, doch bis jetzt konnte er es immer gut unterdrücken. Aber nun musste er ununterbrochen an das leckere Essen von früher denken. Noch zu gut hatte er all die 3-Gänge-Menüs aus der Zeit in der Villa, Umekos Zuhause, im Kopf.

„Wie stark hat sich unsere Essgewohnheit bitte in der kurzen Zeit geändert? Und wieso mussten wir ausgerechnet in die Wohnung mit einem leeren Kühlschrank einbrechen?“ Er dachte sich, wenn sie sich in einer anderen Wohnung eingenistet hätten, dass dort ein gedeckter Tisch mit vollen Tellern und jeder Menge Nachschub auf sie wartete. Der Gedanke daran, dass in der Wohnung direkt neben ihnen ein Festmahl bereitstand, ließ ihm das Wasser im Munde zusammenlaufen. Doch die Einzigen, die ihn vermutlich mit einem Festessen überraschen würden, wären seiner Meinung nach die Templer. Bei dem Gedanken, dass sie direkt in der Nachbarwohnung saßen, verging ihm der Appetit sofort wieder. Er versuchte sich wieder auf andere Gedanken zu bringen, doch selbst die Schachfigur in seiner Hand erinnerte ihn jetzt an einen Schokoriegel.

Als Nobu nach seiner Schicht Rei wecken wollte, sah er, dass sie sich eng an Daisuke gekuschelt hatte. Die Blutergüsse, die sie durch die Schießerei vor etwas mehr als zwei Wochen hatte, verschwanden langsam. Dennoch musste sie aufpassen ihren Rücken nicht zu sehr zu beanspruchen. Auch musste Daisuke aufpassen, wenn er sie umarmte, denn dabei durfte er sie nicht zu fest drücken, da er ihr sonst wieder wehtat.

Nobu passte auf, dass er Daisuke nicht mit aufweckte. Doch dieser war so müde, dass er überhaupt nichts mitbekam.

„Wenn du irgendwie ein Festmahl zustande bekommst, wäre ich dir echt dankbar. Ich bin am Verhungern.“ Er begann leicht zu lachen.

„Sonst noch Wünsche?“ Der sarkastische Unterton in ihrer Stimme war nicht zu überhören.

„Nein, das wäre erstmal alles.“

„Na dann, versuch lieber noch ein bisschen zu schlafen, anstatt über sowas nachzudenken.“

Kapitel 2 Endlich frei

Am Morgen wurden alle von dem Geruch von Räucherpaprika geweckt, der aus der Küche stammte. Es war jedoch nicht der übliche Geruch, der sie am Morgen erwartete, er war noch mit etwas anderem gemixt. Im Wohnbereich angekommen, sahen sie einen Kochtopf auf dem Gasherd stehen. Wasserdampf stieg daraus empor, für alle das Zeichen, dass es gleich so weit sein würde. Daneben auf der Anrichte stand der Grund für den andersartigen Geruch, eine Palette an Gewürzen, die Rei offenbar noch in ein paar der Schränke gefunden haben musste. Die Fertiggerichte, die es nun zu jeder Tageszeit zu essen gab, egal wie ungesund sie eigentlich waren, wurden damit geschmack- und geruchlich aufgebessert.

„Was riecht hier denn so gut?“, wollte Daisuke wissen.

„Auf jeden Fall keine Pizza“, meinte Nobu scherzhaft. Die anderen verstanden den Witz nicht und ignorierten ihn. „Du hast mir damit ganz schön Hunger gemacht, du Arsch“, fügte Nobu noch hinzu.

„Gut so, ich will nicht der Einzige sein, dem der Magen in der Kniekehle hängt.“

„Aber jetzt gibt es ja was zu essen, also setzt euch hin und gebt Ruhe.“ Rei war diejenige, die die Lage letztendlich beruhigte.

„Ja Mama“, kam es simultan von Nobu und Daisuke.

Als Reaktion funkelte Rei die beiden böse an, woraufhin niemand mehr etwas sagte und alle sich hinsetzten.

Rei schmeckte noch einmal ab, um danach zufrieden den Herd abzustellen. Sie stellte den Topf auf einige Topflappen, die sie auf dem Tisch, der gestern noch voll mit Müll war, ausgebreitet hatte. Dort ließ sie den Inhalt erstmal ein paar Minuten abkühlen.

In der Zwischenzeit packte sie die Gewürze, die nicht aufgebraucht waren, in ihre Tasche. Die Mühe, die Küche aufzuräumen, sparte sie sich und gesellte sich zu den anderen.

Schon beim ersten Bissen fiel allen auf, was das Hauptgewürz war, Chilipulver. Direkt waren alle wach und nahmen vergnügt einen zweiten und dritten Löffel davon in den Mund.

„Warum hast du eigentlich früher nie für uns gekocht?", wollte Daisuke mit vollem Mund wissen.

„Ich hatte schon vor, euch irgendwann mal einzuladen, aber eben erst nach den Prüfungen", erwiderte sie.

„Wieso denn erst danach, wie wäre es zum Beispiel mal mit einer Lerngruppe gewesen, auch wenn ich vermutlich der Einzige von uns dreien gewesen wäre, der da wirklich was gelernt hätte." Es war ihm überhaupt nicht peinlich so etwas zuzugeben, immerhin waren seine beiden Freunde die größten Genies des Jahrgangs.

„Es hätte ja nicht bei uns drei bleiben müssen. Ihr hättet auch kommen können", Nobu zeigte auf die Zwillinge, „auch wenn ihr einen Jahrgang unter uns seid. Das wäre bestimmt eine gute Wiederholung gewesen." Er hatte es zwar nicht direkt gesagt, doch wusste jeder, dass er auch Umeko einbezogen hatte. Jeder hatte bisher aufgepasst, was er sagte. Auch wenn ihr Verschwinden schon zwei Wochen her war, traf es die beiden noch immer hart. Die Älteren wiederum hatten sich bereits damit abgefunden, dass sie nie wieder zurückkommen würde. Es war damals ihre eigene Entscheidung gewesen, die Gruppe zu verlassen, nachdem ausversehen zweimal auf Daisuke geschossen hatte.

„Das hätten wir machen können, da hast du Recht. Da habe ich überhaupt nicht dran gedacht", unterbrach Rei die aufgekommene Stille.

„Wie, denkt ihr, wird es mit Prüfungen und so weitergehen, wenn wir in Tokio sind. Denkt ihr, sie machen einfach so weiter, als wenn nichts gewesen wäre?", änderte Jinpei das Thema zu einem, über das er lieber reden wollte.

„Ich denke mal, sie werden erst schauen müssen, wie alles mit so vielen Menschen auf so engem Raum funktioniert. Und vielleicht werden wir auch ohne Abschluss direkt in die Berufe geschickt, für die wir geeignet sind, oder die gerade am wichtigsten sind, einfach nur weil dort Personalmangel herrscht“, meinte Nobu.

„Aber wird es nicht überall Personalmangel geben?“, gab Harui zu Bedenken.

„Nicht unbedingt, sie werden sich erstmal auf die Bereiche konzentrieren, die fürs Überleben wichtig sein werden. Wie zum Beispiel die Forschung oder auch die Landwirtschaft“, brachte sich Rei in das Gespräch mit ein.

„Dann sollten wir uns wohl schon mal überlegen, wo wir mit anpacken können“, erwähnte Jinpei.

„Ich würde sagen, dass wir uns erstmal darum sorgen sollten überhaupt dahin zu kommen“, würgte Nobu ihn ab. „Alles andere kommt dann.“

Daisuke hatte in der Zwischenzeit seinen Teller leergegessen und wollte Nachschlag. Beim Rausnehmen fiel ihm auf, dass es viel mehr zu essen gab als normalerweise.

„Ich habe heute die doppelte Menge gemacht. Wir haben alle in den letzten Tagen hungern müssen und ich wollte nicht riskieren, dass jemand von uns umfällt.“ Rei war noch immer für Essen und die Gesundheit von allen verantwortlich.

„Das heißt aber leider auch, dass wir bald wieder neue Vorräte auftreiben müssen.“

„Wir können später noch in den Supermärkten hier nachschauen. Dafür hatten wir ja gestern leider keine Zeit mehr.“ Seitdem Umeko nicht mehr da war, kam es nur noch selten vor, dass jemand Nobu widersprach. Nicht weil sie sich nicht trauten, sondern einfach, weil sie meist seiner Meinung waren. Bis auf Jinpei, der meckerte öfter an Entscheidungen, die schon Tage zurücklagen, herum. Hauptsächlich, weil sie von Nobu gefällt wurden, nicht wegen der Entscheidungen per se.

Insgesamt gab es drei Märkte, bei denen es sich für sie lohnen würde, das Risiko einer Konfrontation mit anderen einzugehen. Zwar hatten sie schon länger keine Konfrontation mehr mit anderen Menschen, brannten aber trotzdem nicht darauf, ihr Leben für möglicherweise nichts und wieder nichts aufs Spiel zu setzen.

Sie durchsuchten die Wohnung noch einmal nach allem Möglichen, das sie vielleicht gebrauchen könnten. Doch Fehlanzeige, alles, was von Wert sein könnte, befand sich entweder nie in dieser Wohnung oder wurde beim Verlassen mitgenommen. Diesmal konnten sie ohne schlechtes Gewissen ihren Müll einfach dort lassen und mit leichteren Taschen weiterreisen. Mittlerweile schon zu leicht. Selbst durch ihre Sparmaßnahme beim Essen hatten sie nur noch drei Mahlzeiten, wenn sie so wie jetzt wieder die doppelte Portion aßen, sogar weniger als zwei.

Keine halbe Stunde später verließen sie die Wohnung auch schon. Als die Wohnung nicht mehr in Sichtweite war, waren Harui und Jinpei bereits viel entspannter, fast so, als hätte ihnen jemand den Druck von der Brust genommen.

„Ich hätte mir gerne mal die Burg von Okayama angeschaut“, gab Rei zu.

„Vielleicht hast du ja Glück und wir kommen zufällig an ihr vorbei“, beschwichtigte Daisuke sie, als sie gerade an einem Maid-Café vorbeikamen. „Wie wär's, wenn du sowas mal anziehst?“, fragte Daisuke, teils aus Spaß, teils aus Ernst.

„Wenn du dafür eine Buttler-Uniform anziehst“, konterte sie.

„Also eigentlich ist das kein übler Tausch“, warf Nobu ein.

„Dann ziehst du eben auch eine an“, meinte Rei sofort.

„Und was hätte ich dann davon?“, wollte Nobu wissen.

„Ich würde Harui dazu bringen auch eine anzuziehen.“ Nobu fühlte für sie nur freundschaftliche Gefühle, und das wusste Rei auch. Dennoch gefiel ihr der Gedanke. Das war der Moment, in dem Harui hellhörig wurde; bei dem Gedanken, eine Maid-Uniform anzuziehen, lief ihr Kopf rot an. Dazu noch der Gedanke, wie man sich in so einem Outfit normal verhielt, das war zu viel für ihren Kopf.

„Zieh meine Schwester da nicht auch noch mit rein", versuchte Jinpei sie zu verteidigen. Er machte sich schon darauf gefasst, dass sie sagte, er solle auch gleich eine anziehen. Er vergaß aber, dass sie zwar auch ihren Spaß an so etwas hatte, ähnlich wie Umeko, allerdings nur bei Daisuke und auch nicht so extrem wie Umeko. Darum glaubte er langsam, dass etwas an Daisukes Theorie, dass sie ihn mochte, dran gewesen sein könnte. Umeko hätte für ihn dann zwar definitiv auch eine Maid-Uniform angezogen, doch nur um ihn noch weiter zu ärgern.

Die Unterhaltung jedoch wurde von einem lauten Knall unterbrochen. Er war zu leise, um direkt in der Nähe zu sein, da man sonst auch Erschütterungen hätte wahrnehmen müssen. Aber gleichzeitig auch wieder nah genug, damit sie sich Sorgen darum machen müssten. Sie standen einige Zeit einfach nur da, ohne zu sprechen, stattdessen schauten sie sich um. Denn sie konnten sich alle genau vorstellen, was passiert war. Irgendwo in der Nähe hatte eine Explosion stattgefunden. Sie alle suchten am Himmel nach der Rauchsäule, doch bevor jemand sie sehen konnte, ertönte auch schon die zweite Explosion.

„Was geht denn jetzt ab?", brach Daisuke die Stille.

„Terroristen werden das wohl kaum sein. Hier was zu sprengen würde wenig Sinn machen", klärte Nobu sie auf.

„Dann vielleicht die Tempelritter?" Das Thema wurde in so einer Situation immer zur Sprache gebracht, diesmal war es Harui, die es tat.

„Was könnte bitte ihr Ziel sein, außer uns einen Schrecken einzujagen." Jinpei war in Panik ausgebrochen. Sein normaler Ruhepol seit Anfang der Apokalypse, Umeko, fehlte, um ihn zu beruhigen, und der Rest der Gruppe war nicht besonders gut darin.

„Wenn ja, dann haben sie es erreicht, wir haben uns auf jeden

Fall erschrocken", gab der sonst so gelassene Nobu von sich. Anders als bei Menschen konnte er gegen eine Explosion nichts ausrichten, genau das machte ihm Sorgen.

„Da, seht mal." Harui deutete ihn den Himmel links neben dem Maid-Café. Dort war nun endlich eine dichte, nicht zu übersehende schwarze Rauchwolke zu sehen, die zweite verschmolz mit der ersten.

„Wenn wir Glück haben, ist da nur eine Fabrik oder so etwas in die Luft geflogen." Jinpei war versucht nun sein eigener Ruhepol zu sein.

„Und wenn nicht, ich habe ehrlich gesagt keine Lust rauszufinden, was passiert ist." Nobu wusste, dass die Fabriken schon seit Wochen nicht mehr betrieben wurden. Und selbst wenn konnte es nicht so einfach zu einer so gewaltigen Explosion, geschweige denn zwei, kommen. Die in einander verschmolzenen Rauchwolken stiegen immer weiter aus.

„Also ziehst du den Schwanz ein, sonst hattest du doch auch nicht so viel Angst davor in irgendeine gefährliche Situation zu rennen." Alle waren erstaunt, wie sehr sich Jinpei gegen Nobu stellte.

„Weil ich sonst aus großer Entfernung beobachten kann." Seine nächsten Worte betonte er besonders. „Ohne mich dabei in Gefahr zu begeben! Aber jetzt, selbst wenn ich einen Kilometer entfernt bin, kann ich noch draufgehen. Je nachdem wie groß der Explosionsradius der nächsten Explosion wird."

„Nochmal und da rennst du einfach davon, du weißt doch gar nicht, ob überhaupt noch eine kommt." Jinpei stichelte weiter und hoffte auf einen Nerv bei ihm zu stoßen, er wollte, dass Nobu sich das Ganze mal allein aus der Nähe anschaut. Insgeheim wünschte er sich, dass er dann bei einer dritten Explosion ums Leben kommen würde.

„Ich weiß, du bist mit meiner Art alles zu regeln vielleicht nicht ganz zufrieden, trotzdem setze ich weder mich noch sonst jemand dieser Gefahr aus."

„So wie damals, als es darum ging Umeko zu suchen, da hast du auch einfach klein beigegeben, als es auf die Schnelle keine Ergebnisse gab."

„Willst du das wirklich jetzt diskutieren?" Nobu tippte mit seinem Zeigefinger auf Jinpeis Brust und bäumte sich vor ihm auf, um ihm zu sagen, er sollte jetzt lieber die Klappe halten.

„Ja, sonst würden wir es doch für immer verschweigen, du weichst mir nämlich ständig aus." Jinpei schlug die Hand weg und ging einen Schritt auf seinen Gegenüber zu. Er ließ sich von dem deutlich größeren Jungen vor ihm nicht einschüchtern, nicht diesmal.

„Gut, du willst wissen, wieso ich aufgehört habe nach ihr zu suchen. Ich sag dir wieso, weil sie es so wollte."

„Hat sie dir das etwa gesagt, als du nach ihr gesucht und angeblich nichts gefunden hast."

„Sie hat es in ihrem Brief geschrieben, dem Brief, den du wie einen Schatz behütest. Jeder hat gehört, was da drin steht, und du hast es seitdem bestimmt schon hundertmal gelesen."

„Jungs!" Rei versuchte ruhig die Diskussion zu beenden, konnte die Unsicherheit in ihrer Stimme jedoch nicht verschleiern. „Beruhigt euch bitte, euer Streit bringt uns nicht weiter."

„Sie war nicht bei Verstand, als sie das alles geschrieben hatte, das hab doch nicht nur ich gemerkt." Tränen fingen an Jinpei über die Wange zu laufen. Endlich konnte er sagen, was er wirklich über all das dachte.

„Ja, das haben wir gemerkt, aber wenn ich mal kurz eure kleine Unterhaltung unterbrechen dürfte. Wir wüssten gern, was wir jetzt machen." Rei stellte sich nun zwischen die beiden, brachte Jinpei dazu auf Abstand zu gehen und zeigte auf die Rauchsäulen. Die anderen beobachteten diese unablässig und warteten gespannt auf eine Entscheidung.

„Jaja, ich weiß. Wir können keine komplett neue Richtung einschlagen, da es zu lange dauern würde, das Ganze großräumig zu umwandern. Zeit, die wir nicht haben. Wir gehen links dran vorbei. Mit genug Abstand."

„Und was ist mit dem Essen?"

„Das können wir wohl vergessen, außer genau auf dem Weg liegt ein Laden, den wir plündern können." Nobu gefiel es genauso wenig, jedoch konnte er nicht mit Sicherheit sagen, dass sie in der Nähe der Explosion etwas zu essen finden würden.

Die gesamte Stadt war so ruhig, dass man die Stimmen von mehreren Menschen hören konnte, die wild durch die Gegend brüllten. Obwohl sie nicht nahe zu sein schienen, versteckten sich die fünf in einer kleinen Seitengasse. Als die Stimmen näher kamen, waren endlich die ersten Brocken zu verstehen. Jeder schien sich darüber zu freuen endlich frei sein zu können.

„Frei, was meinen die damit bitte?", fragte Daisuke berechtigterweise. Er hätte gerne die Gesichter zu den Stimmen gesehen. Doch auch ohne sie zu sehen, war ihm klar, dass er lieber mit gezückter Waffe darauf warten sollte sie zu sehen. Die Stimmen wurden leiser, dennoch kamen sie näher und waren weiterhin verständlich. Den Kindern mit Ausnahme von Nobu schlug das Herz bis zur Brust. Er war selbst überrascht, wie ruhig er in dieser Situation bleiben konnte.

„Ich wusste doch, dass ich hier was Gutes gerochen hab." Die Kinder waren zu Salzsäulen erstarrt, als sie eine fremde Stimme hinter sich hörten. Einzig Nobu war dazu im Stande sich umzudrehen. Ganz langsam wendete er seinen Blick von der Straße vor ihm ab. Hinter ihnen stand ein Mann mit langem schwarzem Haar, der in einem grauen Overall steckte. Er lächelte ihn an, die Mundwinkel ganz nach oben gezogen und die Augen so stark zusammengepresst, dass er nur noch durch einen Schlitz sehen konnte. Plötzlich fing er an sich mit der Zunge über seine Lippen zu lecken.

„Gleich fünf von euch, das wird ja immer besser." Nobu fuhr

plötzlich ein kalter Schauer über den Rücken. Ihm war sofort klar, was das für einer war:

„Ein Perverser, und dieser graue Overall, ist das Gefängniskleidung? Jetzt verstand er auch, was die anderen Stimmen mit endlich frei meinten. Die beiden Explosionen von vorhin waren Teil eines Gefängnisausbruches. Jetzt war immerhin die beste Zeit für so etwas, das ganze Personal befand sich in Tokio oder war bei den Aufständen umgekommen. Es kam sogar noch schlimmer, die anderen Mitinsassen, die entkommen waren, waren auf die Kinder aufmerksam geworden und standen nun alle versammelt vor ihnen, es waren zu viele, um sie zählen zu können.

„Bist du deswegen vorhin weggerannt“, fragte einer von ihnen in rauem Ton.

„Weißt du eigentlich, wie der Oyabun deswegen drauf war“, wollte ein anderer wissen.

„Wenn ihr näher kommt, verpass ich euch ne Kugel, direkt zwischen die Augen.“ Nobu hatte sich wieder gefasst und zielte nun mit seiner Waffe auf die Typen, die von der Straße kamen, und ließ den einzelnen hinter sich links liegen.

„Genau lasst uns lieber in Ruhe, wenn ihr leben wollt.“ Nun war auch Daisuke endlich wieder vom Schock befreit und zielte. Die Angst vor den Männern blieb aber dennoch, doch mit der Waffe in seiner Hand fühlte er sich schon gleich viel sicherer.

„Und Sie gehen lieber weg von den beiden, haben Sie mich verstanden.“ Rei wiederum wandte sich dem einzelnen Mann hinter ihnen zu.

Doch alle fingen sie nur vergnügt an zu lachen.

„Was ist daran bitte so witzig, ihr Arschlöcher?“ Daisuke wurde zornig.

„Ihr solltet lieber aufpassen, wo ihr damit rumfuchtelt, das ist nämlich kein Spielzeug, müsst ihr wissen.“ Sie wurden überhaupt nicht ernst genommen.

„Das wissen wir, du Arschloch!“ War es wirklich eine gute Idee, dass Nobu sie noch provozierte.

„Ihr wärt bei weitem nicht die Ersten, die wir erschießen würden."

„Jetzt krieg ich aber Angst." Ein groß gebauter Mann schaffte es trotz der Waffe, die Nobu auf ihn richtete, ruhig zu bleiben. „Nein wirklich, aber genau das gilt auch für die meisten von uns hier. Wir sind eigentlich nur gekommen, weil wir dachten, der Spinner da hinten führt uns zu ein paar hübschen Frauen. Aber Fehlanzeige." Bei Nobu, der selbst größer als viele Erwachsene war, kam es selten vor, dass jemand über einen Kopf größer war als er. Für den 1,87 m großen Mann war es nicht das erste Mal, dass man auf ihn zielte, er konnte gut einschätzen, wie er sich zu verhalten hatte. Er erkannte, dass es keine gute Idee war Nobu zu reizen, denn er war definitiv bereit dazu jeden von ihnen zu erschießen. In seinen Augen brannte der Wille, alles zu tun, was nötig war, um zu überleben. Falls ihm die Munition ausgehen würde, würde er sich ihnen dennoch mit allem, was er hatte, entgegenstellen. Auch wenn es einfach zu viele für ihn wären und er früher oder später mindestens zu Brei geschlagen worden wäre.

„Aber das schwarzhaarige Mädchen ist doch ganz passabel", meinte ein Mann in der zweiten Reihe.

„Das ist ein Kind, du Perverser", sagte wieder der ganz vorne.

„Ist doch egal, weißt du, wie lange ich keine Frau mehr gesehen hab, außerdem gilt das hier jetzt eh nicht mehr. Die Welt hat sich verändert." Viele der anderen ließen ein lautes „Genau" von sich erklingen. Nobu merkte, dass Daisuke darauf brannte diesen Typen das Maul zu stopfen, doch sollte das passieren, würde die Hölle losbrechen.

Einer der Typen näherte sich den Kindern.

„Einen Schritt weiter und du hast ne Kugel im Kopf", warnte Daisuke ihn. Den Mann ließ die Drohung kalt und er machte demonstrativ einen weiteren Schritt auf Daisuke zu. Doch noch bevor sein Fuß wieder den Boden berührte, ertönte ein Schuss. Mit einem Loch im Kopf ging der Typ zu Boden.

Bevor ein Tumult entstehen konnte, versuchte der Mann ganz vorne die Situation wieder zu glätten.

„Ganz ruhig." Der Hüne stellte sich den anderen entgegen. „Der Junge hatte womöglich einen guten Grund, habe ich nicht Recht, bestimmt ist die Kleine mit den schwarzen Haaren deine Schwester oder Freundin." Daisuke nickte nur. „Dann ist alles gut, er hat nichts Falsches getan, einige von euch haben wahrscheinlich eingesessen, weil sie etwas Ähnliches getan haben. Er hat nichts weiter getan, als seine Familie zu beschützen, würden wir das nicht alle tun?" Die Meute entspannte sich wieder ein bisschen.

„Ich heiße Kobe, wie heißt ihr?" Der Mann, der sich als Kobe vorstellte, versuchte eine Vertrauensbasis zu den Kindern aufzubauen. Nachdem er sich leicht verbeugt hatte, ging er einige Schritte auf sie zu. Daisuke zielte sofort auf ihn. Mit erhobenen Armen blieb Kobe stehen.

„Ich wüsste nicht, was dich das angeht", kam es von Daisuke.

„Hör mal Kleiner, ich weiß, du vertraust weder mir noch sonst jemandem außer deinen Freunden, aber in dieser Situation wäre es besser zu kooperieren, kapiert? Besonders weil ich gerade der Einzige bin, der euch davor bewahren kann, von dieser Meute da hinten auseinandergenommen zu werden."

„Er heißt Daisuke und ich bin Nobu." Nobu erkannte, dass Kobe mit sich reden ließ und das wollte er nutzen, um sicher aus der Situation rauskommen.

„Freut mich Nobu, ein interessanter Name, erinnert an Nobunaga Oda."

„Das höre ich öfter."

„Und weißt du was, ich kann ein paar Parallelen zwischen euch beiden erkennen." Nobu ließ die Waffe sinken, um zu zeigen, dass er keinen Ärger will.

„Was ist denn hier los? Aus dem Weg." Die Meute machte Platz und ließ einen Mann durch, der ungefähr genauso alt wie Ishikawa zu sein schien. Sofort war Nobu wieder in Alarmbereitschaft, wie von allein erhob sich seine Waffe wieder. „Was ist das denn, na ist ja eigentlich auch egal?“ Er stieg über die Leiche des Mannes, der von Daisuke erschossen worden war. Er stach deutlich aus der Maße heraus, und das nicht nur wegen der Tätowierung in seinem Gesicht, sondern auch dadurch, dass er den Overall nur als Hose trug und ein Tanktop anhatte, das einen Blick auf die Tätowierungen auf seinen Armen zuließ. Rote Rosen, die in rot-orangene Flammen übergingen.

„Einer von der Yakuza, und der Anzahl der Tattoos nach zu urteilen, kein kleiner Fisch.“ Nobu konnte die Situation blitzschnell analysieren.

„Oyabun“

„Oyabun, das ist also ihr Anführer.“ Nobu konnte die Anspannung in der Maße nun deutlich spüren, und auch er konnte nicht leugnen, dass der Mann vor ihm eine enorme Ausstrahlung hatte. Er war zwar sogar kleiner als Nobu, trotzdem hat er das Gefühl zu ihm hinaufsehen zu müssen. Als er den schnellen Blick nach hinten wagte, konnte er sehen, wie Jinpei und Harui noch immer wie versteinert dastanden, die einzige Bewegung, die sie machten, war das Zittern ihres Körpers vor Angst.

Kapitel 3 Ein kleines Spiel

Der Oyabun begann damit die fünf Schüler und die Leiche, über die er kaltherzig drübergestiegen war, zu begutachten, bevor er sich wieder Kobe widmete. Die Leiche war kein Mitglied seiner Familie, sondern nur ein einfacher Verbrecher, der zusammen mit ihnen geflohen war. Deshalb trauerte er, anders als bei seinen eigenen Leuten, nicht um ihn.

„Also ich frage noch ein letztes Mal: Was ist hier passiert?“ Seine Stimme ließ keinen Widerspruch zu.

Kobe erzählte dem Mann alles, was geschehen war.

„Verstehe.“ Der Mann überlegte kurz. „Wer von euch würde auch gerne eine Nummer mit den Mädchen da hinten schieben?“ Mit einem breiten Grinsen schaute er in die Menge. Mit lautem Gebrüll wurde seiner Frage von vielen zugestimmt.

Ohne zu zögern, zog er einen Schraubenzieher aus der Hose und stach auf den Mann ein, der ihm zujubelte und ihm am nächsten stand. Auch dieser war kein Mitglied seiner Familie, weshalb er keine Gewissensbisse hatte. Wäre es ein Mitglied seiner Familie gewesen, hätte er ihm befohlen das oberste Glied seines kleinen Fingers abzuschneiden … Wie es für einen Yakuza üblich war, wenn dieser einen schwerwiegenden Fehler begangen hatte.

Während der Niedergestochene am Boden röchelnd verblutete, fragte Goro erneut. Diesmal antwortete niemand.

Er überlegte kurz und ging zu dem, der ihm am nächsten stand,- der zuvor mitgejubelt hatte.

„Wolltest du eben nicht noch eine Nummer mit der Kleinen da hinten schieben?“, fragte Goro mit aufgesetzter Freundlichkeit.

„Nein, nein, auf keinen Fall.“ Er hatte noch nicht zu Ende gesprochen, schon wurde auch ihm der Schraubenzieher, an dem noch das Blut des anderen runtertropfte, mehrfach in den Bauch gerammt.

„Das gilt für euch alle, lügt mich noch einmal an und ihr endet wie die beiden." Dieses Mal nahm er auch seine eigenen Leute nicht aus, auch wenn diese im besten Falle nur den Verlust eines Fingergliedes zu befürchten hatten.

„Jawohl", kam es von allen, auch von Kobe, der noch immer ganz vorne stand.

Als Goro sicher war, dass jeder Anwesende seine Nachricht verstanden hatte, wandte er sich wieder den Kindern zu: „Eure Augen gefallen mir, sie sagen mir, dass ihr schon einiges durchgemacht habt. Ihr seid bereit alles zu tun, um zu überleben. Ganz besonders du", er blickte zu Nobu, „mit den tiefschwarzen Augen." Fast schon bewundernd schaute er ihn mit seinen gelben Augen an. „Sie verraten, dass du dazu bereit bist, jeden hier, ohne zu zögern, zu töten, wenn nötig werden würde." Der alte Mann hatte Respekt vor Nobu. „Deinen Namen trägst du definitiv zu Recht Nobunaga. Mein Name ist Goro, es freut mich dich kennen zu lernen." Er versuchte überhaupt nicht die Hintergedanken in seiner Stimme zu verstecken.

„Ihre Stimme verrät mir, dass Sie noch irgendetwas wollen."

„Du bist gut, und du hast Recht. Weißt du, ich wollte mich schon immer mit den Größten der Geschichte messen. Doch das ist auch gleichzeitig das Problem, sie sind Geschichte. Doch jetzt habe ich hier das Ebenbild von Nobunaga Oda vor mir. Skrupellos und ein taktisches Genie. Also was hältst du davon ein kleines Spiel zu spielen?"

„Was denn für ein Spiel?"

„Zum Aufwärmen erst einmal eine Runde Shogi, ich möchte erst herausfinden, ob ich richtigliege mit meiner Vermutung."

„Und was springt dabei für mich raus?"

„Ich könnte dir zum Beispiel anbieten deine Freunde nicht zu töten."

„Aaah!“ Hinter ihm hörte er, wie Harui anfing zu schreien. Als er sich umdrehte, waren die drei, Harui, Jinpei und Rei, überwältigt worden. Sie wurden zu Boden gedrückt und ihre Waffen auf sie gerichtet. Auch Daisuke, der sich umdrehte, um ihnen zu helfen, wurde innerhalb weniger Sekunden überwältigt.

„Wenn ich gewinne, dürfen wir gehen.“ Er stellte eine Forderung, damit Goro nicht auf die Idee kam ihm irgendetwas Unwichtiges für seinen Sieg zu geben.

„Einverstanden, und wenn ich gewinne, erlaube ich meinen Männern, dass sie ihren Spaß mit euch haben dürfen.“ Ein breites Grinsen verriet, dass er das alles viel zu sehr genoss. Nobu wusste, diese Typen würden niemals gegen die Tempelritter ankommen, sollte es zu einem Kampf kommen. Dennoch war die Yakuza kein Gegner, bei dem man unaufmerksam sein durfte. Irgendwie gefiel Nobu der Oyabun, schon vom ersten Moment an hatte er Respekt vor dem alten Mann. Er sah, dass sie beide vom selben Schlag waren, und genau das wollte er ausnutzen. Normal brauchte er eine Weile, um herauszufinden, wie jemand tickt, doch jetzt war es einfach, er hatte hier eine ältere Version von sich selbst stehen. Zwar eine, die etwas von der Spur abgekommen war, dennoch eine ältere Variante seiner Selbst. So dachte er zumindest. Gewissheit würde ihm das Shogispiel verschaffen, da war Nobu sich sicher.

„Na gut.“ Nobu war sich sicher nicht zu verlieren, er hoffte nur, dass seine Zuversicht in nicht trügen würde, „aber sie wollen doch sicher nicht hier auf offener Straße spielen.“ Er versuchte noch etwas Zeit zu schinden, um einen Weg zur Flucht zu finden, sollte es nötig werden.

„Nein, nein, natürlich nicht, wo denkst du hin? Mir gehörten hier einige Pachinkohallen, bevor ich verhaftet wurde. Eine davon ist ganz in der Nähe, dort werden wir spielen.“ Goro wartete die Antwort nicht ab, sondern machte sich bereits auf den Weg, gefolgt von vielen seiner Leute. Nobu wartete darauf, dass seinen Freunden auf die Beine geholfen wurde, er war überrascht von niemandem ein Wort gehört zu haben, seitdem Goro aufgetaucht war. Geführt von den wenigen Männern, die noch dort waren, machte sich nun auch Nobu gemeinsam mit seinen Freunden auf den Weg.

„Du musst gewinnen." Daisuke verfluchte, dass er wieder einmal nichts ausrichten konnte.

„Ich weiß." Das musste Nobu niemand sagen. Doch sein Gegner war keiner, der mit Kraft gewinnt. Goro war ein Stratege, und das schon sein ganzes Leben lang.

„Du schaffst das schon, ich habe noch nie gesehen, dass du verloren hättest." Harui versuchte ihm Mut zu machen.

„Danke, aber ich kann überhaupt nicht einschätzen, wie gut dieser Typ ist, und das macht mir Angst." In der gesamten Unterhaltung hatte er überhaupt nicht an die Konsequenzen für seine Freunde gedacht. Seine Zuversicht schwand ein wenig, als er die Zwillinge ansah.

Der Gedanke, dass die Tempelritter die einzige ernstzunehmende Bedrohung für sie wären, war einfach nur naiv gewesen, und das bekamen sie jetzt zu spüren.

Sie waren ein paar Minuten unterwegs, bis sie endlich an einer Pachinkohalle ankamen. Der 74 Jahre alte Mann wartete auf seine Gäste und trat dann ein. Die Kinder und ein Teil seiner Männer taten es ihm gleich. Der Rest blieb draußen, um Wache zu halten, doch vor was? Die Stadt war wie ausgestorben. Selbst wenn Menschen vorbeikommen würden, stünde ein Pachinko ganz sicher ganz unten auf der Liste der Orte, die zu durchsuchen es sich lohnen würde.

Bisher kannten sie die Räume nur aus diversen Filmen und Serien. Zuerst mehrere Reihen von Automaten, dahinter begann es mit den Pokertischen, Roulette war auch gut vertreten. Nobu war erstaunt, wie gut es hier noch aussah, es wirkte fast so, als wäre erst vor kurzem noch voller Betrieb gewesen. Doch die Tische ließen sie schnell hinter sich. Der Ort, an dem sie spielen wollten, befand sich im zweiten Stock, vor dem Aufgang war ein rotes Band, das den Eintritt limitieren sollte. Auf der Tür stand groß „VIP". Aus dem Fernsehen wussten sie, dass, wenn ein solches Etablissement von der Yakuza geführt und auf einer Tür groß VIP stand, dahinter meistens die illegalen Sachen abgingen. Heute allerdings sollte es eine einfache Runde Shogi sein. So normal wie es in der Apokalypse zwischen einem Oberschüler und dem Anführer der Yakuza eben sein konnte…

Doch schon schnell ließen sie den VIP-Bereich hinter sich und gingen durch eine unauffällige Tür zu ihrer Rechten. Auf dem Gang, den sie nun entlangliefen, ließ eine gute Beleuchtung zu wünschen übrig. Vereinzelt hing an der Decke eine Glühbirne, die ihr Bestes tat, um den Gang, so gut es ging, zu beleuchten. Da der Gang für die vielen Leute zu eng wäre, blieben viele von Goros Männern in der Halle bzw. im VIP-Bereich und hielten Wache. Außer den Kindern und Goro selbst waren nur noch Kobe und der Perverse ohne Namen mit von der Partie.

An der Tür zum Spielraum teilten sie sich ein weiteres Mal auf. Nur Nobu, Goro und Kobe durften ihn betreten. Der Perverse hingegen ging mit den Kindern in einen Lagerraum, wo er mit ihnen warten sollte, bis das Spiel zu Ende war. Das machte Nobu ein wenig nervös, doch noch nervöser machte ihn, dass er zwar die Regeln von Shogi beherrschte, doch sein Spiel eher Schach war. Und da bei Shogi und Schach die meisten Figuren mit ähnlichen Bewegungen vorhanden sind, machte er sich Sorgen, dass er Leichtsinnsfehler begehen könnte, die ihn am Ende den Sieg kosten könnten.

„Wo werden sie hingebracht?", fragte Nobu besorgt.

„Ich will nur, dass niemand unser Spiel stört, mein Bruder passt gut auf sie auf. Mach dir keine Sorgen, ihnen wird kein Haar gekrümmt, solange sie nichts Dummes machen."

Doch genau das machte Nobu Sorgen, sobald dieser Perverse etwas versuchen sollte, würden sie sich, ohne zu zögern, verteidigen.

„Dann wollen wir das Spiel beginnen, bitte setzt euch auf eure Plätze und sortiert die Spielsteine." Kobe hatte die Führung übernommen. Wie geheißen nahmen die beiden Kontrahenten vor einem Holzbrett, welches auf einem niedrigen Tisch stand, Platz. Sie setzten sich im Schneidersitz gegenüber und begannen die Spielsteine zu sortieren. Als die Steine alle verteilt waren, machte Kobe weiter.

„Ich, Kobe, werde heute ihr Schiedsrichter sein. Ich gelte in diesem Spiel als neutrale Person und werde niemandem einen Vor- oder Nachteil verschaffen." Wären das nur Gangster, wie man sie aus amerikanischen Filmen kannte, hätte Nobu ihm kein Wort geglaubt. Allerdings handelte es sich hier um die Yakuza und der ging es hauptsächlich um die Ehre. Er würde nicht riskieren, dass sein Boss seine Ehre verliert, nur um gegen ein Kind gewinnen zu können.

Nobu machte den Anfang, indem er den Bauer vor seinem rechten Silbergeneral nach vorne bewegte. Goro tat das Gleiche auf seiner Seite.

„Eine Frage Nobunaga, wieso seid ihr zu Fuß unterwegs und nicht so wie alle anderen mit dem Auto?" Nobu wusste nicht, ob Goro das Gespräch begann, weil es ihn wirklich interessierte oder nur um für Ablenkung zu sorgen.

„Woher wissen Sie so viel von dem, was hier draußen passiert? Sie waren doch jahrelang im Gefängnis, oder nicht?" Nobu gefiel es nicht ausgefragt zu werden.

„Es gab es einen Fernseher im Gefängnis. Bis vor knapp drei Wochen waren wir deshalb immer auf dem neuesten Stand. Aber seitdem die Bevölkerung von dem ‚Nichts' erfahren hatte, kamen von Tag zu Tag immer weniger Wärter zur Arbeit. Die, die gekommen sind, waren dafür immer gereizter und gestresster. Deshalb haben sie vor drei Wochen beschlossen uns nicht mehr aus den Zellen zu lassen, da es so sicherer wäre. Und jetzt beantworte endlich meine Frage!" Auch wenn er sie beantwortete, gefiel es ihm nicht, dass Nobu eine Gegenfrage gestellt hatte.

„Anfangs hatten wir vor mit dem Auto zu fahren." Nobu wollte dafür sorgen, dass der alte Mann sich so sicher fühlte wie nur möglich, um ihm einen Fehler zu entlocken. „Wir haben uns eine Weile in einer Villa eingenistet, doch als wir dann aufbrechen wollten, wurde dort eingebrochen und alle Angestellten wurden getötet. Eine von uns hat alles gesehen, doch sie ist jetzt nicht mehr da." Die beiden spielten normal weiter während des Gesprächs.

„Was ist mit ihr passiert?" Fragte er. Goro erwartete schon, dass sie tot war. Für ihn wäre es kein Wunder zu hören, dass die Kinder schon in einige Kämpfe verwickelt wurden auf ihrer Reise.

„Sie hat die Gruppe verlassen." Er wirkte bedrückt, als er diesen Satz aussprach.

„Das tut mir leid." Man konnte hören, dass es ihm ernst war damit. Vor allem da er nicht erwartet hatte, dass jemand in solchen Zeiten allein mit dem Leben weitermachen wollte, wenn es in der Gruppe definitiv sicherer war. „Wisst ihr, wer in die Villa eingebrochen ist?"

„Ja eine anscheinend weltweit operierende Gruppe, die sich selbst die Tempelritter nennt. Soweit wir wissen, sind alle Mitglieder von ihnen Auftragsmörder oder so in der Art."

„Sagtest du gerade Tempelritter?" Goro ließ den Stein, den er in der Hand hielt, fallen und schaute aus, als hätte er einen Geist gesehen. Sein Gesicht wurde leichenblass und Schweißperlen rannen ihm von der Stirn.

„Ja, wieso, sagen Sie bloß, das sagt Ihnen etwas?"

„Wir hatten vor Jahrzehnten mit einer kleinen Gruppe von ihnen Ärger. Gerade mal eine Handvoll, doch sie haben fast die Hälfte meiner Männer ausgelöscht. Seitdem haben wir um alles, in das sie verwickelt sein könnten, einen großen Bogen gemacht." Er schaffte es nicht seine Fassung zu bewahren. Allein der Gedanke, an diesen Moment zurückzudenken, ließ das Blut in seinen Adern gefrieren.

„Das hätte ich jetzt nicht erwartet.“ Nobu wirkte sichtlich überrascht, er hätte erwartet, dass sie sich mit ihnen in den Kampf gestürzt hätten, um ihr Territorium zu verteidigen. Doch offensichtlich waren diese Tempelritter tatsächlich sehr mächtig.

„Ich rate dir dasselbe zu machen. Gebt auf, solange ihr noch könnt.“ Die Angst war ihm anzusehen. Selbst Kobe, der Goros rechte Hand war, erlebte das erste Mal Angst bei seinem Boss. Er kam erst ein paar Jahre nach der Schlacht mit den Tempelrittern zur Yakuza.

„Zu spät, wir haben bereits über ein Dutzend von ihnen getötet.“

„Ihr habt was?“ Neben der Angst kam nun auch Bewunderung. Beides für Nobu wie auch die Tempelritter.

„Wer sind denn diese Tempelritter, wenn ich fragen darf?“ Kobe wusste nicht, was der ganze Aufruhr bedeutete. In der Schule hatte er zwar von den Tempelrittern gehört, doch seines Wissens nach wurden sie bereits im Mittelalter aufgelöst.

„Lass mich kurz überlegen.“ Goro kraulte sich sein Kinn. „Sie sind vermutlich die größte Geheimorganisation, die es in Japan gibt.“

„Nicht nur in Japan, sie sollen in jeder Behörde, jedem Militär und jedem Geheimdienst sowie allen größeren Untergrundorganisationen der Welt ihre Leute haben.“ Goro hatte Jahrzehnte damit verbracht mehr über die Templer rauszufinden und doch wusste der 17-jährige Junge vor ihm mehr als er, ein Yakuza-Boss.

„Wenn du das weißt, warum habt ihr sie dann angegriffen?“ Der Alte wusste nicht, ob es Mut oder Dummheit war, die ihn dazu getrieben hat.

„Weil wir das alles erst vor 2 Wochen rausgefunden haben. Außerdem sind sie hinter uns her und nicht umgedreht. Darum hätten sie uns sowieso nie in Ruhe gelassen.“ Das Spiel verlief im Hintergrund fast schon automatisch weiter. Während für Nobu die Informationen über die Templer kein Schock mehr waren, spielte sein Gegner deswegen immer schlechter.

„Wieso denn das?“ Endlich machte Goro den ersten Fehler, den Nobu sofort ausnutzte.

„Weil sie mich in ihren Reihen haben wollen. Aber die sollen nur kommen. Wir haben schonmal ein Team von ihnen geschlagen.“ Goro erkannte, dass Nobu im Begriff war denselben Fehler wie er vor 40 Jahren zu machen. Zwar war Goro nie in den Genuss gekommen einen Sieg gegen die Templer zu erringen. Doch auch er war damals zu sehr von sich und seinen Fähigkeiten überzeugt. Zu viele Clankriege hatte er bereits gewonnen, um jetzt vor einer Handvoll Leuten in die Knie zu gehen. Als es dann jedoch zum Krieg kam, gingen sie gnadenlos unter. Auf Seiten der Templer starben zwei, bei der Yakuza Dutzende.

„Mit dieser Einstellung sind wir damals auch in den Kampf gegangen, doch heute überlege ich lieber zweimal, ob es mir das wert ist, einen Kampf anzufangen.“ Nobus Eindruck von ihm veränderte sich schlagartig. Aus dem Mann, vor dem er großen Respekt wegen seiner Ausstrahlung hatte, wurde in seinen Augen ein alter verängstigter Mann, der vor einem Kampf davonrannte. Als er dann den Blick des vorher noch so verängstigt reinschauenden Mannes ihm gegenüber sah, merkte er auf einmal eine Veränderung im Raumklima.

Die Angst in Goros Augen war wie weggeblasen, alles, was jetzt noch war, war volle Entschlossenheit Nobu im Shogi zu besiegen. Er wollte dem Jungen, der noch nie verloren hatte, zeigen, dass es weitaus stärkere und schlauere Menschen auf dieser Welt gibt, die er niemals besiegen würde. Von nun an schaute er dem Jungen bei jedem Zug in die Augen, um ihn unter Druck zu setzen. Doch es kam anders als erwartet, in den schwarzen Augen seines Gegenübers erkannte er den Willen ihn zu töten. Das Einzige, was ihn davon abhielt, war der Hüne, der mit ihm im Raum war. Darum konzentrierte auch er sich vollkommen darauf dieses Spiel zu gewinnen.

Derweil sorgte Daisuke dafür, dass Goros Bruder genügend Abstand von allen hielt, besonders von den Mädchen. Sie waren in einem kleinen Lagerraum, in den Regalen links und rechts neben ihnen standen vereinzelt Konservendosen, auf denen sich schon eine ordentliche Staubschicht gebildet hatte. Allgemein roch der Raum anders als der Rest des Etablissements, so als wäre er schon länger nicht mehr sauber gemacht worden. Sie nahmen an, dass es schon eine Weile her war, dass die Bande festgenommen worden war und sich seitdem niemand mehr um das alles gekümmert hatte. Trotz ihrer eigenen Situation machte Harui sich eigentlich nur Sorgen um Nobu:

„Denkst du, es geht ihm gut, ich hoffe, er gewinnt das Spiel und wir können gehen." Rei versuchte sie zu beruhigen, mit nur wenig Erfolg.

„Mach dir keine Sorgen, er kann schon auf sich aufpassen. Wir müssen dafür sorgen, dass uns nichts passiert, damit er sich komplett auf sein Spiel konzentrieren kann." Daisuke half seiner Freundin dabei, die Zwillinge zu beruhigen.

„Aber was ist, wenn sie nicht fair spielen, das ist immerhin die Yakuza, wenn die irgendwas wollen, nehmen die es sich doch einfach, oder liege ich da falsch."

„Mein Bruder und Kobe würden niemals falschspielen, für die beiden geht es um die Ehre", verteidigte der Perverse seinen Bruder.

„Halt die Klappe, du Spinner, ich glaub dir kein Wort. Wenn sie so ehrlich spielen, warum wurden wir dann von dem Spiel ausgeschlossen?" Daisuke hatte keine Angst vor dem Mann, doch er bemerkte, dass er den Zwillingen einen Schrecken einjagte. Also wollte er versuchen ihn dazu zu bringen ruhig zu sein, fing aber aus Versehen eine Diskussion mit ihm an.

„Weil mein Bruder ein Mann von Ehre ist. Wenn irgendjemand etwas macht, das seine Ehre beschmutzen könnte, lässt er ihn hart bestrafen, das war schon immer so. Er war der Einzige, der mich trotz meines Verhaltens akzeptierte und aus dem Waisenhaus rausholte, indem er mich als seinen Blutzsbruder in den Clan aufnahm. “

„Und das soll ich dir einfach so glauben, ich kenn ja nicht mal deinen Namen, ich will ihn eigentlich aber auch nicht wissen.“ Daisuke glaubte ihm kein Wort.

„Mein Name ist Kijima, und ich bin kein Spinner oder ein Perverser.“

„Ach ja, als wir sie das erste Mal gesehen haben, hatte ich einen anderen Eindruck.“ Daisuke baute sich schützend vor seinen Freunden auf.

„Wenn ihr so lange im Gefängnis gesessen hättet wie ich, würdet ihr auch durchdrehen. Aber nicht mein Bruder, du kannst froh sein, dass er dich nicht hat töten lassen.“

„Wieso sollte er das tun?“ Daisuke hatte es bereits wieder vergessen.

„Hast du es etwa schon vergessen? Du hast einen seiner Männer umgebracht, in diesem Moment hat er dir bewiesen, wie groß seine Ehre ist.“

„Ich habe mich nur verteidigt, du kannst froh sein, dass ich dir keine Kugel in den Kopf gejagt habe.“

„Und genau das ist der Punkt, er konnte über den Tod einer seiner Männer hinwegsehen, da er den Tod verdient hatte, denn er hat sowohl dich als auch deine kleine Freundin beleidigt.“

„Du bist besser als erwartet.“ Nobu hatte das Spiel in der Zwischenzeit zu seinen Gunsten geändert. Auch das Psychospielchen, das Goro mit seinen Augen spielte, gewann er. Wenn es darum geht, wer dem anderen länger und selbstsicherer in die Augen schauen konnte, hatte noch niemand Nobus Blick ausgehalten. Das war das erste Mal, dass Kobe gesehen hatte, wie sein Chef zugab, dass jemand besser war als er selbst. Bei der Niederlage gegen die Tempelritter war Kobe noch nicht in der Yakuza und

Goro noch nicht der Anführer. Dennoch war es für ihn damals ein großer Schock. Überall in den Medien wurde von einer Auseinandersetzung zweier feindlicher Clans berichtet. Wobei nur auf der einen Seite etliche Todesopfer zu beklagen waren, während die andere Seite nicht einmal ausfindig gemacht werden konnte.

Goro dachte, dass niemand der Yakuza etwas hätte anhaben können. Doch dann, nach einem erbitterten Kampf, sah er den damaligen Anführer ihrer Gruppe vor einem der Tempelritter auf die Knie gehen. Die Wut kochte hoch in ihm, als er hörte, wie sie sich nur darüber lustig machten, dass gerade der ganze Stolz von Japans Unterwelt vor ihnen niederkniete. Doch er schluckte sie runter und ließ die Erniedrigungen über sich ergehen. Während andere das als Schwäche angesehen hatten, war es für ihn der einzige Weg zu überleben.

Und wieder ließen sich folgende Worte nicht vermeiden.

„Schachmatt", tönte es nach einem langen nervenaufreibenden Spiel aus Nobus Mund. Goro versuchte es noch irgendwie abzuwenden und hielt seine ineinandergelegten Hände vor sein Gesicht, um mit seinen Augen in aller Ruhe das Spielbrett betrachten zu können. Doch selbst mit seinen Jahrzehnten an Erfahrung konnte er keinen Ausweg mehr finden.

„Das war ein gutes Spiel, und du bist der beste Gegner, gegen den ich je gespielt habe."

„Heißt das, wir können jetzt endlich gehen?" Früher hätte Nobu noch stundenlang mit ihm reden wollen, doch jetzt drängte die Zeit. Das Spiel selbst dauerte für ihn schon zu lange.

„Ja, ihr könnt gehen, und zwar alle. Doch denk nicht, dass es das schon war." Er hatte bei diesen Worten ein verschlagenes Grinsen im Gesicht.

„Wie bitte?" Nobu war verwirrt über diese Worte.

„Das hatte ich doch von Anfang an gesagt, diese Partie war nur zum Aufwärmen. Jetzt kommt erst das richtige Spiel."

„Und was ist das richtige Spiel? Wir haben nicht die Zeit für so etwas."

„Dafür werdet ihr euch Zeit nehmen, das kann ich dir versprechen. Während wir uns nämlich gerade als Anführer in einem Brettspiel ohne richtigen Einsatz gegenüberstanden, geht es jetzt in die zweite Runde. Wir werden eine kleine Jagd veranstalten, und ihr werdet dabei die Gejagten und wir die Jäger sein." Goro hatte niemals die Intention nach Tokio zu gelangen, er wollte einfach nur seine letzten Tage in Freiheit genießen und hatte dafür den perfekten Gegenspieler gefunden.

„Soll das ein Witz sein, wir haben gewonnen, also dürfen wir gehen."

„Natürlich dürft ihr das, so war es immerhin ausgemacht. Ich habe aber mit keinem Wort gesagt, dass wir euch nicht verfolgen werden. Ihr bekommt einen Tag Vorsprung. Dann aber werden wir euch ohne Erbarmen jagen. Und dann werden wir mal schauen, ob du den Namen Nobunaga zu Recht trägst." Nobu war entsetzt darüber, wie sollte er das seinen Freunden sagen.

Kapitel 4 Runde zwei

Goro blieb lächelnd sitzen und nippte entspannt an seinem Tee, während Kobe Nobu zu seinen Freunden brachte. Nobu dachte daran seinen Begleiter auszuschalten, um zu verschwinden und seinen neuen Gegenspieler in aller Stille zu erledigen. Doch der Fakt, dass seine Freunde von Goros Bruder bewacht wurden, hinderte ihn daran. Auf keinen Fall wollte er sie zurücklassen. Außerdem wusste er, dass er ohne Waffe keine Chance gegen den Riesen vor sich haben würde.

Kobe sprach kein einziges Wort und lief schnurstracks zu dem Lagerraum, in dem sich die Kinder befanden. Nobu schaute sich nervös um. Noch nie war er in so einer bedrängenden Situation. Selbst ihre eigentlichen Verfolger konnten bei ihm nicht so ein Gefühl hervorrufen. Bei den Tempelrittern wusste er, dass sie ihn nicht verletzen wollten, doch die Yakuza hatte vor sie zu töten, und das nur aus Spaß. Er dachte daran Kobe zu überreden ihnen zu helfen. Dieser war aber bis in den Tod loyal gegenüber seinem Boss, darum versuchte er es gar nicht erst.

Die Tür zum Lagerraum schwang auf und alle darin schauten erschrocken auf.

„Wie ist das Spiel ausgegangen?“, wollte Kijima von Kobe wissen.

Die Frage völlig ignorierend sprang Harui erleichtert auf und umarmte Nobu mit Tränen in den Augen. Auch Nobus Gemüt beruhigte sich wieder etwas. Er legte seine Hand besänftigend an Haruis Hinterkopf.

„Das war das schwerste Spiel, das ich je gespielt habe, aber ich habe gewonnen.“

„Ist das wirklich wahr Kobe?“ Kijima war verwundert zu hören, dass sein Bruder in einem Shogi-Spiel verloren hatte. Kobe nickte, ohne dass seine Mimik Weiteres darüber verraten hätte, was noch alles passiert war. Kobe nahm ihn mit aus dem Zimmer, damit sich die Kinder besprechen konnten.

„Ist bei euch alles in Ordnung?", fragte Nobu besorgt.

„Alles gut, aber was passiert jetzt?", wollte Rei wissen.

Nobu klärte sie über die Jagd, die Goro mit ihnen veranstalten möchte, auf. Sie schauten ihn nur verwundert an und konnten nicht glauben, was sie gerade gehört hatten.

„Ist das sein Ernst?" Daisuke fuhr aus der Haut. Er dachte, dass sie alles hinter sich hatten, dabei begann jetzt erst alles.

„Wir haben einen Tag Vorsprung und den müssen wir nutzen, um so weit wie möglich voranzukommen." Nobus Gedanken waren bereits wieder im Logikmodus. Seine wichtigste Aufgabe war es, zusammen mit seinen Freunden zu überleben.

„Haben wir denn jemals die Chance uns zu entspannen?" Harui ertrug es nicht mehr die ganze Zeit nur auf der Flucht zu sein und sich nie entspannen zu können.

„Wenn wir das überstehen, wird alles vorbei sein. Das verspreche ich dir." Nobu wusste gleichwohl genau, dass es dann noch lange nicht vorbei sein würde. Denn selbst ohne die Yakuza blieben immer noch die Tempelritter, die sie selbst in Tokio, der ach so sicheren Stadt, noch als Feind hätten.

„Aber was ist mit den Tempelrittern, die werden uns doch auch in Tokio verfolgen, oder etwa nicht?"

„In Tokio werden wir aber nicht mehr allein sein. Auch wenn sie die Polizei unterwandert haben, wird es dort noch Leute geben, die uns helfen können." Nun versuchte auch Daisuke sie zu beruhigen, was zu funktionieren schien. „Also wie läuft das jetzt ab?", wollte Daisuke wissen.

„Wir bekommen einen Tag, um so weit zu kommen wie möglich. In der Zeit werden sich diese Typen nicht vom Fleck bewegen. Nach dem Tag allerdings werden sie uns verfolgen und versuchen zu töten. Was wir aber nicht zulassen werden. Jeder von denen, der bei uns auftaucht, wird getötet, und zwar ohne zu zögern." Nobu machte unmissverständlich klar, dass er keine Gnade walten lassen würde. Doch würde es nichts bringen, wenn nur seine Freunde davon wissen würden, weshalb er zurück zu Goro ging.

Auf dem Weg lief er an Kobe und Kijima vorbei, denen ein kalter Schauer über den Rücken lief, als sie seinen Blick sahen. Ihre vorherige lockere Stimmung änderte sich auf einen Schlag, sie erkannten die Gefahr, die von dem Jungen ausging. Am liebsten hätten sie ihn nicht zu Goro durchgelassen, doch sein Befehl war unmissverständlich. Sie sollten den Kindern kein Haar krümmen, bis er die Erlaubnis dazu gab. Und um eben jene Erlaubnis nicht zu verpassen, folgten sie ihm.

Goro, der wieder in seinem Stuhl hinter dem Schreibtisch saß, nippte genüsslich an seinem Tee. Ihre Blicke trafen sich, als er aufschaute. Auch er merkte die Bedrohung, die davon ausging, starrte aber nur zurück. Kobe, der nur Sekunden später den Raum betrat, beobachtete diesen Blickaustausch gespannt. Es sah für ihn so aus, als würde der Drache in dem Gesicht des alten Mannes in ein schwarzes Loch starren, das zurückstarrt.

„Was gibt es noch? Ihr solltet euch lieber auf die Jagd vorbereiten." Goro wirkte vergnügt.

„Ich wollte Sie nur darüber informieren, dass wir jeden ihrer Männer töten werden, und zwar ohne zu zögern. Wenn es ihnen immer noch so ernst ist, bitte, beklagen Sie sich am Ende aber nicht darüber, dass es so wie damals mit den Tempelrittern abläuft." Diese Worte brachten eine andere Reaktion hervor als erhofft. Anders als gedacht machte er keinen Rückzieher, sondern fing nur zu lachen an.

„Was ist daran bitte so lustig?" Der Blick des Jungen verlor an Intensität. Sein Gegenüber brauchte einen Moment, um antworten zu können.

„Dass du denkst, dass der Tod uns in diesen Zeiten noch Angst einjagen würde." Er hatte sich beruhigt und schaute ihm nun wieder tief in die Augen, als er sprach. „Weißt du eigentlich, wie zerbrechlich der Frieden und die Ruhe in Japan waren. Obwohl wir mit zu einem der sichersten Länder der Welt zählten, gerieten alle in Panik, kaum dass der Weltuntergang verkündet wurde. Selbst die einst so manierlichen Yakuza haben sich geändert, sie sind viel blutrünstiger als zu der Zeit, als ich noch draußen war. Früher hätte ich nie erlaubt, dass wir Hand an Kinder legen, doch jetzt muss ich mein Gesicht wahren. Viele von den Leuten, die aus dem Gefängnis ausgebrochen waren, gehören nicht zu meiner Familie. Sie sind einfache Kriminelle, größtenteils Taschendiebe oder Einbrecher. Dennoch gibt es auch jene unter ihnen, die nur dabei sind, weil sie Respekt vor der Yakuza haben, nicht aber vor der echten Yakuza. Nein, vor der, wie sie sich die Yakuza vorstellen. Und die würden keine Sekunde zögern mich kaltzumachen, wenn ich nicht ihrem Ideal entsprechend handle. Einzig Kobe und ein paar der ranghöheren Mitglieder meiner Organisation halten sie davon ab die Macht an sich zu reißen." Nobu wusste nicht, was er darauf hätte antworten sollen, und wollte schon den Raum verlassen, als Goro ihn nochmal zurückrief.

„Hast du nicht etwas vergessen?" Goro schaute finster.

„Und was?"

„Dich zum Abschied zu verbeugen." Noch bevor Nobu etwas darauf erwidern konnte, hatte Kobe ihn gepackt und sein Gesicht mit Gewalt auf die Tischplatte gezwungen. Nobu konnte sich noch so sehr wehren, gegen die Stärke von Goros rechter Hand kam er einfach nicht an. „Die Yakuza mag vielleicht nicht mehr das sein, was sie einst war, dennoch wollen wir doch nicht die japanischen Manieren vergessen." Goro verbeugte sich ebenfalls vor Nobu. Erst danach ließ Kobe den Jungen gehen.

Mit einem brummenden Schädel verließ Nobu den Raum, wobei er hörte, wie Goro noch etwas sagte.

„Eure Zeit läuft, viel Erfolg."

„Wo warst du?“ Ohne auf die Frage einzugehen, deutete er seinen Freunden, dass sie sofort gehen sollten. Schnell packten sie all ihre Sachen zusammen und waren schon bereit aufzubrechen. Das war mittlerweile etwas, das sie perfekt konnten. Seit Beginn der Reise gab es immer wieder Situationen, in denen es vonnöten war, dass sie auf der Stelle aufbrechen konnten. Doch diesmal hielt Daisuke sie zurück.

„Was ist denn los, wir müssen uns beeilen.“ Auch Jinpei, der zuvor einen Streit mit Nobu hatte, gab ihm recht.

„Unsere Vorräte werden doch knapp oder, hier haben wir genug, um unsere Rucksäcke zweimal zu füllen. Auch wenn auf jeder von denen hier schon eine dicke Staubschicht liegt. Die werden nicht so schnell schlecht.“ Er deutete auf die Regale hinter sich, in denen noch genug Konservendosen standen, um ihre Taschen und später auch ihre Mägen zu füllen. Durch die Explosionen hatten alle ihr eigentliches Ziel, nämlich die Nahrungssuche, vergessen. Rei konnte ihrem Freund nur zustimmen. In seiner vorherigen Eile hatte Nobu den Inhalt des Raumes auf die Menschen darin, allem voran seine Freunde, beschränkt. Die Objekte blendete er größtenteils aus.

Alle Blicke waren auf ihn gerichtet, so als müsste er erst die Erlaubnis geben, dass sie sich alles schnappten, was sie kriegen könnten. Er war zwar der Anführer ihrer kleinen Gruppe, doch so etwas gehörte zu den Sachen, bei denen er nie etwas hatte sagen müssen. Aber in diesem Moment hatten sie alle ohne Ausnahme mehr Angst als je zuvor. Selbst die einfachsten Gedanken waren sie nicht mehr im Stande zu fassen.

Er schaute sie verwundert an und deutete ihnen mit einer Handbewegung, dass sie es dürfen. Sofort gingen sie los, rissen ihre Taschen auf und füllten sie mit den verstaubten Dosen. Wo sich Rei vor zwei Monaten noch über Fertigessen beschwert hätte, nicht dass sie es nicht trotzdem ab und zu gegessen hatte, war ihr jetzt sogar die dicke Staubschicht egal, die auf ihre Klamotten rieselte.

Nobu fiel auf, dass sie von Kobe beobachtet wurden, ließ sich aber nicht davon stören. Als sie dann den Raum wieder verließen, konnte er ihn aber nicht mehr ignorieren. Nicht zuletzt, weil er es war, der nur Minuten zuvor seinen Kopf auf eine Tischplatte geschlagen hatte.

„Viel Glück." Es klang nicht so, als würde er sich auf die Jagd freuen, sondern vielmehr so, als hätte er Mitleid mit ihnen und wünschte sich, er könnte das Ganze verhindern. Nobu bedankte sich aufrichtig bei ihm. Er dachte erneut daran ihn zu überreden, ihnen zu helfen, war sich aber dessen bewusst, dass er Goro niemals hintergehen würde.

Der Letzte, der das Gebäude durch die Hintertür verließ, war Nobu. Langsam ließ er diese hinter sich zugleiten. Sie sind nicht panisch losgerannt, wie man es in so einer Situation normalerweise erwarten würde. Im Gegenteil, sie blieben an Ort und Stelle stehen und drehten sich erwartungsvoll zu Nobu um. Doch auch er hatte keinen Plan, er wusste außer der Angabe nach Tokio nicht, wo sie hinsollten. Weder kannte er die Gegend, in der sie sich befanden, noch hatte er eine Karte zur Hand. Dafür aber Rei, sie hatte sich während ihrer Zeit im Lagerraum auf einem Handy die Umgebung angeschaut. Sie wusste genau, wie sie wieder auf ihrem vorigen Pfad gelangen würden.

„Führt der Weg auch am Gefängnis vorbei?", fragte Nobu aus heiterem Himmel.

„Ja tut er, wieso fragst du?"

„Ich wollte mir mal anschauen, wie sie ausgebrochen sind und was die Explosionen noch so alles angerichtet haben", erklärte er.

„Haben wir jetzt wirklich die Zeit uns das anzuschauen, ich dachte, wir haben nur einen Tag Vorsprung", brachte Jinpei, wie immer ungeduldig, ein.

„Schon, aber wenn der Weg uns dort sowieso vorbeiführt, möchte ich es mir mal genauer anschauen."

„Aber was, wenn da immer noch Gefangene sind, die nur darauf warten, dass jemand kommt. Bin ich denn hier der Einzige, der die Gefahren sieht, in die du uns immer wieder bringst?" Jinpei war aufgebracht und machte Nobu mal wieder für alles verantwortlich, besonders nachdem ihr Streit von zuvor zu nichts geführt hatte. Nobu allerdings hatte keine Lust jetzt mit ihm zu streiten und willigte ein, sich das Gefängnis nur einmal aus der Ferne, beim Vorbeigehen, anzuschauen. Sie gingen endlich los, was ihnen bei dem Streit allerdings nicht aufgefallen war, war, dass Kobe alles mitangehört hatte. Als die Kinder gegangen waren, teilte er das Gespräch Goro mit. Für ihn waren es sehr wertvolle Informationen.

„Eine Gruppe ist nur so schwach wie ihr schwächstes Glied, und das hast du gerade gefunden. Gut gemacht." Goro lobte ihn.

„Ich verstehe nicht, was uns das bringen soll, wir jagen sie doch und töten sie bei der erstbesten Gelegenheit … habe ich gedacht." Kobe hingegen konnte nicht verstehen, was an dieser Nachricht so wertvoll sein soll. Er war definitiv nicht dumm, doch fehlte es ihm an dem strategischen Denken seines Bosses. Darum war er auch mehr der Mann fürs Grobe.

„Das stimmt, allerdings habe ich bis eben noch gedacht, dass sie ein eingespieltes Team wären, in dem jeder für Nobunaga durchs Feuer gehen würde. Doch jetzt wissen wir, dass es Spannungen innerhalb der Gruppe gibt, die wir ausnutzen können." Selbst jetzt verstand Kobe noch nicht, was Goro so faszinierend fand. Für ihn war das ein Kampf der Stärke, in dem Streitigkeiten innerhalb der feindlichen Gruppierungen uninteressant ist. Erst in einem Kampf des Intellektes würde er es verstehen. „Falls du es immer noch nicht begriffen hast, ich habe nicht vor das Ganze nur durch Stärke auszufechten. Dieser Junge hat mich im Shogi unter Einsatz seines Verstandes besiegt. Und das kann ich nicht auf mir sitzen lassen. Deswegen werde ich ihn in der zweiten und bei weitem wichtigeren Runde unseres kleinen Spielchens mit Verstand und nicht mit ausschließlich Feuerkraft besiegen. Zumindest am Anfang.“ Goro grinste und konnte seine Vorfreude nicht im Zaum halten. Er hatte schon lange nicht mehr so einen guten Gegner. Selbst die Polizei, die ihn letzten Endes geschnappt hatte, war für ihn kein Gegner. Die konnte ihn auch nur gefangen nehmen, weil ein Attentat, das er beauftragt hatte, schiefgelaufen war. Er selbst hatte alles im Vorhinein perfekt geplant. Doch der Mann, der für den Job angeheuert wurde, hatte Mist gebaut, wodurch man ihn schnappen konnte. Nachdem er dann alles gestanden hatte, wurde ein Großteil von Goros Clan hochgenommen. Der Attentäter wurde danach in Schutzhaft genommen. Die Männer, die nach allem noch draußen waren, suchten und fanden den Mann. Nachdem sie die Männer, die für seinen Schutz sorgen sollten, getötet hatten, nahmen sie sich Zeit, um den Verräter gebührend zu bestrafen, bevor sie ihn letztendlich töteten.

„Bring mir einen Anzug. Bevor wir unseren Leuten die Nachricht mitteilen, will ich aus dieser Gefängniskluft raus.“ Goro erhob sich aus seinem Stuhl, während Kobe den Anzug holte. Kijima verdrückte sich in der Zwischenzeit an die Spieltische.

Als der Riese zurück war, hatte sein Chef sich, bis auf seinen Mawashi, komplett entkleidet. Das Tattoo, das auf seinen Armen begann, in dem die roten Rosen sich in Flamen verwandelten, wurde auf seinem Rücken weitergeführt. Dort umspielten die Flammen einen japanischen Drachen, einen Ryu. Dieser hatte grüne Schuppen, in denen sich das Rot der Flammen widerspiegelte.

Kaum hatte er den einst maßgeschneiderten Anzug an, hing er das Bild eines grünen Ryus von der Wand gegenüber seinem Schreibtisch ab. Dort befand sich ein in die Wand eingelassener Tresor. Schnell gab er die Kombination ein und öffnete die Tür, welche selbst einer Granate standhalten würde. Zu seinem Erstaunen fand er den Safe leer vor. Eigentlich wollte er noch schnell einen Schluck eines sehr teuren Sakes nehmen, den er sich für spezielle Anlässe aufbewahrt hatte. Doch Kojiro, der Mann, der nach seiner Verhaftung das Pachinko geleitet hatte, musste sie bei seiner Flucht mitgenommen haben. Der ausbleibende Drink verschlechterte seine Laune etwas, weshalb er einmal missmutig seufzte.

„Trommel unsere Leute zusammen, ich will ihnen von der Jagd erzählen."

Als Nobu am Gefängnis vorbeiging, staunte er nicht schlecht. Es sah nicht so aus, als hätte es nur zwei Explosionen gegeben, sondern eher so, als hätte es ein Dutzend davon gegeben. Die Sprengladungen wurden offenbar alle so gezündet, dass es sich nur so anhörte, als hätte es zwei Explosionen gegeben. Da er nicht näher ran durfte, holte er das elektronische Fernglas, das er schon seit langem nicht mehr genutzt hatte, heraus und zoomte auf den Hof. Das Gebäude dahinter lag in Schutt und Asche. Auch auf dem Hof sah es nicht besser aus. Die Wachtürme lagen in Trümmern, die Zäune und Mauern eingerissen, am meisten schockte ihn jedoch das, was er auf dem Hof sah. Dort wurde ein Massaker veranstaltet, Leichen von sowohl Wärtern, die bis zum bitteren Ende versuchten, alles am Laufen zu halten, als auch Gefangenen lagen mit teilweise aufgeschlitzten Körpern am Boden. Nobu dachte daran, was Goro zu ihm sagte, als er ihm die zweite Runde erläuterte.

„Sie hatten schon lange keinen Spaß mehr." Für Nobu sah es aber so aus, als hätten sie erst vor kurzem eben jenen gehabt. Er hoffte, dass ihr Blutdurst so weit gestillt war und dadurch nicht erst angeregt wurde.

„Was siehst du da untern?" Daisuke konnte die Sorge in Nobus Blick sehen. Dieser hielt ihm nur das Fernglas hin und entfernte sich vom Ort des Geschehens, zumindest körperlich. Als sein Blick sich mit dem von Harui traf, erkannte er, dass sie und ihr Bruder das schwächste Glied der Gruppe waren und das ihnen genauso ein Schicksal bevorstehen würde, wenn sie erwischt werden. Doch auch die anderen könnte er nicht davor beschützen, das wurde ihm nun schmerzlich bewusst. War er daran schuld, hätte er vielleicht schon früher handeln sollen? Hätte er Kobe vielleicht wirklich fragen sollen, ob er ihnen hilft, oder hätte er Goro töten sollen, als er die Chance dazu gehabt hatte? All diese Fragen schwirrten in seinem Kopf herum, als Daisuke ihn aus seinen Gedanken riss.

„Ich kann verstehen, wieso du besorgt bist, aber du musst dir keine Sorgen machen, du bist nicht allein."

„Genau, zusammen schaffen wir das schon." Auch Rei war voller Zuversicht. Harui hatte schon immer Vertrauen darauf, dass Nobu sie alle heil nach Tokio führen würde. Nur Jinpei war sich nicht sicher. Er hatte bereits vor Umekos Verschwinden Zweifel an seinen Methoden, und danach wurde es sogar noch schlimmer.

„Danke Leute, aber selbst zusammen wird das nicht leicht werden. Wir müssen immer auf alles gefasst sein."

„Keine Sorge, das sind wir schon lange. Jetzt haben wir sogar genug Erfahrung, um es wirklich mit ihnen aufnehmen zu können." Rei wirkte auch weiterhin zuversichtlich, obwohl Daisuke ihr gesagt hatte, was im Gefängnis passiert war.

„Eure Zuversicht in allen Ehren, aber vergesst nicht, dass wir nur Kinder sind. Die da unten haben es auf unser Leben abgesehen und schrecken auch nicht davor zurück alles, was in ihrem Weg steht, zu vernichten. Das ist immerhin die Yakuza." Er hoffte ihnen damit endlich die Augen geöffnet zu haben, doch Fehlanzeige. Für sie änderte sich nichts an dem Fakt, dass sie verfolgt wurden. Jetzt war es eben die Yakuza und nicht nur noch die Tempelritter, für sie machte das keinen Unterschied. Der Siegeswille funkelte weiterhin in ihren Augen, bei Rei und Daisuke wesentlich heller als bei den Zwillingen.

„Wo ist deine Zuversicht von vorhin?" Daisuke versuchte ihn aufzumuntern.

„Genau, wieso war ich vorhin so zuversichtlich, dass uns nichts passieren würde und jetzt verzweifle ich?" Nobu hoffte, dass gerade nur gedacht zu haben. Denn er wusste die Antwort darauf nicht. Vielleicht weil er jetzt gesehen hatte, wozu sie im Stande sind, und weil er weiß, dass er niemals all seine Freunde wird beschützen können, sollte es zu einer Auseinandersetzung kommen. Doch um seinen Freunden Mut zuzusagen, fing er an zu lächeln, als hätten sie die Schlacht bereits hinter sich.

Goro hielt währenddessen seine Ansprache:

„Das Gefängnis hat unseren Willen nicht gebrochen, es hat ihn gestärkt. Genauso wie unsere Mordlust. Ab morgen werden wir sie wie ein Inferno auf die Trümmer dieser Welt loslassen. Jagt diese Kinder, macht mit ihnen, was immer ihr wollt. Zur Hölle, macht mit allen, die ihr trefft, was auch immer ihr wollt. Brennt Städte nieder, klaut, was ihr begehrt, nur eines dürft ihr nicht: Bringt den braunhaarigen Jungen nicht um oder ich werde euch persönlich skalpieren und mit eurem eigenen Skalp ersticken. Der gehört mir, und zwar nur mir, verstanden?“ Das Gegröle ging los und sie konnten es kaum noch erwarten alles tun zu können, was sie wollten. Am liebsten hätten sie schon an diesem Tag angefangen, doch Befehl war Befehl, also warteten sie.

„Ich will Ihre Entscheidungen nicht in Frage stellen.“ Kobe und Goro waren wieder zurück im Büro.

„Und doch tust du es.“ Goro ging einfach weiter und drehte sich nicht einmal zu Kobe um.

„Denken Sie wirklich, dass es eine gute Entscheidung war sie so anzustacheln und ihnen dann zu sagen, dass sie warten sollen.“

„Was soll denn schon passieren?“ Goro lachte nur.

„Einige von denen sind Wilde, die nur ihrem Verlangen nachgehen wollen. Sie haben sie damals aufgenommen, weil sie sonst nicht überlebt hätten. Außerhalb des Gefängnisses werden sie nur schwer zu kontrollieren sein. Immerhin sind viele von ihnen nicht mal Mitglieder unserer Familie. Sie sind nur zusammen mit uns ausgebrochen. Der Ehrenkodex der Yakuza bedeutet ihnen gar nichts. Und selbst unter unseren eigenen Leuten wird die Gewalt inzwischen verherrlicht."

„Stellst du etwa gerade meine Autorität und meine Fähigkeit, diese Männer zu führen, in Frage?"

„Nein, natürlich nicht, ich wollte Sie nur warnen." Kobe merkte, dass er zu weit gegangen war.

„Kobe, mach dir keine Sorgen. Ich weiß, wie es ist, wenn man zurückgehalten wird und dann auf einen Schlag alles rauslassen darf, das fühlt sich super an." Kobe wollte Kijima in diesem Moment einfach nur eine reinhauen. Von seinen kranken Fantasien wollte er nichts wissen.

„Verschaffe dir lieber einen Überblick über unsere Waffen und entscheide, wer wie bewaffnet wird. Ich schätze mal, du wirst zu deinem geliebten Katana greifen?" Sowohl Kobe als auch Goro waren Kendo- und Karate-Meister. Das Katana war deshalb seit jeher Kobes Lieblingswaffe, von Schusswaffen hielt er nicht viel.

„Verstanden." Goro wusste genau, dass die Schusswaffen niemals für alle reichen würden, deshalb wollte er vor allem seine loyalen Untergebenen mit ihnen ausstatten. Der Rest müsste sich mit Knüppeln, wie zum Beispiel Baseballschlägern, und Messern zufriedengeben. Da er eine Revolte aufgrund der ungerecht verteilten Waffen fürchtete, wollte er sie erst direkt vor der Jagd ausgeben.

Kapitel 5 Vorbote

Am Gefängnis vorbei ging es wieder einmal hinein in den Wald, wo sie die Nacht wie so oft verbringen mussten. Da es sehr spät am Tag war, verschwand die Sonne schon zum Teil hinterm Horizont. Normal hätten sie sich so langsam daran gemacht ein Nachtlager aufzuschlagen. Doch an diesem Tag hatten sie sich schon genug ausgeruht, als sie mit der Yakuza zu tun hatten. Dementsprechend liefen sie noch ein gutes Stück weiter, um zum einen einen Vorsprung zu der Yakuza aufzubauen. Zum anderen aber auch um den verlorenen Weg wiedergutzumachen.

Das war allerdings ein Fehler, denn jetzt hatten sie viel mehr Probleme dabei, ein geeignetes Gelände für sie alle zu finden. Auch Feuerholz war nicht mehr so leicht aufzutreiben. Um beim Suchen zumindest noch ein bisschen Licht zu haben, reizten sie die bereits schwachen Akkus ihrer Handys noch weiter aus. Selbst wenn es Vollmond gewesen wäre, wäre sein Licht nicht durch das dichte Blätterdach gedrungen. Jinpei kam mit einer Idee, die sie schon einmal genutzt hatten.

„Warum laufen wir heute nicht die Nacht durch?“ Er erinnerte sich noch genau, wie sie damals völlig erschöpft die Sternwarte erreicht hatten.

„Weil wir in den folgenden Tagen all unsere Kräfte brauchen werden. Ich bezweifle, dass sie lange brauchen werden, um uns aufzuspüren. Mit Sicherheit haben sie auch Fahrzeuge, wodurch es egal wäre, wie weit wir morgen Nachmittag weg wären.“ Auch Nobu war diese Idee bereits gekommen, doch hatte er sie schnell wieder verworfen.

„Aber damals, als wir das erste Mal mit den Tempelrittern zu tun hatten, haben wir es doch auch gemacht, also wieso diesmal nicht. Wir können nicht mal wissen, ob sie uns nicht sogar jetzt schon verfolgen.“ Es war nichts Neues, dass Jinpei jede von Nobus Entscheidung kritisierte. Doch in diesem Moment nervte es die anderen aus der Gruppe einfach nur extrem. Sie waren schon länger unterwegs gewesen, als sie es normal gewesen wären. Sonst hätten sie spätestens bei Sonnenuntergang einen Schlafplatz gesucht. Jetzt war es bereits dunkel und sie hatten immer noch nichts gefunden. Auch für den Rest war es inzwischen klar, dass Jinpei die Entscheidung nur kritisierte, weil sie von Nobu stammte. Würde irgendjemand anderes sie treffen, hätte er kein Problem damit, da waren sie sich sicher.

„Das war damals nur, weil wir ein genaues Ziel hatten, wo wir auf sie warten konnten, außerdem war es nicht weit entfernt. Jetzt ist unser Ziel, aber noch Hunderte von Kilometern entfernt.“ Er meinte damit Tokio, die Stadt, in der sie als einzige in ganz Japan sicher vor dem „Nichts“ sein sollten.

Harui unterbrach die beiden, indem sie Nobu den Haufen Holz, den sie auf ihren Armen trug, präsentierte.

„Das sollte jetzt reichen.“ Nun kamen auch Rei und Daisuke mit einem Haufen Holz zurück.

Sie stapelten das Holz aufeinander, indem sie zuerst kleine Äste und darauf immer dicker werdende Stöcke legten. Die Streichhölzer waren ihnen schon vor ein paar Tagen ausgegangen, weswegen sie sich damals eine neue Methode überlegt hatten, um Feuer zu machen. Sie dauerte allerdings bedeutend länger. Mit einem Stock, den sie auf einem trockenen Stück Rinde drehten, erzeugten sie eine heiße Stelle, mit der sie dann zuerst ihren Zunder und danach ganz langsam das Feuer entfachen konnten.

Als Rei sich an Daisuke anschmiegte und ihren Kopf auf seiner Schulter ablegte, war einzig das Feuer, das Rascheln der Blätter im Wind und die vereinzelten Rufe mancher Waldbewohner zu hören.

„Denkst du wirklich, dass wir es schaffen können?" Sorge lag in ihrer Stimme.

„Natürlich, Nobu hat uns in den letzten Wochen schon aus viel schlimmeren Situationen rausgebracht." Trotz der Zuversicht, die er versuchte zu vermitteln, hatte auch er Zweifel, die er nicht verstecken konnte.

„Eben nicht, wir dachten damals nur, dass sie gefährlicher wären, im Nachhinein stellte sich aber heraus, dass diese Ritter uns lebend haben wollen oder zumindest Nobu. Also ist die Gefahr im gewissen Maße verflogen." Sie hatte ihren Kopf wieder von seiner Schulter genommen und schaute ihn ernst an.

„Ritter hier, Ritter da, ich kann es langsam nicht mehr hören, können wir nicht mal über was anderes reden." Er hob sie sanft an, um ihr in die Augen schauen zu können. Sie nahm es als Einladung und küsste ihn. Er erwiderte den Kuss und hielt die Klappe. Natürlich nicht unbemerkt, was sie mittlerweile aber nicht mehr störte, Harui beobachtete das Ganze und wünschte sich das Gleiche auch mit Nobu tun zu können. Doch das würde nicht passieren und das wusste sie auch, weshalb sie sich bedrückt wegdrehte und zufällig zu Nobu rüberschaute. Er war gerade dabei neues Holz auf das Feuer zu legen, um es am Leben zu erhalten. Dabei fiel ihr der alte Ghibli Klassiker „Das wandelnde Schloss" wieder ein. Sie stellte sich vor, wie alles um sie herum wackelte, während der Magier in aller Ruhe die kleine Flamme Calcifer fütterte. Bei diesem Gedanken lachte sie leise in sich hinein, was Nobu hochschauen ließ. Er lächelte sie an und ihr Herz machte Freudensprünge. Einzig und allein Jinpei saß nachdenklich und verärgert in der Ecke und sprach weder mit jemandem noch schaute er jemanden an. Er starrte nur in die Flammen und dachte über alles nach. Was wäre passiert, wenn sie damals in der Villa geblieben wären und niemand getötet worden wäre? Was wäre gewesen, wenn sie nicht in die Schießerei vor dem Laden geraten wären und Umeko Daisuke deswegen nicht aus Versehen angeschossen hätte? Er war sich so sicher, wie dass auf den Tag die Nacht folgt, dass sie dann jetzt noch alle zusammen wären.

Am liebsten würde den Streit, den er mit Nobu hatte, beenden. Hätte Umeko das gemacht oder wäre sie doch mit seinen Entscheidungen einverstanden gewesen? Die Antwort darauf würde er sie am liebsten selbst fragen, doch wusste er weder, wo sie war, noch wie es ihr im Moment ging.

Um sich wenigstens ein bisschen so zu fühlen, als wäre sie jetzt bei ihm, rieb er ihr goldenes Muschelfußkettchen zwischen seinen Fingern. Immer wenn er nicht weiterwusste, machte er das. Nur wenige Sterne waren durch das dichte Blätterdach zu sehen. Er wünschte, sie könnte sie auch sehen und müsste dabei genauso an sie alle denken wie er jetzt gerade an sie. Auf einmal allerdings verschwanden die Sterne, und nicht nur die, auch die Wärme des Feuers wurde schlagartig weniger, obwohl es noch genauso stark brannte wie zuvor. Jinpei dachte daran, dass es nur ein kurzer Windstoß war, doch dann hätten sich die Blätter um sie herum viel stärker bewegt. Es lag nicht am Wind, es war einfach die Umgebung, an sich die sich abgekühlt hatte.

„Hey Leute, wird euch auf einmal auch so kalt?“ Er konnte es sich nicht erklären und suchte lieber Rat bei Leuten, die schon die gesamte Reise über mehr wussten als er. Nun merkten auch die anderen die Veränderung in der Umgebung. Rei und Daisuke hörten auf sich miteinander zu beschäftigen und schauten sich in aller Ruhe in der Gegend um.

„Jetzt, wo du es erwähnst“, kam es von Daisuke, der es sich auch nicht erklären konnte.

„Vielleicht nur eine Kaltfront, keine Angst, die zieht wieder vorüber“, beschwichtigte Rei die Lage. Doch das hatte nicht erklärt, wieso plötzlich alle Vögel in den Himmel schossen und einen riesigen Lärm veranstalteten.

„Es könnte sich aber auch ein Gewitter anbahnen“, korrigierte Nobu sie, wobei er in den mittlerweile bewölkten Himmel schaute.

Plötzlich fing der Boden an zu beben. Harui fiel der Länge nach hin und hatte Glück nicht im Feuer zu landen. Nobu reagierte sofort und griff nach seinem Rucksack. Doch durch den wackelnden Boden verfehlte er ihn beim ersten Moment.

„Wir müssen hier weg." Er hatte Mühe sich bei den Erschütterungen auf den Beinen zu halten, weswegen er versuchte sich an einem Baum abzustützen. Ohne Erfolg, es reichte schon dieser leichte Druck aus, um den Kollos komplett zu entwurzeln. Hätte Nobu nicht losgelassen, hätte es ihn mitsamt dem Baum zu Boden geworfen. Daisuke griff nach seinem Arm und zerrte ihn auf die Beine.

„Du hast recht, wir müssen hier weg. Sonst werden wir noch von den Bäumen erschlagen." Die Intensität des Erdbebens nahm immer weiter zu und warf diesmal beide um. Sie sahen ein, dass es keinen Sinn hatte zu versuchen sich auf den Beinen vorwärtszubewegen, also fingen sie an auf allen vieren zu flüchten. Die anderen machten es ihnen nach.

Alle bis auf Jinpei, der versuchte im nur noch schwachen Schein des Feuers etwas zu finden.

„Jinpei, wir müssen hier weg." Die Zeit drängte und trotz der Differenzen, die sie am Tag hatten, versuchte Nobu ihn mit sich zu zerren. Er entriss sich allerdings seinem Griff und suchte weiter.

„Sie, sie ist weg. Eben hatte ich sie noch." Er war in Panik, nicht aber wegen des immensen Erdbebens, sondern vielmehr wegen dem, was er verloren hatte.

„Verdammt, wonach auch immer du suchst, ist dir das wichtiger als dein Leben?" In der Ferne hörte man, wie immer mehr Bäume umfielen. Das Geräusch schien näher zu kommen. Nobu war in Eile und konnte nicht anders. Er entschuldigte sich und schlug Jinpei stark genug, damit dieser sich nicht mehr aufrichten konnte. Jetzt endlich konnte er ihn von ihrem Lager wegzerren, ohne dass er sich wehrte. Er schloss zu den anderen auf, die es schon ein paar Meter weit geschafft hatten.

„Was war los?“ Noch immer hielt das Erdbeben an und noch immer wurden Bäume entwurzelt und fielen krachend zu Boden. Nobu wollte keine Zeit mit Reden verschwenden, weswegen er Daisuke nur Jinpeis Rucksack hinhielt, und versuchte weiter nach vorne zu kommen. Jetzt erwischte es auch drei Bäume im Lager. Sie fielen mit einem lauten Krachen zu Boden. Eine Kettenreaktion wurde ausgelöst und weitere Bäume fielen krachend um. Einer fiel auf einen bereits quer am Boden liegenden Stamm und brach einfach so entzwei. So plötzlich wie es begann, war das Erdbeben vorüber. Die Erde wurde ruhig, in der Ferne waren noch vereinzelt Bäume zu hören, die auf dem Boden aufschlugen. Es hatte sich angefühlt wie eine Ewigkeit, obwohl es nicht länger war, als ein paar Minuten. Die Erleichterung war ihnen ins Gesicht geschrieben, aufstehen konnten sie dennoch noch nicht.

Es war nicht das erste Erdbeben, das sie erlebt hatten, aber es gehörte definitiv zu den stärksten und gefährlichsten. Wären sie an Ort und Stelle geblieben, wären sie erschlagen worden.

Nun kam auch Jinpei wieder zu sich und hielt sich die noch immer schmerzende Wange.

„Was ist passiert?“, wollte Daisuke wissen.

„Ich weiß es nicht“, stellte Jinpei fest.

„Ich musste dir eine reinhauen, du wärst sonst da oben nicht weggegangen. Er hat, glaub ich, irgendwas gesucht“, erklärte Nobu.

„Was. Oh nein, wo ist sie, wo ist sie?“ Er wirkte noch immer panisch. „Warum hast du mich da oben nicht einfach zurückgelassen?“

„Weil du dabei hättest draufgehen können.“

„Ist doch egal.“ Jinpei schaute drein wie ein Irrer. Seine Augen waren weit aufgerissen und schauten dabei nervös durch die Gegend.

Nobu wollte schon zu einer Antwort ansetzen, kam aber nicht mehr dazu, weil Harui ihrem Bruder mit voller Kraft eine Ohrfeige verpasste. Nobu, Rei und Daisuke standen mit großen Augen da und betrachteten das Bild. Selbst Harui war von der Kraft, die in ihrem Schlag steckte, überrascht. Wegen dem, was ihr Bruder zuvor sagte, hatte sie Tränen in den Augen.

„Er hat dir das Leben gerettet, du Idiot!“, schrie sie ihm entgegen. Auch er war verwundert und wusste nicht, was er darauf antworten sollte.

„Was hast du denn eigentlich gesucht?“, brach Rei die Stille.

„Umekos Kette“, antwortete er knapp. Rei verstand, wieso er so besessen danach gesucht hatte. Er stand Umeko von allen am nächsten. Schon vor der Reise war er in sie verliebt. Es hätte ihm das Herz gebrochen, zu erfahren, dass sie nicht dasselbe für ihn empfand.

„Denkst du, wir finden sie da oben noch.“ Rei deutete auf ihr völlig zerstörtes Camp.

„Ich werde es auf jeden Fall versuchen.“ Er machte sich schon auf den Weg, als er erneut von Nobu zurückgehalten wurde.

„Auch wenn das Beben aufgehört hat, heißt das nicht, dass wieder alles in Ordnung ist.“

„Du musst mir ja nicht helfen“, entgegnete er genervt und ging weiter.

„Na gut, wir helfen dir, dann geht es wenigstens schneller.“ Nobu, der sich zum Teil auch selbst für Umekos Verschwinden verantwortlich machte, wollte ihm helfen. Auch die anderen gingen zurück zum Camp. Rei jedoch hielt Nobu am Arm fest und wollte mit ihm reden.

„Ich glaube irgendwie nicht, dass das schon alles war.“

„Denkst du, dass das Ganze nur ein Vorbote für einen Tsunami war?“ Die Regenwolken am Himmel, die geflüchteten Vögel, und zuletzt noch das lange, starke Erdbeben - alles gute Indizien für einen Tsunami, wie Nobu wusste.

„Ja, deswegen wäre ich dafür, dass wir weiter nach oben gehen.“

„Findest du nicht, dass wir hier schon weit genug vom Meer entfernt sind.“ Rei allerdings schüttelte nur den Kopf. Sie dachte daran, dass der Fluss ihm Wald die Wassermaßen sogar noch bis zu ihnen tragen könnte, je nachdem wie stark die Flutwellen sein würden.

„Dann sollten wir die Suche so schnell wie möglich beenden und dann weiter nach Norden ziehen."

„Ich würde sie jetzt abbrechen, wir wissen nicht, wann die erste Welle kommt und wie viel Zeit uns noch bleibt." Sie war in einen Modus gelangt, in dem sie nur noch rein logische Antworten von sich gab.

„Aber …"

„Ich weiß, was diese Kette, besonders für Jinpei, bedeutet, aber sie ist nichts verglichen mit seinem Leben."

„Wenn du ihm das sagst, okay, aber ich werde es ihm nicht sagen, er hasst mich sowieso schon."

„Ich habe sie." Daisuke hielt die völlig verdreckte Kette in der Hand. Jinpei riss sie ihm sofort aus der Hand und säuberte sie. Er erinnerte Nobu und Daisuke ein wenig an Gollum aus „Der Herr der Ringe". Die Kette war sein Schatz.

Nobu atmete erleichtert auf.

„Nochmal Glück gehabt. Trotzdem solltest du heute noch mit ihm reden."

„Keine Sorge, das brauchst du mir nicht zu sagen." Nobu ließ sie stehen und sie rollte nur mit den Augen. Sie wusste genau, dass sie es ihm nicht unbedingt sagen muss. Nach den letzten Auseinandersetzungen wollte sie es allerdings endlich erledigt wissen. Mittlerweile betraf es nicht mehr nur die beiden, sondern auch den Rest der Gruppe. Rei ging jetzt auch zurück. Nobu war schon dabei den anderen ihre Vermutung mitzuteilen. Sie stellte sich neben Nobu und hörte ihm aufmerksam zu.

Es blieb ihnen nichts anderes übrig, als die Nacht durchzulaufen, so wie es von Anfang an Jinpeis Idee gewesen war. Die umgestürzten Bäume, die ihnen teilweise den Weg versperrten, waren fast bis zum Ende die einzigen Hindernisse, die ihnen Probleme bereiteten. Im Dunkeln waren sie aber schwieriger zu umgehen als gedacht. Da das noch nicht schwierig genug war, fing es auch noch an zu gewittern. Dadurch wurde der ganze aufgewühlte Boden zu einer reinen Schlammlandschaft.

Als Harui über einen umgestürzten Baum steigen wollte, blieb ihr Rucksack an einem Ast hängen, den sie nicht sehen konnte. Wieder fiel sie der Länge nach hin. Danach war sie am ganzen Körper voller Schlamm. Sie versuchte zumindest ihr Gesicht von dem widerlichen Zeug zu befreien, verschmierte den letzten Rest allerdings nur.

„Das wird ja immer besser. Denkst du, wir sind jetzt weit genug vom Meer entfernt und können uns ausruhen." Jinpei konnte nicht mehr, auch wenn es seine Idee gewesen war, die Nacht über durchzulaufen, war er der Erste, dem die Puste ausging.

„Normal schon. Wir können uns hier ruhig ausruhen." Rei setzte sich auf einen umgekippten Baum. Jinpei nickte nur glücklich und setzte sich ohne weitere Worte auf den matschigen Boden.

„Du solltest dir was anderes anziehen, sonst erkältest du dich noch." Der Regen hatte endlich aufgehört. Harui wurde mal wieder rot, als Nobu sie ansprach. Obwohl sie es geschafft hatte ihre schüchterne Art schon größtenteils abzulegen, war ihr das Hinfallen extrem peinlich gewesen.

„Ä…ähm ja natürlich." Sie schaute an sich runter und bemerkte, dass ihre Klamotten nicht nur völlig verdreckt, sondern auch komplett durchnässt waren, wodurch die Konturen ihres BHs sichtbar wurden. Sie bat Nobu sich umzudrehen.

Nachdem sie sich aus dem klebrigen Shirt befreite und an sich runterschaute, bemerkte sie, wie abgemagert sie war. Früher hatte sie noch kleinere Speckschichten, jetzt waren sie völlig verschwunden und ihre Rippen waren schon leicht durchzusehen. Sie wunderte sich, wie Rei es geschafft hatte ihre Figur über die ganze Zeit zu halten. Und das, obwohl sie sowohl jeden Tag dieselbe Strecke zurückgelegt hatten und jeden Tag dasselbe zu sich nahmen. Als sie ihr neues Shirt anzog, fragte sie sich, wo Nobu mit ihrem Bruder hin ging.

Kurz zuvor:

„Jinpei, kommst du bitte mal kurz mit." Jinpei war sich zwar nicht sicher, was er zu erwarten hatte, ging aber dennoch mit. Als sie außer Hörweite der anderen waren, wollte er endlich wissen, worum es geht.

„Wir sollten uns unbedingt mal unterhalten."

„Da hast du allerdings recht." Jinpei war froh, dass er sich endlich in Ruhe mit ihm unterhalten konnte.

„Ich will nicht lange drum rum reden, also fange ich gleich an."

„Ich würde es nicht anders wollen", unterbrach ihn Jinpei.

„Auch wenn es für dich vielleicht so scheint, war mir Umeko nicht egal. Auch für mich war sie eine gute Freundin." Das regte Jinpei allerdings bereits auf, doch versuchte er die Ruhe zu bewahren und ruhig zu antworten. Da er sich dachte, dass, wenn er seine Gefühle nicht unter Kontrolle hatte, das Gespräch schon gelaufen wäre.

„Aber warum verhältst du dich dann nicht so?"

„Denn ich versuche die ganze Gruppe zu retten und auch zusammenzuhalten. Doch das ist sehr schwierig, wenn du die ganze Zeit gegen mich bist, einfach nur um gegen mich zu sein." Nobu schaffte es ohne Probleme die Ruhe zu bewahren.

„Es liegt nicht an dir, ich habe nur manchmal das Gefühl, dass du dich jetzt anders entscheidest als damals, als Umeko noch in der Gruppe war."

„Natürlich, jeder lernt dazu und wie schon gesagt will ich euch alle in Sicherheit wissen."

„Früher bist du mehr Risiken eingegangen, jetzt aber nicht mehr. Jetzt rennst du vor jeder Kleinigkeit davon."

„Weil die Gruppe, seitdem die Reise begonnen hat, schon den

Verlust von zwei Leute verkraften musste. Ich möchte einfach verhindern, dass sowas nochmal passiert. Weder so wie bei Ishikawa noch wie mit Umeko." Nobu hoffte, dass Jinpei ihm wenigstens ein bisschen verzeihen konnte. Doch alles, was er ihm verziehen hat, war, dass er früher mehr Risiken eingegangen war. Alles andere war für ihn immer noch unverständlich und auch weiterhin gab er ihm für alles die Schuld.

Kapitel 6 Schlechte Neuigkeiten

Es war eine anstrengende Nacht gewesen. Ausgelöst durch Erdbeben und Gewitter fand auch noch ein Erdrutsch statt, der ihnen zusammen mit den umgestürzten Bäumen die meisten Wege versperrte. Der Einzige, den sie noch nehmen konnten, ohne dass sie einen langen Umweg nehmen mussten, war ein mehrere Meter tiefer Abhang. Diesen herunterzuklettern würde nach dieser Nacht allerdings sehr schwierig werden. Zum einen war die Wand nicht gerade die stabilste, noch dazu war sie noch immer feucht vom Gewitter.

„Du hast doch gestern gemeint, ich soll wieder mehr Risiken eingehen. Was sagst du, willst du da runter klettern?", sagte Nobu scherzhaft zu Jinpei.

„Alles andere würde ziemlich lange dauern, wäre aber trotzdem noch besser als das da", meinte Daisuke mit skeptischem Blick auf den Abgrund.

„Leider, wir sollten lieber ein bisschen Zeit dabei opfern, das hier zu umgehen, anstatt mit den Folgen von einem gebrochenen Bein fertig werden zu müssen." Auch für Nobu war das die einzige Option, die in Frage kam.

„Du wirst es mir vielleicht nicht glauben, aber ich bin auf deiner Seite." Besonders Jinpei wollte nicht da runterklettern.

„Gut, nachdem das entschieden ist, sollten wir schauen, welchen Weg wir nehmen können. Wir sollten aber trotz aller Vorsicht nicht vergessen, dass die Yakuza hinter uns her ist." Diesen Fakt hatten alle bereits verdrängt. Jeder war froh das Erdbeben überlebt zu haben, an den Rest hatten sie nicht mehr gedacht. Einige hatten sogar gehofft, dass die Pachinkohalle durch das Erdbeben verschüttet wurde. Eile war, da niemand das mit Sicherheit sagen konnte, weiterhin geboten.

Trotz der halben Stunde mehr Aufwand entschieden sie sich für einen anderen Weg. Allerdings war auch dieser Weg nicht ganz ohne. Schon auf der Karte konnte man erkennen, dass es größtenteils unwegsames Gelände war, das sie benutzen würden. Durch den Regen wurde es auch noch verschlimmert. Dennoch war es bei weitem sicherer als der Abhang direkt vor ihnen.

Es war niemand verwundert, als der Weg, den sie sich ausgesucht hatten, komplett verschüttet war.

„Sollen wir umkehren und einen neuen Weg suchen?" Harui wusste nicht, ob sie diesen Weg würde schaffen können.

„Das hier ist zwar auch scheiße, aber immer noch besser als das vorhin. Und sieh es mal so, wir müssen nicht klettern. Außer über den ein oder anderen Baumstamm." Nobu versuchte die Situation ein bisschen zu verschönern, und das mit Erfolg. Harui schaute schon viel optimistischer.

Da sie nicht mehr damit rechneten, dass ein Tsunami auf sie zuraste, trauten sie sich und wagten den Abstieg hinunter ins Tal. Es war der schwerste Abstieg, den sie jemals zu bewältigen hatten. Der Regen hatte den Boden aufgeweicht, weshalb jeder aufpassen musste nicht auszurutschen.

Als sie eine kleine Pause einlegten, kramte Rei ihr Handy aus dem Rucksack. Erst jetzt fiel ihr wieder ein, dass es vor Wochen bei der Schießerei vor dem Supermarkt zerstört wurde. Sie beäugte es und entschied sich es wieder in ihre Tasche zu packen. In Tokio wollte sie versuchen die Daten darauf zu retten. Fürs Erste sollte es das Handy von Nobu auch weiterhin tun.

Nobu reichte ihr das Handy und sie begann die Nummer zu wählen. Erst dann fragte sie sich, was sie ihrem Vater eigentlich sagen sollte. Sollte sie sagen, dass sie momentan von der Yakuza verfolgt werden oder dass sie nur knapp einem Erdbeben entkommen konnten. Bei der letzten Nummer hielt sie inne und fragte sich, ob es wirklich eine gute Idee wäre. Drückte dann aber entschlossen auch die letzte Zahl und dann auf Anrufen. Es dauerte kurz, bis das erste Klingeln zu hören war. Zu lange war es bereits her, dass sie die Stimmen ihrer Eltern gehört hatte. Und gerade jetzt konnte sie ein paar schöne Wort gut gebrauchen. Ihr kam es wie eine halbe Ewigkeit vor, bis jemand am anderen Ende abnahm.

„Hallo." Es war nicht die Stimme ihres Vaters, sondern die Stimmer ihrer Mutter, die sie begrüßte.

„Hier ist Rei." Sie spürte, dass irgendetwas nicht stimmte. Die Art, wie ihre Mutter sie am Telefon grüßte, war nicht die, wie sie es sonst immer getan hatte. Die sonstige Fröhlichkeit, wenn ihr Tochter sie anrief, fehlte völlig.

„Schätzchen, dir geht es gut, du kannst dir gar nicht vorstellen, wie glücklich mich das macht." Auch jetzt noch klang ihre Stimme anders als sonst, viel entfernter. Fast so, als wäre sie mit ihren Gedanken woanders.

„Ist irgendwas passiert?" Rei wollte nicht länger im Dunkeln bleiben. Ihre Mutter verstummte. Rei konnte förmlich hören, wie sie ihre nächsten Worte mit Bedacht wählte.

„Es geht um deinen Vater." Sie versuchte nun nicht mehr die Sorge in ihrer Stimme zu verbergen. „Heute Nacht bei dem großen Erdbeben ist etwas passiert."

„Geht es ihm gut?" Rei war schockiert.

„Ich weiß es nicht, man lässt mich nicht zu ihm. Alles, was ich weiß, ist, dass er auf seinem Weg von der Nachtschicht nach Hause von irgendwas erwischt wurde. Man hat mich sofort angerufen." Die Stimme wurde mal leiser, mal lauter, weil Reis Mutter sich während des Gespräches immer wieder wegdrehete. Sie befand sich im Krankenhaus und bei jeder herannahenden Schwester oder jedem vorbeihuschenden Doktor hoffte sie Neuigkeiten über ihren Mann zu erfahren.

„Wird er bereits behandelt?" Rei versuchte sowohl sich selbst als auch ihrer Mutter Hoffnung einzureden.

„Ja, er hat Glück. Dadurch dass er Mitglied im Forschungsteam, das gegenwärtig am ‚Nichts' arbeitet, ist, wurde sofort mit der

Behandlung begonnen, obwohl es Leute gab, die es schwerer erwischt hatte und die auch früher hier waren. So hat man es mir zumindest erzählt. Aber wie ist es mit dir, wo bist du gerade, habt ihr das Erdbeben da auch gespürt?“ Ihre Mutter durchlöcherte sie mit Fragen, um sich von ihrem Ehemann abzulenken.

„Wir sind in der Nähe von Okayama und haben hier auch das Erdbeben gespürt. Aber keine Sorge mir und auch allen anderen geht es gut. Wir konnten uns rechtzeitig in Sicherheit bringen.“ Dass sie fast von umfallenden Bäumen erschlagen worden wären, oder der Fakt, dass sie von der Yakuza und den Tempelrittern verfolgt werden, verschwieg sie lieber.

„Die erste gute Nachricht heute.“ Sie atmete erleichtert aus. „Weißt du schon, wann ihr hier sein werdet.“

„Nein, leider nicht, der Weg, den wir eigentlich gehen wollten, wurde durch einen Erdrutsch blockiert und auch alle anderen Wege sind durch das Gewitter gefährlicher geworden.“

„Versprich mir bitte, dass ihr vorsichtig sein werdet.“

„Natürlich.“ Rei wollte eigentlich noch weiterreden, bemerkte aber, dass auf der anderen Seite irgendetwas passiert war. Sie hörte leise die Stimme eines Mannes, die nicht ihrem Vater oder sonst irgendjemandem gehörte, den sie kannte. Er schien sich mit ihrer Mutter zu unterhalten.

„Frau Hirata, ich bin Doktor Masuda.“ Es schien so, als hätte sich endlich einer der Ärzte dazu erbarmt mit ihrer Mutter zu sprechen. Sie schaltete Rei über Lautsprecher dazu, da sie fand, sie hätte das Recht zu erfahren, wie es um ihren Vater stand. Dem Arzt fiel es jetzt schwerer die Worte zu finden, nachdem er wusste, dass nun auch die Tochter zuhörte.

„Es tut mir sehr leid, wir haben alles versucht. Doch das Herz Ihres Mannes hat während der OP aufgehört zu schlagen. Wir konnten ihn nicht mehr reanimieren. Er ist tot.“ Rei konnte nicht glauben, was sie da gerade hörte. Sie fing nicht an zu weinen, der Schock war zu groß. Ihre Mutter hingegen konnte ihre Tränen nicht zurückhalten. Sie sank zu Boden und ließ das Handy fallen. Das zu hören löste auch bei Rei Tränen aus. Ihre Mutter war immer eine starke Frau gewesen, wie schwer die Zeiten ohne ihren Ehemann, wenn dieser mal wieder auf Expedition war, auch waren, sie hatte sie durchgestanden. Es war die Gewissheit, dass er zurückkehren würde, die sie durchhalten ließ. Doch ohne sie war sie nur noch ein Frack. Sosehr sie ihre Tochter auch liebte, war sie in diesem Moment kein Trost für sie. Hunderte Kilometer trennten die beiden voneinander, ohne zu wissen, wann und ob Rei es nach Tokio schaffen würde.

Rei legte das Handy weg, alles, was sie zu wissen brauchte, wusste sie bereits. Daisuke sah es mit an, ohne zu wissen, was geschehen war. Was er allerdings wusste, war, dass er sie trösten musste, denn irgendetwas Schreckliches war geschehen. Es war das erste Mal, dass sie weinte. Gleichzeitig sagte ihr Gesichtsausdruck, dass sie nicht wusste, was sie jetzt tun sollte.

Daisuke nahm seine Freundin in den Arm, und sie presste ihr Gesicht gegen seine Brust. Es war das erste Mal, dass jemand aus der Gruppe einen solchen Gefühlsausbruch bei ihr gesehen hatte. Nobu und Daisuke gaben sich unbemerkt ein Zeichen, nicht mehr als ein kleines Nicken. Danach wusste Daisuke, dass Nobu ihnen die Privatsphäre geben würde, die sie in diesem Moment brauchten. Zusammen mit den Zwillingen entfernte er sich ein paar Meter und verschwand aus dem Sichtfeld der beiden.

„Was ist passiert?" Harui verlor keine Zeit, als sie außer Hörweite waren.

„Ich weiß es nicht, aber wenn ich raten müsste, würde ich sagen, dass in Tokio irgendwas Schreckliches passiert ist." Nobu versuchte so viel Mitgefühl zu zeigen, wie es ihm möglich war, ohne ihre Eltern je persönlich kennengelernt zu haben.

„Können wir denn nicht irgendwas für sie tun", fragte Harui besorgt.

„Ich glaube, das Beste, was wir jetzt tun können, ist den beiden ein bisschen Zeit zu lassen. Wir sollten Daisuke sich darum kümmern lassen.“ Harui verstand, dass sie sich nicht einmischen sollte, würde aber trotzdem gerne etwas für sie tun können.

Daisuke kam zu den anderen, allerdings allein.

„Wo ist Rei?“, wollte Harui wissen.

„Sie redet noch mit ihrer Mutter, da wollte ich nicht stören.“ Auf seiner Brust war ein nasser Fleck von den Tränen ihrer Freundin.

„Also dann, wie geht's weiter“, fragte Nobu, der keine Zeit mehr verlieren wollte.

„Sollten wir nicht lieber auf Rei warten?“ Harui wollte sie nicht übergehen.

„Unsere nächsten Schritte können wir auch ohne sie planen.“ Mit einem Blick zu Rei wusste Nobu, dass es noch eine Weile dauern würde, bis sie wieder einsatzbereit wäre.

„Wir sollten in die nächste Stadt und uns da verschanzen, das müsste Aioi sein.“ Daisuke hatte zuvor ein bisschen über die Umgebung mit Rei geredet. Zwischen Okayama und Aioi lag eine weitere Stadt, die sie aber bereits hinter sich gelassen hatten. Während sie im Wald unterwegs waren, umgingen sie eine weitere, kleinere Stadt und ein Dorf, dessen Namen sie nicht kannten.

„Aber, sie ist doch deine Freundin, wie kannst du nur so herzlos sein?“ Harui konnte nicht verstehen, wie er so handeln konnte.

„Wenn wir warten, bis es ihr wieder besser geht, muss ihre Mutter am Ende vielleicht zwei Verluste beklagen.“

„Er hat Recht, wir müssen weiter, trauern kann ich auch, wenn wir das hier durchgestanden haben.“ Rei kam überraschend dazu, ihre Haare waren noch leicht zerzaust und verdeckten zum Teil ihre vom Weinen roten Augen. Daisuke erkundigte sich, ob es für sie auch wirklich in Ordnung geht. Sie bejahte es mit einem Nicken, während sie sich die einzelnen Haarsträhnen aus dem Gesicht hinter ihr Ohr strich. Als sie Nobu sein Handy wieder gab, bekräftigte sie ihre Aussage noch einmal, mit dem Fakt, dass sie nur noch wenig Zeit hatten, um sich einen Vorsprung zu den Yakuza aufzubauen. Daisuke nahm sie an der Schulter und fragte sie noch einmal, ob es ihr wirklich ernst damit sei. Ein entschlossenes Nicken war die Antwort.

Sie würden am Abend in der Stadt ankommen, aber nicht dort übernachten. Nobu fand es schlauer diese Nacht noch im Wald zu verbringen, als ihre Energie dafür zu verschwenden erneut im Dunkeln alles für ein geeignetes Nachtlager vorzubereiten.

Nach einer Weile wurde Nobu etwas von Rei gefragt, das ihn sonst irritiert hätte, doch nicht nach den Ereignissen des Tages.

„Hast du seit damals eigentlich mal wieder mit deinem Vater telefoniert?" Er verneinte, da er nicht wusste, was er ihm sagen sollte, geschweige denn wie er ihn erreichen sollte.

„Du solltest es zumindest versuchen, immerhin bist du der Einzige, der noch beide Elternteile hat. Später wirst du es bereuen es nicht getan zu haben." Sie hatte recht, jeder aus der Gruppe, außer Nobu, hatte seinen Vater verloren. Und jeder aus der Gruppe außer Nobu und Rei hat auch noch ihre Mutter verloren.

„Ich weiß, dass du gerade deinen Vater verloren hast und deswegen empfindlich bei diesem Thema bist, aber ich hatte nie so ein gutes Verhältnis zu meinen Eltern wie du. Schon früh musste ich lernen allein zurechtzukommen, ganz ohne die Hilfe von Erwachsenen." Nobus Bindung zu seinen Eltern litt sehr unter dem Fakt, dass sie im Geheimen Aufträge für die Tempelritter ausgeführt hatten, auch wenn er es damals nicht wusste. Der Fakt, dass er schon als kleiner Junge oft allein gelassen wurde, sorgte dafür, dass er niemanden gebraucht hat. Seine Eltern am allerwenigsten. Höchstens noch das Geld, das sie ihm monatlich überwiesen hatten. Als er vor einigen Wochen erfuhr, wie es wirklich um die beiden stand, verstand er einiges, konnte ihnen aber dennoch nicht verzeihen nie für ihn da gewesen zu sein. Erst recht konnte er ihnen nicht verzeihen, dass wegen ihnen er und seine Freunde leiden mussten. Auch wenn sie nur versuchten ihm ein Leben außerhalb dieses Systems zu ermöglichen. Seine Eltern waren Mitglieder eben jener Tempelritter, von denen sie seit über einem Monat fliehen. Sie wussten genau, wie erwachsen er schon in jungen Jahren war. Deshalb fragte er sich, wieso sie es ihm nicht einfach gesagt hatten, anstatt ihn die ganze Zeit im Dunkeln zu lassen. Im Nachhinein wirkten sie für ihn schon immer sehr kühl und distanziert, auch wenn es ihm in diesen Momenten nicht so erschienen sein mag.

Ein Klingeln riss ihn aus seiner Erinnerung. Er hatte sich auf seinem Handy einen Wecker eingestellt, um informiert zu werden, wenn die 24 Stunden um sein würden. Jetzt ging es nicht mehr darum einen Vorsprung auszubauen, sondern zu fliehen.

Innerhalb der nächsten halben Stunde würden sie in Aioi ankommen, oder zumindest an der Stadtgrenze. Zwar würde es noch ein paar Stunde hell bleiben, doch wollte Nobu jetzt schon mit der Suche nach einem geeigneten Nachtlager beginnen. In dieser Nacht galt es seiner Meinung nach den Schlaf von der vorherigen Nacht aufzuholen. Die anderen, oder viel mehr Daisuke und Rei waren derselben Meinung. Harui und Jinpei richteten sich bei diesen Entscheidungen, wie meistens bei solchen Dingen, an die Größeren aus ihrer Gruppe.

Das Lager selbst war schnell aufgebaut, doch trockenes Holz für ein gutes Feuer war, nach letzter Nacht, nur schwer zu finden. Die paar trockenen Äste, die sie fanden, reichten gerade mal, um das Feuer anzumachen. Um das Essen darauf zu kochen, geschweige denn, um sie die ganze Nacht warm zu halten, würde es niemals ausreichen. Der Plan für diese Nacht lautete also zusätzliche Schichten anzuziehen, um einer Unterkühlung vorzubeugen.

Der nächste Morgen war eine Befreiung. Vor Kälte waren sie in der Nacht immer wieder aufgewacht und konnten eine ganze Weile nicht einschlafen. Der Plan, den vergeudeten Schlaf vom Vortag aufzuholen, war nicht aufgegangen. Sie kamen noch nicht einmal auf die Hälfte der Stunden, die sie sonst hatten.

Bis die ersten Sonnenstrahlen ihre Haut wärmten, mussten sie weiter frieren. Das Frühstück musste ebenso kalt verspeist werden. Was den Fraß, den sie bei sich hatten, noch mal ungenießbarer machte, als er ohnehin schon war.

Es sollte an diesem Morgen nicht so schnell warm werden, selbst als die Sonne schon hinter dem Horizont hervorgeschaut hatte, versteckte sie sich noch hinter Bäumen und Wolken. Außerhalb des Waldes an der Grenze zur Stadt wurde es ein paar Grad wärmer und die äußerste Schicht an Klamotten konnte ausgezogen werden.

Auch Aioi war genauso wie alle anderen Städte in dieser Zeit. An manchen Ecken von Aufständen demoliert, aber alles in allem viel zu still für eine Stadt dieser Größe. Sie war verlassen. Schon als sie Aioi betreten hatten, bemerkten sie, dass einige der Läden geplündert wurden. Nobu stellte sich schon auf eine Konfrontation mit den Plünderern ein und überprüfte erneut, ob seine Waffe intakt und geladen war. Zog den Schlitten zurück und schaute sich die Kugel im Lauf an. Doch der größte Unterschied zu den anderen Städten war die Zerstörung durch das Erdbeben. Einige der Gebäude waren eingestürzt oder kurz davor. Doch die meisten Gebäude standen aufgrund der erdbebensicheren Konstruktion noch genauso wie vorher.

Die Stille sollte allerdings nicht lange anhalten. Auf einmal war, noch in einiger Ferne, aber dennoch deutlich, Motorenlärm zu hören. Das nicht nur von einem Wagen, sondern von mindestens dreien. Die Kinder machten sich schon bereit für ein Feuergefecht. Doch nach kurzem verstummten die Motoren in der Ferne wieder und ließen nur die Geräusche von zweien in der Nähe zurück. Es war zu nahe, im nächsten Moment kamen aus einer Gasse, die keine 100 Meter entfernt gewesen war, zwei Motorräder geschossen. Auf jedem von ihnen saßen zwei Personen. Nobu erkannte sie sofort, sie waren von der Yakuza, oder zumindest von den ehemaligen Häftlingen. In ihren Blicken spiegelte sich der pure Wahnsinn wider. Sie hatten keine Angst sich zu verletzen, viel lieber wollten sie, nach all der Zeit im Gefängnis, den Wind in ihrem Gesicht spüren und trugen deswegen keine Helme. Als sie die Kinder sahen, wie sie da offen auf der Straße standen, feuerten sie vor Freude ein paar Schüsse in die Luft, ab, ehe sie ihre Maschinen aufjaulen ließen. Zuvor hatten sie sich die Wartezeit mit Mahjong, eine Art chinesisches Poker mit Spielsteinen, Saufen und Prügeleien vertrieben. Jetzt konnten sie endlich machen, was immer sie wollten.

Mit einem Affenzahn schossen beide auf die Gruppe zu, die sich als Reaktion darauf in drei kleinere Gruppen aufspaltete, die alle in unterschiedliche Richtungen flohen. Damit hatten sie es kurz geschafft die Yakuza zu verwirren. Als die Verwirrung allerdings verflogen war, fuhren sie den beiden Zweierteams hinterher. Zum einen hinter Jinpei und Rei, zum anderen hinter Daisuke und Harui. Da ihnen gesagt wurde, dass sie Nobu nicht töten durften, wollten sie vorher ein bisschen Spaß mit seinen Freunden haben, ehe sie sich um ihn kümmerten.

Am Stadtrand setzen sich nun auch die restlichen Fahrzeuge in Bewegung. Die vier in der Stadt bekamen noch Unterstützung von fünf Wagen á fünf Mann. Zwei Wagen blieben zurück, einer mit Kobe, der inzwischen ein Katana am Gürtel trug, und vier seiner Leute sowie ein weiterer mit fünf Leuten.

„Die Ablenkung hat funktioniert, sie haben die Motorräder nicht kommen hören. Und wie erwartet haben sie sich aufgeteilt.“ Er berichtete direkt an Goro.

„Das ist gut, solange Nobu in Ruhe gelassen wird. Versucht die anderen zu fangen; ob sie leben oder tot sind, ist dabei egal. Ich bevorzuge sie aber lebend. Verstanden?“ Er erteilte einen klaren Befehl, der an alle weitergegeben werden sollte.

„Das habe ich den Männern schon gesagt.“

„Gut, dann haltet die Stellung, ich komme in Kürze nach.“ Goro machte sich auf den Weg ihr teilweise durch das Erdbeben eingestürzte Versteck zu verlassen. Vor der Tür warteten bereits drei Wagen. Er nahm in dem mittleren Platz, neben ihn setzten sich zwei bewaffnete Männer. Obwohl sie keine Gefahr zu befürchten hatten, machten sie alles, um ihren Chef sicher in die nächste Stadt zu fahren. Da die Pachinkohalle nicht mit Goro in Verbindung gebracht werden konnte, wurde sie nicht vom Staat einkassiert. Genauso wenig wie die Fahrzeuge, welche zum Inventar der Halle gehörten. Als alle geflüchtet waren, hatte niemand an die Konserven im Lagerraum und an die Geländewagen in der Tiergarage gedacht.

„Was hat der Chef gesagt?“, wollte einer von Kobes Männern wissen.

„Nichts, was wir nicht schon wussten. Er wird hier in Kürze auftauchen, also macht den anderen Feuer unterm Hintern. Ich will Ergebnisse vorzeigen können, wenn er ankommt.“

Mit einem einstimmigen „Jawohl“ gaben sie ihm zu verstehen, dass sie sich keine Fehler leisten wollten.

Kapitel 7 Rei und Jinpei

Rei und Jinpei kauften sich einige wertvolle Sekunden, indem sie in eine kleine Seitengasse flüchteten. Um es ihren Verfolgern unmöglich zu machen, ihnen zu folgen, warfen sie dabei alles um, was sie finden konnten. Von Mülltonnen bis Holzbalken, die dort für Bauarbeiten gelagert wurden. Hauptsache, sie würden mit ihrem Motorrad nicht vorbeikommen können. Vieles war aber schon durch das Erdbeben zu Boden gegangen. Sogar einzelne Steinbrocken lagen in der Gasse.

Es funktionierte, das Motorrad war gezwungen vor der Gasse stehen zu bleiben. Der zweite, auf dem hinteren Platz, legte mit seiner Waffe an und feuerte in der Hoffnung irgendwas zu treffen. Und tatsächlich, drei seiner Kugeln trafen auf Fleisch. Und zwar das von Rei. Ihr Körper war in diesem Moment jedoch so mit Adrenalin vollgepumpt, dass sie es gar nicht mitbekam.

Dennoch hieß es noch lange nicht, dass sie eine Pause einlegen konnten. Sie suchten nach einem geeigneten Versteck, in dem sie erst einmal zur Ruhe kommen und einen Plan schmieden konnten. Als der Adrenalinstoß langsam nachließ, spürte Rei einen stechenden Schmerz bei jedem zweiten Schritt, den sie tat. Ignorierte ihn jedoch erst einmal und konzentrierte sich auf die Flucht.

Als sie dann aber außer Atem war und eine Pause für beide dringend notwendig war, untersuchte sie, woher dieser Schmerz kam. Da sah sie es, sie wurde getroffen. An ihrem linken Oberschenkel klaffte eine große Wunde. Mit der Wunde vor Augen sackte sie an Ort und Stelle zusammen. Da sie sich an diesem Tag aufgrund der hohen Temperaturen für eine Hot Pants entschied, floss das Blut ihr blankes Bein herunter. An ihrem Knöchel vermischte es sich mit dem getrockneten Schlamm von vor zwei Nächten und wurde zu einer dickflüssigen rot-braunen Pampe.

Jinpei war es, der die beiden anderen Wunden entdeckte. Je ein Streifschuss an ihrem linken Arm und auf dem Rücken. Die Blutergüsse waren endlich dabei gewesen zu verheilen. Sie taten auch nur noch weh, wenn zu großer Druck von außen auf ihren Rücken ausgeübt wurde.

Die Wunden am Rücken und am Arm waren nicht weiter schlimm, da sie nur wenig Blut dadurch verlor. Die an ihrem Oberschenkel jedoch blutete zu stark, weshalb Jinpei hier Druck ausüben musste. Bei dem Versuch, die Blutung zu stoppen, schrie sie einmal schrill auf, biss dann jedoch die Zähne zusammen. Sie konnte Jinpei dank des vielen Blutes, das sie schon verloren hatte, nur noch verschwommen erkennen. Eines jedoch konnte sie deutlich sehen, nämlich dass er mit der Situation völlig überfordert war. In seinen Augen waren Panik und Ratlosigkeit zu erkennen. Er wusste nicht, was er machen sollte. Alles, was er wusste, hatte er aus Filmen und Serien. Doch da drückten die meisten Personen nur so lange auf die Wunde, bis es aufhörte zu bluten oder ein Rettungswagen kam. Deshalb zog Rei ihn mit ihrem Arm so nahe an sich ran, dass er verstehen konnte, was sie ihm zuflüsterte.

„Du musst das Bein mit einem T-Shirt oder so abbinden und dann einen Druckverband anlegen."

„Das Bein abbinden und einen Druckverband anlegen, okay. Und wie mach ich das?" Hilfesuchend schaute er zu ihr rüber, doch sie hatte bereits das Bewusstsein verloren. Der kurze Moment der Freude über die Hilfe schwand einem noch viel größerer Ausdruck von Angst und Ratlosigkeit.

Wie er das Bein abbinden musste, verstand er recht schnell. Einfach ein Stück Stoff nehmen und es, so fest es ging, um das Bein wickeln und zuknoten. Jetzt kam die Herausforderung, er hatte keine Ahnung, wie man einen Druckverband anlegte. Er versuchte sich zu besinnen, was sie ihm Unterricht gelernt hatten. Aber er konnte sich einfach nicht erinnern. Der eine Tag, an dem sie einen Erste-Hilfekurs hatten, geriet zu schnell in Vergessenheit. Nie hatte er gedacht, dieses Wissen einmal wirklich gebrauchen zu müssen. Doch jetzt wirkte diese unbeschwerte Zeit, als sie alle noch in die Schule gingen, viel zu weit weg. Es fühlt sich nicht nach zwei Monaten, sondern viel mehr nach zwei Jahren an. Und jetzt bereute er es umso mehr, sich immer so sicher gefühlt zu haben, wenn Daisuke, Rei oder Nobu in der Nähe waren. Ohne sie war er hilflos, das begriff er jetzt.

Bei seinem nächsten Blick auf Reis Oberschenkel stellte er fest, dass die Blutung bereits schwächer geworden war. Er dachte daran, sie an einem sicheren Ort zu tragen, wusste aber nicht, ob er sie packen würde. Sie wog definitiv mehr als er, das war ihm klar, ohne sie vorher auch nur einmal angehoben zu haben. Immerhin war sie fast einen ganzen Kopf größer als er. Und selbst wenn dem nicht so wäre, war er noch nie sonderlich stark gewesen. Nicht mal sich, mit seinen 55 kg, würde er schaffen, davon war er überzeugt. Dennoch wollte er sie nicht einfach zurücklassen, besonders nicht in so einer dreckigen Gasse.

Er nahm all seinen Mut und seine Kraft zusammen und hob sie an. Sofort gingen beide wieder zu Boden, keuchend saß er neben ihr. Sie war zu schwer, um sie einfach so tragen zu können. Er brauchte Hilfe, doch von wem? Die Yakuza würde ihm sicher nicht helfen, und von den anderen fehlte jede Spur.

„Wie soll ich sie nur allein in Sicherheit bringen?“ er war mit der Situation absolut überfordert. Die einzige Idee, die ihm einfiel, war, sie hinter sich her zu ziehen. Allerdings würde ihr da wiederum die Wunde am Rücken Probleme bereiten. Sollte sie sich durch den Dreck auf der Straße infizieren, würde ihm das noch weniger nützen, als es ohnehin bereits tat. Er musste sich schnell etwas einfallen lassen, denn lange würde die Yakuza nicht mehr brauchen, um sie zu finden. So weit weg von der Seitengasse, in die sie geflüchtet waren, waren sie nicht gekommen. Allerhöchstens einen Kilometer.

Am Ende entschied er sich für die Ziehmethode. Allerdings fiel ihm ein, dass er sie nicht an den Füßen hinter sich herziehen sollte. Sondern sie lieber am Oberkörper nehmen sollte, so dass nur ihre Schuhe auf dem Boden schleifen würden.

Es funktionierte erstaunlich gut. Seine Arme hatte er unter ihre Achseln geklemmt, seine Finger hatte er unter ihren Brüsten gekreuzt, um nicht plötzlich den Halt zu verlieren. Allerdings lagen ihre Brüste aufgrund ihrer Größe auf seinen Händen, was ihn rot anlaufen ließ.

„Daisuke darf das niemals erfahren, der bringt mich um, wenn er das wüsste", war alles, woran Jinpei in diesem Moment denken konnte.

Zwischendurch musste er immer wieder eine Pause einlegen. Entweder um wieder zu Atem zu kommen oder um zu erspähen, ob die Yakuza um die nächste Ecke warteten.

So dauerte es eine ganze Stunde, bis er sich zusammen mit ihr in einem Einkaufsladen, einem Konbini, verstecken konnte. Dieser war bereits geplündert worden, also hoffte Jinpei, dass ihre Verfolger ihn ignorieren würden. Es war ein kleiner Einkaufsladen mit etwas mehr als 20 Regalen. Von vorne konnte man durch eine komplett verglaste Front vieles einsehen. Am anderen Ende des Ladens befand sich ein Tresen, an dem abkassiert wurde. Hinter dem Tresen befand sich eine Tür, welche ins Treppenhaus führte. Im Treppenhaus selbst befand sich ein Hintereingang für alle, die nur in die oberen Stockwerke wollten, ohne zuvor durch das Geschäft gehen zu müssen.

Zusammen mit Rei versteckte er sich in einem der Gänge.

Jinpei war so müde von der ganzen Schlepperei, dass er sich nur kurz ausruhen wollte, stattdessen aber eingenickt war.

Stumm verarztete Rei ihre Wunde, als er wieder aufwachte. Sie blickte nur kurz hoch, als Jinpei wieder zu sich kam, wie in Trance machte sie danach mit ihrer Arbeit weiter.

„Bin ich etwa eingeschlafen?“ Jinpei schreckte auf und blickte sich um. In dem Konbini hatte sich nichts verändert, die Regale waren noch immer ziemlich leergeräumt. Ein leicht muffiger Geruch, welcher inzwischen für Geschäfte, die früher Lebensmittel verkauften, typisch war, lag in der Luft.

„Ja, ich wollte dich schlafen lassen, du hast mich immerhin den ganzen Weg bis hierhin allein getragen.“ Sie war immer noch in ihre Arbeit vertieft und schaute jetzt nicht einmal mehr hoch.

„D…Danke“, er brauchte kurz, um sich zu orientieren. „Wie geht es dir?“

„Hab ziemlich viel Blut verloren, mir ist schwindelig. Aber sonst sollte alles klappen, solange ich nicht versuche zu viel zu laufen.“ Das Blut, das zuvor ihr Bein runtergelaufen war, hatte sie, zusammen mit dem Schlamm, versucht abzuwaschen. Doch anstatt dass ihr Bein wieder so aussah wie zuvor, war es nun leicht rot gefärbt, wodurch es sich stark von dem unverletzten Bein abhob. Dafür war jetzt einer der Beutel, die es in dem Laden zu kaufen gab, nicht mehr weiß, sondern leicht rot. Sie hatte diesen mit Wasser aus dem Waschbecken der Angestelltentoilette, welche sich ebenfalls im Treppenhaus befand, nass gemacht. Dort hatte sie sich auch das Gesicht gewaschen.

„Haben sich die anderen schon gemeldet?“

„Daisuke hat einen Treffpunkt für uns alle ausgemacht. Ein Waisenhaus, etwas abseits der Stadt. Noch dazu hat er uns gewarnt, dass die Typen Verstärkung bekommen haben.“ Im Vorfeld haben sie alle ihre Handys so eingestellt, dass jeder aus der Gruppe auf jedes Gerät zugreifen konnte. Um Akku zu sparen, hatte Rei das Handy wieder ausgemacht, als der Treffpunkt bekannt war.

„Super, dann sollten wir, so schnell dein Bein es erlaubt, da hin.“ Jinpei freute sich auf den Hoffnungsschimmer am Horizont, den diese Nachricht in ihm auslöste.

„Aber vorher sollten wir die Typen loswerden. Ich will sie nicht zum Waisenhaus und damit zu den anderen führen.“ Die Hoffnung allerdings war mit diesem Satz wieder zerstört worden. Er hatte gehofft sich bis dorthin durchschlagen zu können, ohne wirklich kämpfen zu müssen. Mit Rei gab es zwar Chancen auf einen Sieg, doch durch ihre Verletzung waren sie nicht allzu groß.

Rei wollte sich so viel Zeit nehmen, wie sie konnte, um sich auszuruhen. Nach ein paar Minuten hörte sie dann Motorengeräusch aus der Ferne näher kommen. Aus Panik rannte Jinpei ans Fenster, vor ihm machte er einen schwarzen Geländewagen aus. Die Türen sprangen auf und heraus kamen fünf muskulöse, finster dreinschauende Kerle, die alle stark bewaffnet waren. Und als wenn das nicht schon schlimm genug wäre, kamen jetzt auch noch die zwei Typen auf ihrem Motorrad hinzu. Natürlich waren auch sie schwer bewaffnet. Sie alle hatten Tätowierungen an den Armen. Länger konnte er nicht schauen, da Rei ihn am Kragen packte und vom Fenster wegzerrte.

„Sie dürfen uns nicht sehen“, zischte sie und deutete auch ihm an, von nun an leise zu sein. Durch ihre Verletzung war sie nicht schnell genug hinter ihm hergekommen und hoffte, dass er nicht gesehen wurde. Jetzt erst merkte er den Fehler, den er gerade begangen hatte. Er hatte sich mitten ins Fenster gestellt, ohne sich auch nur ein bisschen in Deckung zu begeben. Quasi auf dem Silbertablett hatte er sich ihnen serviert.

„Scheiße, denkst du, dass sie mich gesehen haben?“ Er verfiel wie so oft in Panik. Rei musste ihre vom Blut immer noch schwach rot gefärbte Hand auf seinen Mund legen, damit er endlich ruhig wurde. Sie fürchtete schon, dass jeden Moment ein Dutzend bewaffneter Männer zur Tür reingestürmt kommen würden. Doch es blieb still. Nun traute auch sie sich einen Blick nach draußen, natürlich mit der erforderlichen Deckung.

Jinpeis Fehler schien keine Konsequenzen mit sich gezogen zu haben. Sie alle standen noch bei ihren Fahrzeugen und schauten durch die Gegend. Die Risse, die sich aufgrund des Erdbebens im Glas gebildet hatten, hatten Jinpei genug Schutz geboten.

Auf einmal gab einer von ihnen einen Befehl, den die beiden durch die Entfernung nicht verstehen konnten. Daraufhin teilten die Männer sich auf und gingen in unterschiedliche Gebäude in der Umgebung. Das war für Rei und Jinpei die Zeit, sich in die oberen Stockwerke zu flüchten.

„Warum halten die unbedingt hier an?" Jinpei fand es merkwürdig. Auch Rei kam es komisch vor, doch sie fand es erstmal wichtiger nach oben, und damit aus der unmittelbaren Gefahr, zu kommen. Das Treppensteigen erwies sich jedoch als schwieriger als gedacht. Auch mit Jinpeis Hilfe dauerte es zu lange, um eine Stufe zu nehmen, ohne dabei Höllenschmerzen ertragen zu müssen. Als sie gerade mal bei der sechsten Stufe angelangt waren, hörten sie, wie ganz vorsichtig die Ladentür aufgeschoben wurde. Der Mechanismus, durch den die Tür normalerweise automatisch aufging, war genauso wie jegliche andere Elektronik ausgefallen. Für ein wenig Licht im Inneren sorgten deshalb nur die kleinen Fenster sowie die Glaseingangstür. Auf der Treppe hingegen war es stockduster. Das Treppenhaus war eigentlich darauf ausgelegt, komplett elektronisch beleuchtet zu werden. Darum befand sich dort kein einziges Fenster. Der einzige Lichtstrahl kam von der Tür in den Verkaufsraum. Die Hintertür, welche etwa 5 Meter davon entfernt war und damit in eine Art Eingangsbereich überging, hatte ein Fenster eingebaut. Die Tür führte allerdings in einen Innenhof. Dort wurden Waren angeliefert und Angestellte sowie die Leute aus den oberen Stockwerken konnten ihre Autos parken. Der Hof lag momentan jedoch im Schatten, wodurch durch das kleine Fenster auch fast kein Licht einfiel.

„Vielleicht sieht er uns ja nicht", flüsterte Jinpei. Rei hörte ihm jedoch gar nicht zu, sie überlegte sich bereits, wie sie das überstehen konnten. Ihn jetzt zu erschießen, würde nur dazu führen, dass die anderen hereingestürmt kämen und sie umbringen würden.

Selbst wenn jeder Treffer tödlich wäre, könnten sie nicht schnell genug schießen, um alle zu erwischen. Sie hatten es immerhin mit 7 Yakuza zu tun. Die noch dazu alle bewaffnet waren.

Der Mann im Geschäft entdeckte die Rucksäcke der beiden, als er an der vorletzten Regalreihe vorbeigelaufen war. In der Eile hatten sie ihre Taschen liegen gelassen. Ein Fehler, den sie bitter bereuten. Auf seinem Gesicht formte sich ein breites Grinsen. Er dachte schon daran die anderen zu rufen, ließ es aber bleiben, da er noch seinen Spaß mit den beiden und vor allem mit Rei haben wollte. Die Jahre im Gefängnis sorgten dafür, dass sich in ihm einiges angestaut hatte, das er jetzt an den beiden Kindern auslassen wollte. Ohne verbergen zu wollen, dass er dort war, lief er weiter, genau auf das Treppenhaus zu. Er bezweifelte, dass sie sich irgendwo im Verkaufsraum aufhielten. Seinen Aluminium-Baseballschläger ließ er auf dem Boden schleifen.

Als er gerade seinen Kopf durch die Tür steckte, hörte er ein Scheppern zu seiner Rechten. Er drehte sich um und öffnete leise die Tür zu einem Angestelltenklo. Als er nichts entdeckte, wollte er schon umdrehen, kam jedoch nicht dazu, da er mit etwas hartem einen Schlag auf den Hinterkopf bekam. Zuerst wurde vor seinen Augen alles unscharf und er schmeckte Blut. Bei dem Versuch sich wieder aufzurichten, wurde er noch einmal niedergeschlagen. Diesmal wurde alles schwarz und er verlor das Bewusstsein.

Das nächste Mal, dass er seine Augen aufmachte, war begleitet von dröhnenden Kopfschmerzen und dem Geschmack von Blut auf seiner Zunge. Das Erste, was er bemerkte, war, dass er sich nicht bewegen konnte, seine Hände und Knöchel waren mit grauem Panzertape zusammengebunden. Bei dem Versuch, sich an irgendwas zu erinnern, begann sein Kopf zu dröhnen.

„Er scheint aufgewacht zu sein.“ Eine Frauenstimme ließ ihn aufschrecken. Rei kam mit Jinpeis Hilfe humpelnd auf ihn zu. Beim Niederschlagen hatte ihr Oberschenkel wieder höllisch weh getan. Sie musste ihre Zähne zusammenbeißen, um nicht plötzlich aufzuschreien und die anderen auf sich aufmerksam zu machen.

„Was soll der Scheiß, macht mich sofort los oder ich bring euch um!", wollte er sagen, raus kam allerdings nur ein unverständliches Getöse, auch sein Mund war mit Klebeband zugeklebt. Er wurde wütend und zerrte am Klebeband, das jedoch kein Stück nachgab. Ein bisschen schnitt es sogar in das Handgelenk des Armes, der wie Schlangenschuppen tätowiert war, ein. Sie hatten eine halbe Rolle beim Fesseln verbraucht, selbst mit einem Messer würde es eine Weile dauern, das durchzubekommen. Rei staunte beim Fesseln nicht schlecht, als sie das fehlende Fingerglied am kleinen Finger seiner linken Hand bemerkte. Er schien schon vor seiner Verhaftung ein Yakuza gewesen zu sein.

„Du scheinst nicht zu verstehen, dass du hier in keiner Position bist, um uns zu drohen." Dass er von einem Mädchen, das gestützt werden musste, bedroht wurde, machte ihn noch wütender. Allerdings hatte sie recht. Sie hatten Waffen und keine Scheu davor sie einzusetzen. Er hingegen hatte gar nichts, keine Waffen, keine Optionen und keine Bewegungsfreiheit.

„Sollen wir das wirklich tun?" Jinpei hatte Bedenken wegen Reis Vorhaben. Dem Yakuza wurde klar, dass er nur den Jungen auf seine Seite bringen musste, um zu entkommen, zumindest bis er weitersprach. „Mir ist klar, dass wir ihn fesseln müssen, aber ist es nicht viel sicherer, wenn wir ihn sofort umbringen, anstatt ihm die Chance zu geben, doch noch irgendwie zu entkommen." Seine Hoffnung zu entkommen war verschwunden. Ihm war nun klar, dass er auch von Jinpei keine Hilfe zu erwarten hatte.

„Wir brauchen Informationen, und die wird er uns jetzt geben." Jinpei hörte auf Rei zu stützen. Sie sah den gefesselten Mann mit ernstem Blick an. „Ich nehme dir jetzt das Klebeband um den Mund ab, solltest du schreien oder sonst irgendwie versuchen auf dich aufmerksam zu machen, schlage ich dir hiermit den Schädel ein." Sie holte seinen Baseballschläger heraus und schwang einmal demonstrativ damit. „Verstanden?" Leicht verängstigt nickte er. „Gut." Sie beugte sich zu ihm runter, die leichten Schmerzen, die sie in ihrem Bein hatte, ließ sie sich nicht anmerken. Am liebsten hätte sie ein paar Schmerzmittel eingeworfen, bevor sie den Mann verhören wollte. Doch ihre eigenen Vorräte waren bereits verbraucht und die Medizinabteilung des Konbini wurde bereits geplündert.

Den Schläger sicher in der rechten Hand, griff sie mit der Linken zum Klebeband. Sie nahm es zwischen Daumen und Zeigefinger und zog es langsam ab. Seine Lippen blieben noch kurz kleben, bevor sie sich vom Klebeband lösten. Das Panzertape hatte einen roten Abdruck in seinem Gesicht hinterlassen. Als der Streifen endlich komplett ab war, brannten seine Lippen wie Feuer.

„Das werdet ihr bereuen, meine Leute werden euch alles heimzahlen, sobald sie hier sind." Ihm fiel ein, dass er doch noch eine Chance hatte, heil aus der Sache herauszukommen.

„Wenn du die meinst, die mit dir hergekommen sind, die sind schon tot." Rei blieb ganz ruhig und ließ sich auf einem Schreibtisch nieder, das linke Bein blieb ausgestreckt, um es nicht weiter zu belasten. Den Schläger hatte sie auf ihrer Schulter abgelegt.

„Du lügst, wie sollen zwei Kinder ein halbes Dutzend bewaffneter Yakuza umbringen können." Er glaubte ihren Bluff nicht.

„Als du nach einer Weile noch nicht zurückgekommen warst, kamen sie her. Doch weiter als zum Treppenhaus sind sie nicht gekommen. Du musst wissen, dass ich eine extrem gute Schützin bin." Es war immer noch schwer für ihn zu glauben; da er allerdings nicht sagen konnte, wie lange er weggetreten war, konnte er nicht mit Sicherheit sagen, was in der Zwischenzeit vorgefallen war. Doch die Ruhe, die Rei ausstrahlte, kam ihm nicht wie der Gemütszustand von jemandem vor, der einen Angriff von einem halben Dutzend Bewaffneter zu befürchten hatte. Dass sie selbst unter Druck keine Probleme damit hatte, völlig ruhig und gelassen zu bleiben, wusste er glücklicherweise nicht. Er bereute es, seine

Kollegen nicht direkt nach dem Fund der Rucksäcke benachrichtigt zu haben. Am liebsten hätte er Jinpei noch gefragt, doch der hatte den Raum verlassen. Der Gefangene nahm an, Jinpei wollte die Folter nicht mit ansehen müssen, die ihm bevorstand, sollte er nicht reden.

Den Schläger als Krücke verwendend kam Rei langsam auf ihn zu. Mit dem Aluknüppel drückte sie seine angewinkelten Knie mit Gewalt auf den Boden. Danach setzte sie sich unter Schmerzen, welche sie sich nicht anmerken ließ, auf seine ausgestreckten Beine. Damit wollte sie verhindern, dass er sich mit den Beinen wehren konnte. Jetzt konnte er, selbst wenn er es versuchte, ihre 66 kg nicht einfach so bewegen. Sollte er es dennoch versuchen, hatte sie genug Zeit, um ihm mit dem Schläger eine zu verpassen. Ihr verletztes Bein musste sie allerdings austrecken, um keine weiteren Schmerzen zu provozieren. Aufgrund dieser Pose, des Fakts, dass sie nur eine Hot Pants, welche ihre langen schlanken Beine offenbarte, anhatte, und des Umstandes, dass er seit 4 Jahren keine Frau mehr gesehen hatte, bekam er eine Erektion. Rei fiel es sofort auf, weshalb sie den Schläger an seine Kehle setzte.

„Komm bloß nicht auf dumme Gedanken." Das ließ den Mann schlucken. Der metallische Geschmack von Blut in seinem Speichel erzeugte bei ihm die Illusion, sie hätte ihm den Schläger bereits in den Rachen gerammt. Seine Erektion war verschwunden.

„Gut, meine erste Frage ist, wie habt ihr uns gefunden?" Sie schaute sich den Schläger in ihrer Hand an und untersuchte jede Delle darin. Den Yakuza beachtete sich nicht weiter. Die Kälte in ihren Augen ließ ihn erschaudern.

„Ist das nicht egal, meine Leute sind tot und ihr seid in Sicherheit." Er hoffte, sie würde sich verplappern und preisgeben, dass er doch nicht als Einziger noch am Leben war. Denn langsam, aber sicher bekam er wirklich Angst vor ihr. Rei erinnerte ihn an die Bosozoku, die Motorradgangs Japans. Er selbst hatte mit einer ihrer Gruppen zu tun, hauptsächlich waren es Frauen. Rei war weitaus angsteinflößender als ihre Anführerin gewesen. Und von der wusste er, dass sie schon mehrere Männer höchstpersönlich krankenhausreif geschlagen hatte.

„Das mag zwar sein, doch meine Freunde noch nicht. Deshalb will ich wissen wie." Um ihm zu zeigen, dass sie keine halben Sachen machte, legte sie zu seiner Verwunderung ihre Hand auf seinen Mund. Kurz darauf tippte sie ihm dann zweimal mit dem dicken Ende ihres Schlägers an die Stelle seines Kopfes, an der er zuvor zweimal geschlagen wurde. Er wollte Luft in seine Lungen ziehen einziehen und vor Schmerz schreien. Doch Rei hielt ihm mit Daumen und Zeigefinger seine Nase zu. Den Rest ihrer Hand drückte sie so fest auf seinen Mund, dass er überhaupt nicht mehr atmen konnte und kein Ton seine Kehle verließ. Er musste einsehen, dass sein Leben nun vollständig in ihrer Hand lag.

„Bist du jetzt bereit zu reden?" Freundlich lächelte sie ihn an, nahm ihre Hand aber noch nicht weg. Fast schon gelangweilt trommelte sie mit zwei ihrer Finger auf seiner Backe herum. Nachdem sie ihn kurz Luft schnappen ließ, fing er an zu reden.

„Okay, okay, ich rede ja schon. Wir haben eure Handys geortet, wir haben eine Software, die uns die Möglichkeit dazu gibt. Früher haben wir …"

„Das reicht, so genau wollte ich es gar nicht wissen." Sie hatte kein Interesse an alten Geschichten. „Ich dachte, um so etwas machen zu können, braucht man die Nummer der Handys, die man orten will." Sie hatte schon öfter gesehen, wie diese Methode in Krimis eingesetzt wurde.

„Eigentlich schon, aber da die Stadt wie ausgestorben ist, waren wir uns sicher, dass, wenn wir irgendein Signal auffangen, es von euch sein muss."

„Verstehe, und wo ist diese Software jetzt?"

„Auf einem Laptop in unserem Wagen." Er versuchte, so gut es ging, Augenkontakt mit ihr zu vermeiden.

„Und wie lautet das Passwort für den Laptop?" Er schluckte erneut, blieb aber still. Rei nahm seinen Kopf in ihre linke Hand. Sie zwang ihn dazu ihr in die Augen zu schauen, ehe sie mit voller Kraft den Nagel ihres Daumens in die Wunde an seinem Kopf bohrte. Der Fingernagel schnitt noch tiefer in das Fleisch hinein, demzufolge floss neues Blut.

„Okay, okay, ich sag's dir ja", war alles, was er zwischen seinen zusammengepressten Zähnen hervorbrachte.

Das Blut, das sie jetzt an ihrem Finger hatte, wischte sie in seinem Gesicht ab, bevor sie ihm zwei leichte Klapse auf die Backe gab.

„Geht doch, warum nicht gleich so?", zufrieden lächelte sie ihn an. „Also wie ist das Passwort?"

„Es steht auf einem Zettel in meiner Hosentasche."

„Also lautet das Passwort ‚CP/3If&B6eX'?"

„Ja, das müsste es sein." Verwundert schaute sie ihn an.

„Denkst du etwa, wir hätten dich nicht durchsucht." Neben dem Zettel hatten sie auch noch ein Taschenmesser bei ihm gefunden. Beides lag jetzt, zusammen mit ihren Rucksäcken, auf einem der Tische hinter Rei.

„Nächste Frage, wie viele seid ihr?"

„29, also jetzt nur noch 22. Zumindest sind das die Leute, mit denen wir euch verfolgt haben. Oben auf dem Berg wartet Kobe noch mal mit vier Leuten und wenn der Boss kommt, und das wird er, kommen nochmal 13 und Goros Bruder dazu."

„Also insgesamt 39 plus Goro, seinen Bruder und dieser Riese. Das wird ein harter Kampf." Ihre nächste Frage überlegte sie sich gut. „Wie seid ihr …"

„Sie kommen." Jinpei kam reingeplatzt und unterbrach die Befragung. Sie wollte ihn gerade fragen, wie sie es geschafft hatten, aus dem Gefängnis zu fliehen.

„Was, wer kommt?" Der Mann von der Yakuza wusste nicht, wieso auf einmal Unruhe herrschte, denn die Einzigen, die ihm helfen würden, wären sein Team.

„Ich hätte mich gerne noch weiter mit dir unterhalten, doch deine Freunde sind da, um dich abzuholen.“ Den Schläger als Stütze nutzend kam Rei auf die Beine. Humpelnd bewegte sie sich zu ihrem Rucksack.

„Aber du sagtest doch, sie seien tot.“

„Hab gelogen.“ Mit einem einzigen Schuss zwischen die Augen richtete sie ihn hin. Ihr war klar, dass sie jetzt aus ihm nichts mehr rausbekommen hätte.

Als ihr Kollege nach einer Weile immer noch nicht zurück war, überlegten sie, in welchem Gebäude er zuletzt war. Dort begannen sie ihre Suche. Die Männer, die gerade den Konbini betreten hatten, gingen als Reaktion auf den Schuss in Deckung. Vorsichtig bewegten sie sich zum Treppenhaus vor.

Rei und Jinpei waren dabei sich in dem Zimmer zu verschanzen. Ehemals war es ein Büro, weshalb überall noch die Schreibtische und Stühle herumstanden, sogar die PCs wurden zurückgelassen. Jinpei war dabei die Tische zu verschieben, während Rei ihre Waffen einsatzbereit machte. Dabei ließ sie sich nicht aus der Ruhe bringen. Jinpei wiederum standen Angst und Panik ins Gesicht geschrieben.

Nachdem Jinpei die Tische so verschoben hatte, dass sie ihnen wenigstens ein bisschen Deckung boten, war er komplett außer Puste. Immerhin hatte er dafür weniger als zwei Minuten gehabt. Kaum dass er nichts mehr zu tun hatte, um sich abzulenken, fing er unkontrollierbar an zu zittern.

„Verdammt, diese Typen waren zu schnell wieder da.“ Rei hätte lieber noch ein bisschen mehr Zeit gehabt, um sich auf ihren Angriff vorzubereiten. Sie gab Jinpei seinen Revolver zurück. Beide versteckten sich in unterschiedlichen Bereichen des Zimmers, von denen sie gut auf die Tür schießen konnten.

Nun war alles ruhig, nur die Schritte der Männer hallten im Treppenhaus von den Wänden wider. Die Zeit schien in Zeitlupe zu vergehen. Jinpeis Herz raste vor Angst, das Zittern ließ nicht im Geringsten nach. Rei hingegen blieb ruhig, nur der Schmerz in ihrem Bein erinnerte sie daran, was das letzte Mal passierte, als sie sich mit diesen Typen angelegt haben. Das Bein pochte stärker und stärker, fast so, als wüsste es, dass die Person, die darauf geschossen hatte, jeden Moment durch diese Tür kommen würde.

Langsam bog sich die Türklinke nach unten. Rei deutete Jinpei, der bereits angelegt hatte, noch zu warten. Erst als die Tür sich einen Spalt weit öffnete, gab Rei zwei beherzte Schüsse auf den Spalt, der sich in ihre Richtung gebildet hatte, ab. Die Tür ging auf und ein toter Körper stürzte zu Boden.

„Fünf." Rei zählte im Kopf mit, wie viele Gegner sie noch hatte.

Die anderen Männer gingen hinter den Wänden außerhalb des Zimmers in Deckung. Unentdeckt ging Rei weiter nach vorne. Aufgrund ihres Oberschenkels war sie jedoch nicht so schnell, wie sie es gern gewesen wäre. Als sie entdeckt wurde, schoss sie wieder zweimal und verwundete einen von ihnen. Jetzt stürmten sie das Zimmer. Da sie genau wussten, wo Rei sich befand, konzentrierten sie ihr Feuer auf ihre Position und kamen näher. Nur einer machte sich auf die Suche nach Jinpei, der sich noch immer ängstlich hinter seinem Tisch versteckte. Er hatte das Gefühl, keine Luft mehr zu bekommen, seine Brust schnürte sich bei jedem Schuss weiter zu. Jeder noch so kleine Luftzug kühlte seinen vom Schweiß klitschnassen Körper ab. Als er versuchte sich auf seine Waffe zu konzentrieren, wusste er nicht mehr, wo oben und unten war. Kein Muskel in seinem Körper wollte ihm mehr gehorchen. Während Rei von Kugeln umgeben war, kauerte Jinpei in seinem Versteck und hatte eine Panikattacke.

Der Schreibtisch, hinter dem Rei sich versteckt hatte, war von Kugeln durchsiebt worden. Zwei der Kugeln hatten ihren Körper sogar gestreift. Eine weitere hatte sie an ihrem linken ausgestreckten Bein gespürt. Bei einem schnellen Blick konnte sie jedoch kein Blut erkennen. Plötzlich hörten die Schüsse auf und sie war verwundert, doch nicht lange, denn sie lugte vorsichtig aus ihrem Versteck heraus. Sie alle waren am Nachladen. Jetzt erst sah sie, dass zwei von ihnen tatsächlich nur mit einer Holzlatte bewaffnet waren. Die waren allerdings von der Schießerei so sehr eingeschüchtert, dass sie sich nicht rühren konnten.

„Das ist meine Chance, diesen Idioten ging gleichzeitig die Munition aus." Mit einem Ruck, den sie sofort bereute, da er ihr durch den ganzen Körper zog, sprang sie auf und legte auf die vier Leute an, die ihr gefährlich nahegekommen waren. Diese schauten verwundert hoch, kamen aber nicht dazu etwas zu sagen, da Rei abdrückte und sie mit Blei durchsiebte, bevor sie etwas machen konnten.

Munitionslos sank sie zu Boden. Neben ihr versuchte einer der Männer verzweifelt nach Luft zu ringen, spuckte aber nur Blut und tat seinen letzten Atemzug. Auch die anderen waren entweder tot oder so sehr verwundet, dass sie keine Gefahr mehr darstellten.

Rei wusste, dass sie Jinpei helfen musste, konnte sich aber vor Schmerzen nicht mehr bewegen. Nicht nur die Wunden, die ihr heute zugefügt wurden, taten höllisch weh, auch die Verletzungen, die sie damals bei der Schießerei in dem kleinen Laden am Rücken erlitten hatte, fingen durch den Rückstoß wieder an zu schmerzen.

Der Mann, der sich zuvor abgesondert hatte, um nach Jinpei zu suchen, witterte seine Chance. Er ließ von dem Jungen ab und kam auf Rei zu. Er kam ihr immer näher und hob seine Waffe, um das, was sie seinen Kollegen angetan hatte, zu rächen. Rei fischte nach einer Waffe, mit der sie sich verteidigen konnte, fand jedoch keine.

Der Mann stand nun über ihr und blickte wütend und gleichzeitig befriedigt auf sie herunter. Gerade als er abdrücken wollte, wurde er von mehreren Schüssen in den Rücken getroffen. Jinpei hatte die Panikattacke überwunden und sich aus seinem Versteck getraut und sein gesamtes Magazin leergefeuert. Mit Tränen der Angst in den Augen hatte er einfach grob in die Richtung des Mannes geschossen. Manche seiner Kugeln schlugen in die Wand ein, doch genug trafen den Mann, den er erwischen wollte. Sein lebloser Körper sackte über Rei zusammen. Sie wurde unter seiner Leiche begraben, im Moment war sie zu schwach, um ihn von sich runterzuheben. Ihre Klamotten tränkten sich mit seinem Blut und auch sie selbst spürte, wie sich die Wärme langsam auf ihrem Körper ausbreitete. Nun sank auch Jinpei schweißgebadet und unter Schock zu Boden und war nicht in der Lage sich zu bewegen.

Er hatte gerade seinen ersten Menschen getötet.

Kapitel 8 Daisuke und Harui

Fast eine halbe Stunde lang lagen beziehungsweise saßen die beiden einfach nur da und erholten sich von dem Kampf. Rei hatte es inzwischen immerhin geschafft, die Kraft zu finden, die Leiche von sich runterzuschieben. Ihr dunkelgraues T-Shirt war getränkt von rotem Blut. Sie spürte, wie es ihren Bauch bedeckte. Es klebte an ihrem Körper und war bei weitem ekeliger als der Schweiß, wegen dem ihre Haare in ihrem Gesicht klebten. Würde sie die Kraft finden, um aufzustehen, würde sie rüber zu ihrem Rucksack gehen. Dort würde sie irgendein Oberteil rausfischen und es anziehen, nachdem sie ihren Bauch, mit dem Shirt, dass sie gerade anhatte, sauber gemacht hätte. Ihr Rücken hinderte sie nur ein wenig daran. Viel schlimmer war ihr linker Oberschenkel. Nachdem sie bei der Schießerei ruckartig aufgestanden war, floss kurzzeitig wieder Blut. Es pulsierte immer noch so stark, als hätte es ein eigenes Herz.

Jinpei hingegen starrte noch immer auf die vielen Leichen, die im Raum verteilt waren. Auch wenn er aus Reflex agiert hatte, um Rei zu retten, war dennoch eine der Leichen sein Verdienst gewesen. Schon oft hatte er gesehen, wie die anderen jemanden getötet hatten, doch selbst abgedrückt hatte er noch nie. Er wollte es auch nie wieder tun.

„Wir müssen weiter." Rei stand auf und stützte sich dabei an einem der Tische, der gefährlich unter ihr knarzte, ab. Vor ihren Augen drehte sich plötzlich alles, hinderte sie aber nicht daran weiterzumachen. Jinpei stand auf und schnappte sich seinen Rucksack, ohne dabei ein Wort zu verlieren. Er kam zu ihr und schnappte sich einen Arm, um sie zu unterstützen. Auf der rechten Seite stützte sie sich wieder auf dem Schläger ab. Noch immer stand Jinpei unter Schock.

„Wie hast du vor, dahinzukommen, ich kann dich nicht die ganze Zeit stützen." Jinpei hatte jetzt schon Schwierigkeiten dabei, Rei, die knapp elf Kilo mehr wog als er, zu tragen.

„Wir werden einfach das Motorrad nehmen, mit dem zwei von denen gekommen sind."

„Ich dachte, du hattest erst zwei Fahrstunden."

„Ich kann aber schon ziemlich gut fahren und ohne Polizei, die mich anhält, wenn ich mich nicht an die Regeln halte, wird das ein großer Spaß." Sie freute sich schon darauf durch die leeren Straßen der Stadt zu düsen.

„Aber schaffst du das denn auch mit deinem Bein?" Jinpei schaute skeptisch ihr weiterhin rosa gefärbtes Bein an.

„Entweder so oder du musst mich den ganzen Weg stützen", erklärte sie ihm.

„Dann doch lieber das Motorrad", ruderte er zurück. Doch bevor sie nach unten gingen, sammelten sie noch alle Waffen und jegliche Munition der Leichen ein.

Unten angekommen half er ihr noch auf den Sitz und setzte sich dann schließlich hinter sie. Als er seine Arme um ihre Taille schlang, konnte er das noch feuchte Blut auf ihren Klamotten fühlen. Auch für sie war es unangenehm, das nasse T-Shirt an den Bauch gedrückt zu bekommen. Er allerdings musste an die Leichen denken, von denen er eine mitzuverantworten hatte. Wie ein Reflex drehte er sich weg und übergab sich. Die bisherigen Leichen hatten sich für ihn nie so real angefühlt. Rei riet ihm abzusteigen und sich eine ruhige Ecke zu suchen. Nachdem er einige Meter weiter weg war, übergab er sich noch ein zweites Mal.

Der beißende Gestank der Galle zwang Rei dazu, das Motorrad ein paar Meter nach vorne rollen zu lassen. Während sie wartete, fiel ihr der Laptop wieder ein. Mit dem Schläger als Krücke humpelte sie die drei Meter zum Auto rüber. Durch die geöffneten Türen konnte sie auf dem Beifahrersitz den Laptop erspähen.

Nachdem sie ihn entsperrt hatte, war auch schon das Programm zu sehen, mit dem die Yakuza die Handys ortete. Auf dem Bildschirm waren zwei Punkte zu erkennen.

Daran das der beißende Geruch der Galle näher kam, merkte sie, dass Jinpei sich näherte. Knapp zwei Meter von ihr entfernt blieb er stehen. In ihrer Tasche wühlte sie nach der letzten bereits angebrochenen Packung Taschentücher. Diese warf sie Jinpei zu. Aus seiner Nase lief noch immer Rotze, und um seinen Mund waren noch einige kostbare Essensreste kleben geblieben. Er nutzte die restliche Packung auf, um sich das Gesicht sauber zu machen.

„Das muss dir gerade ziemlich jämmerlich vorgekommen sein. Ich meine im Vergleich zu Nobu und Daisuke, denen es nichts ausmacht jemanden zu töten.“

„Dich mit den beiden zu vergleichen, ist nie eine gute Idee. Ich denke, die meisten würden so reagieren, also mach dir nichts draus und gib mir lieber mal dein Handy.“ Sie hielt ihm die offene Hand hin.

„Was?“ Kurz war er mit der Situation überfordert. „Hier“, holte es aber schnell aus seiner Tasche und überreichte es ihr.

„Danke“ Sie entsperrte es und wählte Daisukes Nummer.

„Ja, was gibt's?“ Daisuke wirkte gehetzt.

„Dai, die können unsere Handys orten. Mach es sofort aus!“ Diesen Fakt hatte sie durch den Kampf ganz verdrängt und vergessen es den anderen mitzuteilen. Auf einmal ertönte aus der Stadt eine laute Explosion und eine riesige Rauchwolke färbte den Himmel über der Stadt.

„Das würde einiges erklären. Hör zu, du kennst den Treffpunkt, ich bin gerade in Eile, wir sehen uns dann da. Ich liebe dich.“

„Ich dich auch.“ Ehe sie ihn fragen konnte, wie es ihm ging, legte er auf. Der Fakt, dass er nicht fragte, wie es ihr ging, war für sie ein

Zeichen dafür, dass er gerade Schwierigkeiten hatte und keine Zeit dafür war. Sie wusste, dass sie ihm keine große Hilfe wäre, selbst wenn sie wüsste, wo er sich aufhielt, wäre sie ihm nur ein Klotz am Bein. Wenigstens konnte sie sich sicher sein, dass er nicht in der Nähe der Explosion war, sonst hätte sie es durch das Handy doppelt hören müssen.

Zusammen gingen Rei und Jinpei zum Motorrad. Rei startete den Motor und fuhr gemütlich los, um Jinpeis Magen nicht noch mehr zu beanspruchen.

Einige Zeit davor:

Sie rannten um ihr Leben, doch alles brachte nichts, das Motorrad kam immer näher. Harui konnte schon fast nicht mehr. Trotz des Trainings, das sie durch die wochenlange Reise bekommen hatte, war ihre Ausdauer beim Rennen schnell verbraucht. Daisuke, der noch ewig so hätte weiterrennen können, sah es und zog seine Pistole. Er zielte grob auf das Motorrad, für mehr war nicht genug Zeit und drückte mehrfach ab, ohne zu zählen, wie oft er den Abzug betätigt hatte. Zuerst kam das Motorrad nur ins Straucheln. Nachdem es noch einmal stark beschleunigte, raste es frontal in ein Haus und ging sofort in Flammen auf. Aus dem Augenwinkel konnte er noch sehen, wie einer der beiden sich in Sicherheit brachte. Der Fahrer wiederum hatte nicht so viel Glück gehabt. Er verbrannte, ohne einen Ton von sich zu geben.

Der Beifahrer stand sichtlich unter Schock. Er irrte durch die Gegend und schüttelte dabei den Kopf, um wieder ein klares Bild vor Augen zu haben. Daisuke hielt an, um auf Harui zu warten, die ein paar Meter hinter ihr keuchend auf ihn zukam.

Sie stützte sich an einer Hauswand ab, während sie das Spektakel betrachtete. Ihre Freunde waren weg, spurlos verschwunden, genau wie das zweite Motorrad.

„Ruh dich aus, ich bin gleich wieder da.“ Daisuke ging eilig auf den Überlebenden zu. Harui wusste, was er vorhatte, etwas wovon sie ihn vor wenigen Wochen noch mit allen Kräften abgehalten hätte. Nun war sie derselben Meinung.

„Lieber er als sie“, dachte sie sich.

Um Munition zu sparen, nahm er sein Kampfmesser. Er wusste nicht, wie viele Gegner er noch haben würde, und wollte lieber Munition sparen. Da sein Gegner noch völlig unter Schock war, merkte er gar nicht, wie die Klinge in seinen Kopf eindrang, bevor er leblos zu Boden fiel.

„Das war wohl keiner von der Yakuza“, dachte sich Daisuke.

So schnell wie Daisuke weg war, kam er auch zurück und half Harui auf.

„Wir müssen uns verstecken und überlegen, wie wir weiter vorgehen.“ Daisuke wies auf eine kleine Nebengasse ein paar Hundert Meter weiter.

Erst jetzt merkte Harui, wie anstrengend die Rennerei selbst für Daisuke war. Auch er musste nach Atem ringen.

„Hast du hier irgendwo in der Nähe eine Karte oder so von der Gegend hier gesehen?“, wollte Daisuke wissen.

„Am Stadteingang war, glaub ich, eine Karte für die Wanderer, aber wofür brauchst du die denn?“ Harui konnte sich vage an etwas erinnern, das für sie wie eine Karte der Gegend aussah.

„Okay, wir machen Folgendes, du wartest hier, während ich zu der Karte gehe und nach einem Ort suche, wo wir uns alle wieder treffen können.“

„Warum schauen wir nicht einfach auf unserem Handy nach, wäre das nicht viel sicherer und schneller?“ Harui fand, dass es ein zu großes Risiko wäre, jetzt in die Nähe der Gegend zu gehen, aus der die beiden Motorräder kamen. Auch ihr war klar, dass es noch mehr von den Typen in der Gegend gab. Sie hatte genau wie jeder andere gesehen, wie es in der Pachinkohalle nur so von Yakuza gewimmelt hatte.

„Also mein Handy hat kaum noch Saft. Uns wird der Akku ausgehen, bevor wir etwas gefunden haben.“ Harui holte ihr Handy raus und checkte schnell den Akkustand.

„Bei mir das Gleiche, ein paar Minuten noch, dann war's das“, stellte sie ernüchternd fest und schaltete es wieder aus. Auch wenn ihr die Idee nicht gefiel, war es die einzige, die beiden einfiel. Ein Treffpunkt war zwar nicht überlebenswichtig für die beiden, doch war es der einzige Weg, um wieder mit ihren Freunden vereint zu sein.

„Also wie schon gesagt, du versteckst dich hier, so gut du kannst, und bist ruhig, tu alles, damit diese Typen dich nicht finden, egal wie gut sie suchen. Und sollte es doch passieren, weißt du, wie du damit umzugehen hast.“ Er deutete auf das Halfter, in dem ihr Sechsschussrevolver steckte.

„Ich will mitgehen.“ Sie hatte Angst allein zurückgelassen zu werden.

„Es muss sein, wenn es hart auf hart kommt, bleibt mir nichts, außer zu fliehen, doch das schaffe ich nur allein. Du bist immer noch außer Atem von der kleinen Verfolgungsjagd gerade eben.“ Was er ihr damit in netten Worten sagen wollte, war, dass er sie für einen Klotz am Bein hielt. Sie wollte schon widersprechen, sah jedoch ein, dass er wie so oft Recht hatte.

„Okay, was soll ich tun?“ Sie wünschte sich fitter zu sein, um nicht immer allen im Weg zu stehen. Das ließ sich im Moment allerdings nicht ändern.

„Hier in der Gasse wirst du zu schnell entdeckt. Du musst dich in einem der Gebäude verstecken. Aber nicht hier in der Nähe.“

„Wieso nicht?“

„Weil sie hier als Erstes suchen werden. Da drüben sind immerhin zwei von ihren Leuten gestorben.“ Er zeigte grob in die Richtung, in der das Motorrad am Ausbrennen war. „Dann am besten noch irgendwas, wo wir nicht einbrechen müssen und so Spuren hinterlassen würden.“ Gemeinsam machten sie sich auf die Suche nach einem Gebäude, das weit genug von der Unfallstelle entfernt war und in welches man nicht einbrechen musste.

Die Wahl fiel auf ein etwa 1 Kilometer entferntes Wohngebäude. Dank einer Feuerleiter kam man auf das Dach. Nur brauchte man mindestens zwei Personen, um ohne Schlüssel überhaupt an die erste Sprosse zu kommen. Mit Schlüssel hätte man einen Teil der Leiter nach unten fahren lassen können.

Doch selbst zu zweit war es für Harui schwer die erste Sprosse zu fassen zu bekommen. Eine Hand hatte es dann aber geschafft und mitsamt Hilfe von Daisuke konnte sie sich hochziehen.. Als sie mit ihren 52 kg an dem Gerüst hing, hörte Daisuke es gefährlich knacken. Er hoffte, dass das Erdbeben das Gebäude nicht zu stark beschädigt hatte.

Doch ein Problem gab es noch, die Rucksäcke waren noch am Boden. Harui hätte es nicht geschafft sich mitsamt Tasche nach oben zu ziehen. Die Öffnung war zu eng gewesen, nur ein paar Zentimeter hinter ihr waren Sicherungsbügel angebracht.

„Wir müssen sie irgendwo anders verstecken." Er schaute sich in der Umgebung um, bis ihm zwei Mülltonnen ins Auge fielen. Aus der Entfernung sahen sie sauber aus und er hoffte, dass dem auch so sein würde.

„Ich werde sie da drüben in den Mülltonnen verstecken, und du schaust, dass du da oben nicht zu sehr auffällst." Harui kletterte unzufrieden die Leiter nach oben, nur zu gerne wäre sie mitgegangen. Sie mochte den Gedanken nicht sich zu verstecken, während Daisuke wahrscheinlich sein Leben für alle riskierte.

Als Daisuke bei den Mülltonnen ankam, bemerkte er, dass sie nicht nur sauber, sondern auch noch neu aussahen. Das Silber glänzte noch sehr hell. Als er reinschaute, stellte er fest, dass sich im Inneren nur ein paar Papierfetzen befanden. Ihm war klar, dass die Taschen nicht wirklich viel dreckiger hätten werden können, doch damit er nicht gerechnet. Jetzt blieben sie nicht nur von Flecken, sondern auch von Gestank verschont.

Als er den Deckel wieder schloss, prüfte er noch einmal, ob Harui noch zu sehen war. Doch selbst mit dem Wissen, wo sie sein musste, konnte er sie nicht entdecken.

Obwohl er wusste, dass mit seiner Waffe alles in Ordnung war, immerhin hatte er erst vor wenigen Minuten damit geschossen, überprüfte er sie noch einmal, bevor er sich auf den Weg machte.

Es war das erste Mal seit langem, dass er keine Tasche auf seinen Schultern tragen musste, wenn er eine längere Strecke zurückzulegen hatte. Es fühlte sich so an, als könnte er fliegen, so leicht kam es ihm vor. Nur das Gewehr, das er schon mindestens genauso lange wie den Rucksack mit sich herumschleppte, hatte er noch dabei.

Da er rannte, war er in Windeseile am Stadtrand, oder zumindest kurz davor. Bevor er die schützende Häuserfront verließ, wurde er langsamer und auch wieder vorsichtiger. Er hatte komischerweise das Gefühl beobachtet zu werden, konnte aber niemanden ausmachen. Hätte er doch bloß sein Fernglas mitgenommen, für diese Entscheidung war es jetzt allerdings zu spät.

In der Ferne konnte er die Karte sehen, von der Harui geredet hatte. Um sich zu beruhigen, überprüfte er noch einmal seine Waffe, bevor er sich auf das offene Gelände wagte. Weit und breit war keine Menschenseele zu sehen, dennoch ruhte seine Hand stets auf der Waffe an seiner Seite. Es gab ihm die nötige Ruhe, um diese Situation durchstehen zu können. Seit Beginn der Reise war es das zweite Mal, dass er von Rei getrennt war. Nur zu gerne wüsste er, ob sie entkommen konnten und, viel wichtiger, ob es ihr gut ging. Er wusste genau, dass sie auf sich aufpassen konnte. Doch hatte sie Jinpei als Partner, auf den sie ebenfalls aufpassen musste. Er wollte sich keine Gedanken darüber machen, wie er reagieren würde, wenn Jinpei ohne Rei zurückkommen würde. Vermutlich würde er den Jungen für den Rest seines Lebens hassen.

Bei der Karte angelangt stellte er fest, dass es sich um eine für Wanderer handelte. Die Stadt selbst war nur klein zu erkennen, das Einzige, was in der Stadt selbst gut beschrieben war, waren Sehenswürdigkeiten. Wie die Stadtbibliothek, das Rathaus und noch ein paar weitere, doch nichts, wo man sich gut verstecken konnte. Dafür war die Umgebung, vor allem der Wald, deutlich besser beschrieben. Er dachte schon daran umzukehren und sich etwas anderes einfallen zu lassen. Entdeckte dann aber noch einen kleinen Punkt ein gutes Stück außerhalb der Stadt. Es sah so aus, als würde im Wald ein Haus stehen, ein recht großes noch dazu, da man es auf der Karte sehen konnte. Als er es sich genauer anschauen wollte, hörte er in der Ferne Motorengeräusche näherkommen. Sofort rannte er los in Richtung Stadt. Er hoffte noch vor den Autos dort anzukommen.

Daisuke hatte Glück: Gerade als fünf schwarze Geländewagen von der Landstraße herangeschossen kamen, konnte er sich über eine eineinhalb Meter hohe Mauer flüchten. Doch zu seinem Pech blieben sie genau auf der anderen Seite davon stehen und alle Insassen schienen ausgestiegen zu sein.

„Hier teilen wir uns auf, ihr kennt die Regeln, jeder jagt nur die Beute, die er zugeteilt bekommen hat, verstanden?" Eine raue Männerstimme, die sehr erfreut über ihren Auftrag zu sein schien, erteilte die Befehle innerhalb des Konvois. Daisuke hatte seine Waffe schussbereit in einer Hand und in der anderen sein Messer. Anhand der Anzahl an verschiedenen Stimmen wurde ihm allerdings klar, dass ihm, selbst wenn jeder Schuss ein Volltreffer sein würde, die Munition ausgehen würde, bevor er alle erledigt hätte.

Sein Herz schlug schneller und schneller, als er sich an seine Zweitwaffe erinnerte. Die Waffe des Mannes, den er kurz zuvor erstochen hatte. Sie hatte zwar kein volles Magazin mehr, doch zusammen mit seiner eigenen Waffe malte er sich schon bessere Chancen aus. Sein Arm bewegte sich langsam auf die Pistole in seinem Hosenbund zu. Gerade als er ihren Griff mit den Fingern umfasste und im Begriff war sie herauszuziehen, fiel die erste Autotür, die restlichen nur Sekunden danach. Mit den wieder leiser werdenden Motorgeräuschen wurde auch seine Atmung zunehmend ruhiger. Seine Hand ließ er nur langsam von der Zweitwaffe wieder nach vorne gleiten.

Kurz blieb er noch in der Deckung der Mauer hocken, ehe er sich aufrichtete und seinen Blick durch die Gegend schweifen ließ. Niemand mehr zu sehen, das war der Zeitpunkt, an dem er zurück zur Karte ging und sich diesen kleinen Punkt einmal genauer anschaute. Er selbst war nicht beschriftet, doch in der Legende stand etwas dazu.

„Etwa zwei Kilometer von der Stadt entfernt befindet sich ein seit über 200 Jahren bestehendes Waisenhaus. Die Kinder dort werden alle mit einer besonderen Verbundenheit zur Natur aufgezogen, ehe sie dann in einer Adoptivfamilie untergebracht werden.“ Darunter stand dann nur noch die Adresse der Homepage dieses Hauses, für den Fall, dass man Interesse daran haben sollte, eines der Kinder dort zu adoptieren. Eines war sicher, das sollte ihr Treffpunkt sein. Daisuke schaltete sein Handy wieder an. Er durfte keine Zeit verlieren, sein Akku hatte immerhin nur noch stolze vier Prozent. Sofort ging er auf die Chatgruppe, in der sie alle eingespeichert waren. Seine Nachricht hatte er sich schon vorher zurechtgelegt. Nur ein Foto der Karte fehlte noch. Nachdem er es gemacht und in die Gruppe geschickt hatte, kam seine Nachricht:

„Zwei Kilometer von der Stadt entfernt gegenüber der Stelle, wo wir reingekommen sind, steht ein Waisenhaus, dort treffen wir uns.“ Er hielt sich so knapp wie möglich. In seiner zweiten Nachricht warnte er davor, dass Verstärkung in Form von mehreren Geländewagen in der Stadt war. Das Handy schaltete er wieder aus und verstaute es in seiner Hosentasche.

Jetzt schnell zurück zu Harui, er fühlte sich nicht wohl dabei, sie so lange allein zu lassen. Doch die Sorge um sie sollte noch sein kleinstes Problem werden. In diesem Moment kam einer der Geländewagen zurück, Daisuke hatte keine Zeit mehr sich zu verstecken. Der Wagen raste mit Vollgas auf ihn zu.

Er nahm sofort beide Pistolen in die Hände und richtete sie auf das immer näher kommende Fahrzeug. Er hatte diese Szene bereits so oft in irgendwelchen Action-Filmen oder Krimis gesehen und es hatte ihn schon immer brennend interessiert, wie gut es wirklich funktionierte. Er versuchte halbwegs zu zielen und drückte einfach ab. Erst als der Schlitten der ersten Waffe stecken blieb, bemerkte er, dass er zu viel verschossen hatte. Dennoch hatte es Wirkung gezeigt, in dem Fahrzeug konnte er mehrere Einschusslöcher, sowohl in der Windschutzscheibe als auch im Motorraum, erkennen. Das Fahrzeug allerdings wurde nicht langsamer. Deshalb sprang er genau wie all die Actionhelden mit aller Kraft zur Seite und versuchte sich zu retten. Eine Straßenlaterne hielt den Wagen letzten Endes auf. Es regnete Funken, als die Glühbirne auf dem Dach aufschlug. Die beiden hinteren Türen wurden aufgerissen und heraus kamen zwei mit Schusswaffen Bewaffnete, die das Feuer auf ihn sofort eröffneten. Der dritte hatte nur ein übergroßes Metallrohr. Zwei der Schüsse streiften den Riemen, mit dem er das Gewehr um seine Schulter gehangen hatte, und seine Haare. Der Rest ging ins Leere, da er sich in Sicherheit bringen konnte. Der Riemen riss. Das Gewehr drohte zu Boden zu fallen, konnte aber noch rechtzeitig aufgefangen werden.

„Das war verdammt knapp." Ein paar seiner Haare wurden durch die Geschwindigkeit abgeschnitten und er hatte genau gehört, wie die Kugel an seinem Ohr vorbeisauste. Hätte er sich nur einen Millimeter bewegt, würde diese Kugel jetzt vielleicht in seinem Kopf stecken.

Ihm war klar, dass er sowohl zahlenmäßig als auch waffentechnisch im Nachteil war. Wenn er dennoch gewinnen wollte, musste er sich etwas einfallen lassen. Die Straße war zu leer, das Einzige, das etwas Deckung bot, war das Auto, mit dem die Schützen kamen und hinter dem sie sich gerade verschanzt hatten. Von vorne hatte er keine Chance sie zu treffen. Deswegen versuchte er irgendwie hinter sie zu gelangen … Was sich als schwierig erwies.

Die drei Yakuza entfernten sich gemeinsam von ihrem schutzbietenden Gefährt, nachdem er eine ganze Weile nichts unternommen hatte. Ohne auch nur einen Winkel aus den Augen zu lassen, näherten sie sich der Seitengasse, in der er sich verschanzt hatte. Doch diese war leer, nicht die geringste Spur von ihm, bis auf einmal einer von ihnen tot umfiel, nachdem ein Schuss ertönte.

Daisuke hatte die Feuertreppe auf der Rückseite des Gebäudes genutzt, um auf das Dach zu gelangen. Von dort hat er dann die letzte Kugel, die er für das Gewehr hatte, genutzt, um in aller Ruhe einen der drei mit einem Kopfschuss auszuschalten. Bevor er jedoch seine Pistole zücken konnte, feuerten der andere in seine Richtung. Die Kugeln schlugen zwar alle nur in die Hauswand. Dennoch musste er sich in Deckung begeben.

Die Schüsse hörten auf, als die Munition verbraucht war, erst dann wagte Daisuke es sich, über den Vorsprung zu blicken. Was er dort sah, verwunderte ihn jedoch. Anstatt der zwei Leute, die zuvor noch dastanden, war es nur noch einer, der sich die Waffe seines toten Partners gekrallt hatte. Dennoch wollte Daisuke die Gefahr, die von ihm ausging, beseitigen und erschoss ihn. Drei schnelle Schüsse, einer in die Schulter, einer in den Bauch und einer in die Brust. Der Mann schlug dumpf, mit dem Rücken zuerst, auf dem Boden auf.

Was er dadurch nicht mitbekam, war der Mann, der sich von hinten an ihn anschlich. Er gehörte nicht zur Yakuza und hatte deswegen auch keine der wertvollen Schusswaffen erhalten. Seine Waffe musste er sich in den Trümmern des einstigen Okayamas suchen. Erst als sein Schatten auf den Jungen fiel, blickte dieser über seine Schulter und sah ihn dort stehen. In der Hand das

Rohr, mit dem er nun ausholte. Gerade als es herunterschwang, rollte Daisuke sich weg und verpasste ihm einen Tritt gegen sein linkes Schienbein. Es hatte jedoch nicht den gewünschten Effekt, im Gegenteil, es ließ ihn völlig kalt. Durch die Position konnte er nicht genug Kraft in den Tritt legen, um ihn voll zu erwischen. Erneut wurde mit dem Rohr ausgeholt, diesmal jedoch seitlich. Darum half auch kein Wegrollen mehr, Daisuke wurde an der Seite mit voller Kraft erwischt. Der Schmerz zog sich durch den ganzen Körper und ließ ihn kurz erstarren. Fast schon aus Reflex verpasste Daisuke ihm einen Tritt in die Magengrube. Diess Mal ließ es ihn nicht kalt. Ihm wurde schlecht und er musste sich vornüberbeugen.

Während der Yakuza sich wieder aufrappelte, lag Daisuke am Boden und krümmte sich vor Schmerzen. Ein letztes Mal holte der Mann mit dem Rohr aus. Diesmal war sein Ziel der Kopf des Jungen.

Kapitel 9 Vier von fünf

„Kinder sollten sich eben nicht mit Erwachsenen anlegen." Er grinste, als er kurz davorstand, Daisuke den Schädel einzuschlagen. Mit genug Schwung ließ er das Rohr nach unten sausen. Schlug dann aber mit einem schmerzverzerrten Gesicht leicht daneben. Das Ergebnis war eine blutende Wunde an Daisukes rechtem Auge.

Kurz bevor der Mann zuschlug, schaffte Daisuke es, ihm ein Messer in die Wade zu rammen. Die Reaktion darauf ließ nicht lange auf sich warten. Allerdings wurde ihm das Messer dabei aus der Hand gezogen und steckte nun im Bein des Mannes. Jetzt war er es, der sich vor Schmerzen auf dem Boden krümmte. Der Schnitt hatte sogar mehr Wirkung als eigentlich geplant. Einige Sehnen und Muskeln wurden dabei durchtrennt, wodurch sich das Bein nicht mehr belasten ließ.

Unter Schmerzen, aber dennoch bei klarem Verstand hob Daisuke das Rohr auf und stellte sich über ihn. Dank des letzten Schlages konnte er auf seinem linken Auge nur noch einen Bruchteil sehen. Was er aber noch klar und deutlich erkennen konnte, war, wo er hin zu schlagen hatte. Dennoch hatte er ein weiteres Handicap, er konnte nur mit einem Arm das Rohr festhalten, da er sich mit der andere seine schmerzende Seite halten musste.

„Wird sonst peinlich, wenn ihr verliert, du Arschloch." Mit ganzer Kraft ließ er das Rohr auf den Kopf des ängstlichen Verbrechers unter ihm sausen. Bei jedem Wort schlug er ein weiteres Mal auf seinen Schädel ein, selbst als er schon längst nicht mehr am Leben war. In jeden seiner Schläge steckte er die Wut, die sich in ihm angestaut hatte. Als er fertig war, schwang er das Rohr noch ein letztes Mal durch die Luft, wodurch sich eine gerade Linie aus Blut auf dem Dach bildete.

Mitsamt dem Rohr fiel Daisuke vor Erschöpfung zu Boden. Der Schlag an seinem Kopf hatte größeren Schaden angerichtet, als anfangs angenommen. Er konnte sich kaum noch bewegen, dennoch verlor er nicht das Bewusstsein. Benommen kroch er zu der Leiche rüber. Nachdem er sein Messer aus seinem Bein gezogen hatte, schnitte er damit das T-Shirt des Mannes auf und band es sich um den Kopf, um die Blutung zu stoppen. Seine Seite schmerzte immer noch, wohl eine angebrochene Rippe, wenn nicht sogar Schlimmeres.

Früher wäre er damit sofort ins Krankenhaus gefahren, jetzt war er froh, dass er die Schmerzen aushalten konnte. Um bei Bewusstsein zu bleiben, zählte Daisuke alle Verletzungen auf, die er im Laufe der letzten zweieinhalb Monate erlitten hatte. Es waren erstaunlich wenige gewesen. Obwohl er in so viele Kämpfe geraten war, hatte er nur zwei Schusswunden, eine vermutlich gebrochene Rippe und eine Platzwunde am Kopf. Eine erschreckend kurze, aber dafür umso schmerzhaftere Liste.

Weiter zählte er alle Menschen auf, die er selbst getötet hatte. Es war schon eine deutlich längere Liste, doch auch hier wäre nichts davon nötig gewesen. Jeder Tote, mit Ausnahme der Templer, auf seiner Liste wurde in Notwehr getötet. Er überlegte, woran er noch denken konnte, um bei Bewusstsein zu bleiben. Er dachte an Rei und hoffte, dass er sie wiedersehen würde. Wie gerne würde er jetzt einfach nur seine Hand ausstrecken und die ihre greifen, bevor sie ihn mit einem Kuss auf die Wange aufweckt und sagt, dass alles nur ein Albtraum sei, er aber in wenigen Minuten eine Klausur schreiben würde. Er begann zu lachen bei dem Gedanken, dass früher das einzig Schlimme ein Test gewesen war. Sofort schmerzte seine Seite noch stärker. Lachen fiel ihm schwer, da er bei jedem Atemzug Schmerzen verspürte.

Er spann den Gedanken von eben weiter und würde gerne wissen, ob sie auch dann zusammengekommen wären, wenn alles normal geblieben wäre. Oder wären sie dann vielleicht bis in alle Ewigkeit nur Freunde geblieben? Eine Frage, auf die er eigentlich keine Antwort haben wollte. Die Angst davor, dass alles ohne eine Veränderung weitergegangen wäre, war zu groß. Dennoch erinnerte er sich daran, wie er Rei kennengelernt hatte. Er wusste noch, dass er sofort von ihr begeistert war.

Im vorherigen Schuljahr:
Zusammen mit Nobu saß er in der Bibliothek ihrer Schule. Sie lernten dort für eine Matheklausur, oder vielmehr versuchte Nobu es seinem besten Freund zu erklären. Rei, damals die Neue, die gerade an die Schule gewechselt war, näherte sich ihnen mit einem Stapel Bücher. Sie setzte sich direkt hinter die beiden und schlug das erste Buch auf. Sie hatte bereits am ersten Tag den Spitznamen Überfliegerin. Schon an ihren alten Schulen war sie immer Jahrgangsbeste gewesen. Auch an dieser Schule wurde das schnell bekannt. Daisuke wusste noch genau, wie er ihr hinterhergeschaut hatte. Ihr langen schwarzen Haare wehten zusammen mit ihrem schwarzen Rock. Er war so gefesselt von ihrer Schönheit, dass er gar nicht mehr mitbekam, was Nobu zu ihm sagte. Sie setzte sich an den Tisch hinter Nobu, weshalb er perfekte Sicht auf sie hatte. Er konnte ihr so gut ins Gesicht sehen, dass er mit Sicherheit sagen konnte, dass sie kein Make-up verwendete. Vertieft in ihre Bücher, strich sie sich eine verirrte Strähne ihres schwarzen Haares hinters Ohr. Daisuke konnte erst wieder aufhören sie anzuschauen, als Nobu mit dem Finger vor seinen Augen schnippte.

„Sag mal, hörst du mir überhaupt zu?“

„Was, ja, sorry“, antwortete er aus seiner Trance gerissen.

Etwa 10 Minuten später kamen die beiden an einen Punkt, an dem Nobu nicht wusste, wie er Daisuke etwas erklären sollte. Die ersten zwei Methoden führten zu nichts.

„Lass uns eine Pause einlegen.“ Nobu streckte sich und gewann damit für ein paar Sekunden Reis Aufmerksamkeit.

Als sie dann nach fünf Minuten weitermachten, hatte Nobu eine neue Idee, doch auch die half nicht.

„Darf ich es vielleicht mal probieren?“ Rei hatte die beiden beobachtet.

„Gern.“ Nobu hatte keine Ahnung, wer das schöne Mädchen war, das sich neben seinen besten Freund setzte. Ihn hatte es noch nie interessiert, wenn ein neuer Schüler oder eine neue Mitschülerin an die Schule kam. Dem Gossip der anderen Schüler entzog er sich komplett. Er wollte von niemandem eine Meinung über einen anderen. Wenn er jemanden traf, machte sich immer sein eigenes unvoreingenommenes Bild. Nach etwa fünf Minuten hatte Daisuke es dann endlich verstanden.

Das nächste Mal waren sie sich bei der Bekanntgabe der Punkte über den Weg gelaufen. Alle schauten erstaunt auf die ersten Plätze der Liste, die in dem Pausenbereich ausgehängt wurde. Wie immer belegte Nobu mit 100 Punkten den ersten Platz, doch das erste Mal, seitdem er an dieser Schule war, war er nicht der Einzige. Rei hatte ebenfalls 100 Punkte erreicht. Auch sie war in diesem Moment dabei sich die Ergebnisse anzuschauen und staunte nicht schlecht. Denn auch für sie war es das erste Mal, dass sie sich die volle Punktzahl mit jemand anderem teilen musste.

„Danke nochmal für die Hilfe.“ Daisuke ging auf Rei zu. „Dank dir habe ich 83 Punkte erreicht.“

„Kein Problem, ich helfe immer gerne.“ Sie überlegte, ob ihre nächste Frage nicht vielleicht doch etwas zu weit ging. „Sag mal, kennst du diesen Nobu Yari, der mit mir zusammen den ersten Platz belegt.“

„Ja, du hast ihn schon kennengelernt, damals in der Bibliothek.“

„Dann war der Junge dir gegenüber also Nobu.“

„Bingo.“

Danach freundeten sich die drei an.

Als Daisukes Sicht wieder etwas klarer wurde, kamen auch seine Gedanken wieder ins Hier und Jetzt zurück. Er hatte keine Zeit sich auszuruhen, er musste wieder zu Harui. Bei dem Versuch aufzustehen wurde ihm schwindelig und er wäre fast vom Dach gefallen, wäre er noch einen Meter weitergelaufen.

„Sie ist sicher, wo sie ist, außerdem habe ich alle von ihnen erwischt", sagte er zu sich selbst, um rechtfertigen zu können, dass er noch ein bisschen liegen bleiben konnte. Erst mit dem Hinlegen auf das harte, durch die Mittagssonne aufgewärmte Dach hörten sowohl die Kopfschmerzen als auch das Schwindelgefühl langsam wieder auf.

Nach weiteren zehn Minuten des Wartens startete er einen erneuten Versuch sich aufzurichten. Diesmal langsam und behutsam, nicht so überstürzt wie beim ersten Mal. Es funktionierte. Die Schmerzen waren noch da und er wusste, dass er noch lange an diesen Kampf erinnert werden würde.

Auf der Feuertreppe bekam er einen Überblick über alles. Was ihm besonders auffiel, war, dass er nur drei Leute umgebracht hatte. Plus den Fahrer, den er als Erstes erwischt hatte, waren es vier. Weiter dachte er nicht.

„Den Beifahrer habe ich wohl mit dem Fahrer zusammen erwischt", versuchte er sich einzureden. Dennoch kam Unruhe in ihm auf. Wenn er genauer darüber nachdachte, konnte er sich nicht erinnern ihn gesehen zu haben, als er den Unfall verursachte. Die Unruhe wurde größer, er konnte nicht anders, als sich den Weg zum Auto zu bahnen, um sicherzugehen. „Er wird jetzt tot da drinsitzen", versuchte er sich weiterhin einzureden.

Doch am Auto kam dann die Ernüchterung. Auf dem Beifahrersitz lag nur der tote Körper des Fahrers, der zur Seite gefallen war. Er durchsuchte das ganze Auto auf der Suche nach etwas, das er gebrauchen konnte. Doch leider war dort nichts zu holen.

Auf dem Rückweg fiel ihm auf, dass er die Gebäude, an denen er nun vorbeiging, nie zuvor gesehen hatte. Durch die Kopfverletzung hatte er nicht gemerkt, dass er sich verlaufen hatte.

Knapp eine halbe Stunde dauerte es, bis er sich wieder orientieren konnte und den richtigen Weg zurückfand.

„Harui, Harui." Zuerst sprach er ganz normal; als jedoch keine Antwort kam, wurde er lauter, was sein Kopf ihm mit Kopfschmerzen heimzahlte. Mit seinen Verletzungen war es ihm nicht möglich an der Feuerleiter hochzuspringen, um an die erste Sprosse zu gelangen. Darum suchte er erst die beiden Mülleimer auf, in denen er zuvor die Rucksäcke verstaut hatte. Sie waren noch da. Er begann sich zu wundern und zückte sein Handy, um es einzuschalten. Kaum hatte er es eingeschaltet, bekam er schon die erste Nachricht. Von einer Nummer, die er nie zuvor gesehen hatte. Es war eine Datei. Er traute sich kaum sie zu öffnen, er hatte Angst davor, was sich dahinter verbergen könnte. Doch er musste es tun. Zaghaft tippte er auf ein Bild, welches zu laden begann. Schon in der unscharfen Version konnte er erkennen, worum es sich handelte. Auf dem Bild war eine Person zu sehen, der Rest war noch zu unscharf, um genauere Details sehen zu können. Vom einen auf den anderen Moment verschwand die Unschärfe und er erkannte, dass es sich bei der Person um Harui handelte. Sie hatte Tränen in den Augen und sah verängstigt aus. Bevor er noch weiterdenken konnte, bekam er einen Anruf.

„Hallo!" Zaghaft grüßte er die Person am anderen Ende.

„Ich habe das Mädchen, wenn du sie wiederhaben willst, komm an den Ort, den ich dir später schicken werde." Der Mann schien in Eile zu sein, denn er sprach sehr schnell dafür, dass er die Oberhand hatte.

„Ich habe nicht mehr so viel Akku, wenn ich mein Handy zu lange anlasse, war's das. Es wäre besser sie schicken mir den Standort lieber sofort."

„Dann lad es eben auf. In dem Wagen, den du vorhin angehalten hast, waren sowohl Ladekabel als auch Anschluss und wie du einen Motor anmachst, muss ich dir ja wohl nicht erzählen. Denk bloß nicht, du kannst mich verscheißern, du kleines Arschloch." Die Person am anderen Ende dachte, dass Daisuke ihn reinlegen wollte, damit er keine Zeit bekam, um sich vorzubereiten.

„Ich will hier niemanden reinlegen, es ist die Wahrheit. Ich will nur, dass niemandem etwas passiert." Der Mann erwiderte nichts, sondern legte einfach auf.

„Scheiße!" Daisuke hatte gehofft, dass alles gut ausgehen würde, und jetzt war der zweitschlimmste Fall eingetreten, den er sich vorstellen konnte. Aber immerhin war Harui noch am Leben.

Ohne das Handy auch nur eine Sekunde aus den Augen zu lassen, ging er zurück zu dem Auto. Seine Kopfschmerzen wurden wieder schlimmer. Gerne würde er eine Pause einlegen, doch konnte er die Zeit dafür nicht erübrigen.

Das Auto war noch unverändert und auch die Leichen sahen nicht so aus, als wären sie bewegt worden. Was anderes hatte er nicht erwartet. Denn das Letzte, was er jetzt noch gebrauchen konnte, war, dass einer von den Typen überlebt hatte.

Derweil versuchte der Mann, der Harui in seiner Gewalt hatte, eine Verbindung zu Goro aufzubauen, kam aber nur bis zu seiner rechten Hand Kobe durch.

„Was gibt's?" Kobe klang gelassen, obwohl er genau wusste, dass schon mehrere ihrer Leute getötet wurden.

„Ich muss mit Goro reden." Die Anspannung in seiner Stimme war nicht zu überhören.

„Für dich immer noch Goro-sama", fuhr ihn Kobe an.

„Natürlich, bitte verzeiht mir Kobe-sama." Auch wenn es niemand sah, verbeugte er sich, um seine Entschuldigung noch zu bekräftigen. Allein, dass er die Anrede falsch hatte, ließ sein Herz vor Angst und Nervosität bis zur Brust schlagen.

„Also was gibt's, wenn du nicht gleich damit rausrückst, leg ich wieder auf." Die Gelassenheit in Kobes Stimme wich immer mehr einer Art Aggression. Auch wenn Kobe sich mit allen Männern gut verstand und sie fast ein freundschaftliches Verhältnis zueinander aufgebaut hatten, konnte er es nicht leiden, wenn man vergaß, wo man seinen Platz hatte.

„Ich brauche Verstärkung, ich habe eines von den Mädchen in meiner Gewalt."

„Und für was brauchst du dann die Verstärkung, wenn du sie bereits gefangen genommen hast?" Die Aggression kam immer mehr durch. Jetzt merkte der Entführer, dass er einen großen Fehler gemacht hatte, als er die Anrede vergaß.

„Ich will sie benutzen, um den Jungen, der bei ihr war, anzulocken."

„Na und, ihr seid mindestens zu fünft. Für was brauchst du da noch mehr Hilfe? Ihr habt es nur mit einem Jungen zu tun." Kobe wusste, dass sowohl Nobu als auch Daisuke dazu in der Lage waren Menschen zu töten, Letzterer hatte es immerhin direkt vor seinen Augen getan. Dennoch konnte er nicht verstehen, wieso Goro diese Kids so ernst nahm. Geschweige denn, das Leben all seiner Männer für diese alberne Jagd aufs Spiel setzte. Seiner Meinung nach sollten sie ihre letzten Wochen in Freiheit genießen und tun, was immer sie wollten. Doch Goros Entscheidungen hatte er noch nie hinterfragt und würde jetzt nicht damit anfangen. Besonders da die Männer Spaß an der Jagd zu haben schienen.

„Er hat sie alle getötet, als ich mir das Mädchen geschnappt habe." Ein Räuspern im Hintergrund ließ sein Blut in den Adern gefrieren. Goro war inzwischen mit dem Rest der Männer angekommen.

„Soll das heißen, du hast dich an einem Mädchen vergriffen, während deine Kollegen ihr Leben im Kampf gelassen haben?" Goro wusste genau, wie viel Angst man vor ihm hatte, er war gespannt, was er zu seinem Schutz zu sagen hatte.

„Goro-sama bitte verzeiht, aber so war das gar nicht." Er verhaspelte sich mehrfach bei diesem einen Satz. Seine Stirn war von Schweiß getränkt.

„Wie soll ich es dann verstehen? Wenn du dich nicht genauer ausdrückst, bekomme ich das Gefühl, du würdest denken, ich wäre dumm. Außerdem würde ich gerne erfahren, um welchen der drei Jungen es sich handelt." Er liebte dieses Spiel, auch wenn es fast schon langweilig war, da er genau wusste, er würde niemals verlieren.

„Das würde ich niemals behaupten, bitte verzeiht. Ich meinte nur, dass ich mich nicht an dem Mädchen vergriffen habe. Wir haben ausgelost, wer von uns sich das Mädchen schnappt und wer den Jungen. Wir alle haben gesehen, wie er einen von uns erschossen hat, weshalb wir ihm Priorität gegeben haben. Trotzdem wollten wir das Mädchen nicht entkommen lassen." Erklärte er schnell. „Es ist dieser Schwarzhaarige, ich glaube, sein Name ist Daisuke." Goro war amüsiert und musste leise lachen.

„Dürfte ich erfahren, was daran so witzig ist?" Er hatte das Gefühl diesen Satz gleich zu bereuen.

„Ich finde es witzig, dass du es nur dem Zufall zu verdanken hast, noch am Leben zu sein. Also lass uns ein kleines Spiel spielen, wenn du es schaffst beide allein zu erledigen, wird dir das Glück für den Rest deines Lebens hold sein."

„Auf dieses Glück kann ich verzichten, ich möchte nur leben." Er hatte in der Vergangenheit schon viele Fehler begangen, weshalb er sich auch zwei seiner Fingerglieder abschneiden musste. Eines am kleinen Finger seiner linken Hand und eines am Mittelfinger derselben Hand.

„Dann lass es mich anders sagen, es interessiert mich nicht, ob du deine Mission schaffst oder nicht. Außer an Nobu habe ich kein Interesse an den Kindern. Also dann viel Spaß noch." Goro legte auf, ohne auf eine Antwort zu warten. Der Entführer starrte auf sein Handy, hatte er etwas anderes erwartet - nein, hatte er nicht. Dennoch war er entsetzt.

„Hätten sie ihn wirklich mit Glück überhäuft?“ Kobe konnte sich nicht daran erinnern, dass er jemals so gütig gewesen wäre. Goro war schon immer ein harter, aber fairer Chef.

„Natürlich nicht, er war schon immer ein Angsthase. Von wegen Verlosung, er hat sich freiwillig gemeldet, und dafür soll ich ihn auch noch belohnen. Selbst wenn er mit den Leichen der beiden zurückgekommen wäre, hätte ich ihn getötet.“ Goro hasste Feiglinge, genauso wie Lügner und Verräter. Deswegen mochte er Nobu so sehr, er sprach einfach aus, was er dachte. Aber nicht ohne sich vorher seine Worte mit Bedacht zurechtzulegen.

Daisuke hatte das Auto erreicht und das Handy an das Ladekabel angeschlossen. Erst danach startete er den Motor. Zuletzt entfernte er die Leichen des Fahrers vom Sitz und machte sich dort breit. Das Blut auf dem Sitz störte ihn in dem Moment nicht weiter. Er stellte sich den Sitz ein und lehnte ihn ganz nach hinten, um sich einigermaßen hinlegen zu können.

Gerade als er seine Augen geschlossen hatte, klingelte das Handy. Er schoss nach oben, wodurch ihm schwindelig wurde. Fast blind fischte er nach seinem Handy und nahm den Anruf an. Die Stimme, die er am anderen Ende hörte, war eine andere, als erhofft. Dennoch war er froh sie zu hören, es war immerhin die seiner Freundin.

„Ja, was gibt’s?“ Er war gehetzt, zwar freute er sich ihre Stimme zu hören, doch wollte er nicht verpassen, wenn sich der Entführer wieder meldete.

„Dai, die können unsere Handys orten. Mach es sofort aus!“ Auf einmal ertönte eine laute Explosion und ließ ihn hochschrecken.

„Das würde einiges erklären. Hör zu, du kennst den Treffpunkt, ich bin gerade in Eile, wir sehen uns dann da. Ich liebe dich.“ Das Handy ausmachen war das Letzte, was er jetzt tun durfte.

„Ich dich auch.“

„Es geht ihr gut.“ Er drückte das Handy erleichtert an seine

Brust und atmete hörbar aus. Eine Vibration löste seine Gedanken von Rei. Als er aufs Display schaute, stand dort ein Standort in der Stadt. Es war das Postamt von Aioi. Darunter war noch zu lesen, dass er innerhalb der nächsten Stunde kommen soll, da er Harui sonst töten würde. Da er jetzt genug Akku hatte, schaute er sich an, wie lange er bis zum Postamt brauchen würde. Es waren in etwa 20 Minuten. Er nahm sich also die Zeit sich noch einmal 10 Minuten auszuruhen. Die Schmerzen sowohl in der Seite als auch die am Kopf waren etwas abgeschwächt.

Etwa eine halbe Stunde später stand Daisuke vor dem Eingang des Postamtes. Der Eingang war verschlossen und es sah auch nicht so aus, als wäre in der letzten Zeit irgendjemand dort gewesen. Im Inneren konnte er dicke Klumpen Staub sehen, die beim Erdbeben aufgewirbelt wurden und jetzt in der Luft herumflogen. Die Pakete stapelten sich in den Regalen, die man durch die Glastür sah. Er war versucht die Tür mit der bloßen Hand aufzuschieben. Schritte hinter ihm brachten ihn davon ab. Er zog seine Waffe und drehte sich um.

„Lass die Waffe fallen, genauso wie alle anderen, die du noch dabeihast." Der etwas dicklichere Mann hielt Harui mit einem Arm fest, während er mit der anderen Hand ein Küchenmesser an ihre Kehle drückte. Daisuke konnte spüren, dass der Mann vor ihm Angst hatte.

„Irgendwie kommt mir dieser Anblick bekannt vor." Daisuke spielte auf die Jäger an, die sie ganz am Anfang ihrer Reise getroffen haben.

„Könntest du es bitte genauso lösen wie damals."

„Haltet die Klappe, alle beide!" Der Mann schrie, und zielte mit der Waffe nun auf Daisuke. „Und jetzt leg endlich deine Waffen weg."

„Okay, okay, ganz ruhig, es muss niemand verletzt werden." Er hob die Hände und ging leicht in die Knie, um die Pistole auf den Boden legen zu können.

„Ich sagte, alle Waffen." Er fuchtelte mit dem Messer rum wie mit einem Spielzeug. Daisuke wollte schon abstreiten, dass er noch weitere Waffen hatte, doch auf ein Zwinkern von Harui überlegte er es sich noch einmal. Er hatte keine Ahnung, woher diese Zuversicht bei ihr kam, dachte sich aber, dass sie einen Plan hatte. Darum ließ er eine Hand hinter seinen Rücken zu seinen Messern schweifen.

„Und jetzt ganz langsam, wenn du dich zu schnell bewegst, ist die Kleine hier tot." Er hielt die Klinge wieder an Haruis Kehle. Haruis Blick veränderte sich wieder. Das war Daisuke aufgefallen, auch wenn er keine Ahnung hatte, wie ihr Plan aussah, er lief nicht mehr so, wie sie es geplant hatte. Er schätzte, dass es daran lag, dass die Waffe wieder auf sie gerichtet wurde. Darum versuchte er die Aufmerksamkeit wieder auf sich zu lenken. Ohne die Waffe ließ er seine Hand wieder nach oben gehen.

„Hey, versuch keine blöden Tricks, jetzt hol endlich die Knarren raus." Es funktionierte, das Messer war weg von Haruis Hals. Was der Entführer nicht merkte, war, wie Haruis Hand hinter ihren Rücken wanderte. Nur Sekundenbruchteile später ertönte ein Schuss. Mit einem schmerzverzerrten Gesicht lockerte sich sein Griff, wodurch Harui die Chance bekam ihn von sich wegzustoßen. Als sie ein bis zwei Schritte Abstand gewonnen hatte, holte sie ihren Revolver hervor. Der Mann, der auf dem Boden kniete, hob wieder seine Waffe und war bereit abzudrücken.

Harui zielte nur grob auf ihn und drückte schnell ab. Sie drehte sich weg und sah, dass Daisuke mit dem Mann litt, wusste aber nicht wieso. Ohne es zu wollen, hatte sie ihm aus Versehen in den Schritt geschossen. Nachdem sich Daisuke aus der Starre wieder befreien konnte, kam er herunter und nahm ihm die Waffe ab. Um zu verhindern, dass er wieder hochkam, drückte er ihn mit einem Fuß zu Boden. Er wollte ihn schon erschießen, als Harui auf ihn zukam.

„Kann ich das bitte machen?" Daisuke verwunderte diese Bitte.

„Bist du dir sicher?“

„Ja, ich kann mich nicht immer nur auf euch verlassen. Ich muss lernen Verantwortung zu tragen.“ Er bewunderte ihren Mut und trat, nachdem er den Mann noch einmal mit Kraft nach unten gedrückt hatte, zurück.

Harui zielte diesmal genau auf seinen Kopf. In ihrem Blick war keinerlei Wut oder Ähnliches zu erkennen, sondern nur Mitgefühl. Dann drückte sie ab.

„Danke.“ Sagte Harui knapp.

„Es ist einfach traurig, dass mittlerweile jeder bereit sein muss zu töten, um überleben zu können.“ Die Verbitterung war ihm ins Gesicht geschrieben.

Kapitel 10 Geisterhaus

„Ist bei dir alles in Ordnung?“ Daisuke sorgte sich wegen ihrer Vorgeschichte um Haruis Psyche.

„Alles bestens, danke.“

„Wie hat er das überhaupt geschafft, er war doch allein.“

„Ich weiß es nicht, auf einmal stand er vor mir und ich konnte mich vor Angst nicht bewegen. Ich konnte noch nicht mal den Revolver ziehen, den du mir für sowas gegeben hattest.“ Sie hielt den Revolver in beiden Händen und schaute auf ihn herunter.

„Wieso hattest du ihn überhaupt noch?“ Daisuke hätte jeden, den er gefangen genommen hätte, nach Waffen untersucht.

„Der Typ war wohl zu gestresst und da er auf den ersten Blick keine gefunden hatte, ließ er es bleiben danach zu suchen.“ Sie lächelte leicht. Das weite T-Shirt, das sie trug, verdeckte sowohl die Waffe an ihrer Hüfte als auch ihre inzwischen schmale Figur perfekt.

Daisuke erzählte ihr von dem Anruf von Rei und dass es sowohl ihr als auch ihrem Bruder gut zu gehen schien. Sie war erleichtert und berichtete ihm im Gegenzug dafür von dem Gespräch mit Goro. Der Fakt, dass keine Verstärkung kommen würde, erleichterte ihn. Die letzten Kämpfe waren schon schwer genug für ihn gewesen. Noch immer brummte sein Schädel von dem Schlag mit dem Rohr. Der Stoff, den er als Verband verwendete, war inzwischen völlig durchnässt. Er nahm es ab, wischte sich noch einmal damit über die Stirn und warf es dann auf den Boden. Danach ging er zur Leiche des Entführers. Von seinem T-Shirt wollte er sich neuen Stoff abschneiden. Als er dann allerdings das Shirt anfasste, merkte er, dass es komplett durchgeschwitzt war. Sofort ließ er davon ab und überlegte sich, wo er jetzt einen neuen Verband herbekommen sollte. Er entschied sich dazu eines seiner eigenen Kleidungsstücke dafür zu verwenden.

Er schlug Harui vor ihr Handy zu laden, bevor sie weiterziehen würden. Jetzt, da ihnen niemand mehr im Nacken saß, hatten sie alle Zeit der Welt. Auch wenn sie es nicht unbedingt für nötig hielt, fand sie es besser es zu laden, dann aber nicht zu gebrauchen als andersrum. Besonders weil sie wusste, dass sie ihre Handys die nächste Zeit nicht anmachen durfte, da sie sonst von der Yakuza gefunden werden würde. Auf halbem Weg zum Auto machten sie dann aber einen Abzweig, denn sie brauchten noch ihre Rucksäcke. Durch die ganze Aufregung, die die Entführung verursacht hatte, vergaß er völlig, sie dort rauszuholen. Sofort kramte Daisuke ein blaues Shirt hervor, von dem er einen etwa 7 cm dicken Streifen abriss.

„Was machst du da?“ Harui schaute ihn völlig perplex an.

„Ich verwende den Stoff als Verband.“ Er zeigte auf die Wunde an seinem Kopf, die immer noch schwach blutete. Immer wieder musste er sich das Blut aus dem Gesicht wischen. Seine Hand war deshalb schon komplett rot gefärbt.

Einen Streifen nach dem anderen wickelte er sich um den Kopf. Am Hinterkopf machte er einen festen Knoten. Sofort färbte sich der Stoff an einer Stelle dunkelrot. Es sah fast so aus, als hätte er eine Augenklappe.

Mit verbundener Wunde machten sie sich auf den Weg zum Auto.

Beim Auto zeigte Daisuke ihr das Kabel und den Anschluss, bevor er sich wieder in seinen Sitz fallen ließ. Die Spuren der vorherigen Kämpfe waren noch lange nicht verschwunden, weswegen er sich ausruhen wollte, solange das Handy geladen wurde.

„Darf ich dich kurz stören?“ Harui wusste, was er durchgemacht hatte, und fragte ihn deshalb ganz vorsichtig.

„Klar, was gibt's?" Weder öffnete er seine Augen, noch ließ irgendetwas an seiner Körpersprache darauf schließen, dass er ihre Fragen wirklich beantworten wollte.

„Was denkst du darüber, dass zuerst die Tempelritter und jetzt die Yakuza nur wegen Nobu hinter uns her sind?"

Er hielt auch weiterhin seine Augen geschlossen, als er antwortete:

„Wenn du wissen willst, ob ich anders über ihn denke, deswegen, nein tu ich nicht, er ist noch immer mein bester Freund. Er selbst ist nicht dafür verantwortlich." Für Nobu würde er alles machen.

„Aber stört es dich nicht, dass er sich so stark verändert hat." Ihr war aufgefallen, dass ihm das Töten teilweise Spaß machte und er in Menschen immer wieder nichts weiter als Spielfiguren sah. Das war nicht der Nobu, wie sie ihn noch vor über zwei Monaten kannte, und sie wusste nicht, ob es etwas Gutes war, dass sie noch immer in ihn verliebt war. Vielleicht sogar noch mehr als zuvor.

„Weder er noch wir haben uns verändert, die Welt ist es, was sich geändert hat. Wir haben uns ihr nur angepasst." Sein Schädel dröhnte noch immer, besonders wenn er so wie jetzt einfach nur rumlag und sich nicht bewegte. Wenn er sich bewegte, konnte er sich zumindest irgendwie anders ablenken. Jetzt aber hatte er Probleme damit der Unterhaltung mit Harui zu folgen.

„D…du findest es also nicht verwerflich, dass ich immer noch in ihn verliebt bin." Sie war vorsichtig, als sie diese Frage stellte.

Diese Frage weckte sein Interesse und er öffnete langsam die Augen. Er hatte vieles erwartet, aber so etwas nicht. Mit einem Lächeln gab er ihr die Antwort:

„Die Liebe ist manchmal unverständlich und nicht immer die beste Entscheidung. So würde Nobu es vermutlich ausdrücken, dennoch ist sie etwas Schönes und du solltest nicht versuchen, sie zu erklären. Wenn man verliebt ist, muss man sich nicht vor anderen rechtfertigen. Nicht mal vor sich selbst, denn manchmal weiß man selbst nicht, was einen am anderen so fasziniert."

„Sprichst du da aus Erfahrung?"

„Teilweise, aber ich weiß, was ich an Rei liebe." Harui wollte erst weiter nachbohren, hatte aber nicht die Absicht zu tief in sein Privatleben einzudringen.

„Das heißt also, du würdest mir raten es nochmal zu versuchen." Sie wollte ihn auf keinen Fall damit belästigen.

„Keine Ahnung, wie du da am besten vorgehst, ist dir überlassen. Ich kann dir da leider keine Hilfe sein. Aber ich sage dir eins, du solltest niemals aufgeben. Meine Eltern konnten sich, als sie sich kennengelernt haben, überhaupt nicht ausstehen, am Ende haben sie geheiratet. Und ihr beide habt von Anfang an eine bessere Beziehung zueinander." Der Versuch, ihr Mut zu machen, schien zu wirken. Sie strahlte wieder übers ganze Gesicht. Er wollte ihr noch den Rat geben es nicht zu überstürzen, hielt es aber für besser jetzt nichts mehr zu sagen. Seine Augen fielen wieder zu und sein Körper ging ganz in den lederbezogenen Sitz über. Die Kälte des Leders war mittlerweile einer angenehmen Wärme gewichen. Auch das Blut, das durch den Unfall im ganzen Innenraum verteilt wurde, hinderte ihn nicht daran, ein erholsames Nickerchen zu machen. Harui freute sich währenddessen darauf, Nobu das nächste Mal zu sehen. Doch auch sie wurde von der Müdigkeit übermannt. Die Sitze waren das Bequemste, in dem sie seit langem geschlafen hatte. Alles um sie herum war ruhig, nicht einmal die Geräusche irgendwelcher Tiere waren in der verlassenen Stadt zu hören.

Der plötzlich grell werdende Bildschirm des Smartphones weckte die beiden auf. Für sie bedeutete es, dass die Reise sie als nächstes zum Waisenhaus führte. Sie reckten und streckten ihre noch müden Körper, um die Durchblutung zu fördern, bevor sie sich daran machten ihre Sachen zu packen, um den etwa halbstündigen Weg zu beschreiten.

Rei und Jinpei hielten auf ihrem Weg zum Waisenhaus nur einmal an. Als sie an einem Schuhgeschäft vorbeikamen, stoppte Rei das Motorrad direkt vor der gesprungenen Glastür. Anders als in dem Gebäude, in dem sie die Schießerei hatten, war das Glas komplett zerstört.

„Was wollen wir denn hier?" Jinpei verstand nicht, warum Rei angehalten hatte, der Wald war noch in weiter Ferne. Außerdem fühlte er sich in dem Gebäude nicht sonderlich wohl. Um genau zu sein, fühlte er sich aktuell nirgends richtig wohl. Überall erwartete er inzwischen entweder Templer oder die Yakuza.

Ohne auf seine Frage einzugehen, humpelte Rei, den Baseballschläger weiterhin als Krücke nutzend, in das Geschäft. Auch wenn das Licht ausgefallen war, konnte man aufgrund der in etwa fünf Meter Höhe angebrachten Fenster noch jede Menge sehen. Wie in jedem anderen Schuhhaus auch, das Rei kannte, waren hier die Produkte nach Geschlechtern sortiert. Auf der linken Seite waren die Frauen-Produkte. Neben Schuhen gab es hier zum Beispiel Strumpfhosen, Kniestrümpfe und Gürtel speziell für Frauen. In den ersten Reihen standen etliche High Heels, Ballerinen und auch Pumps. In den Reihen dahinter gab es Stiefeletten, Boots, Plateaustiefel und noch vieles mehr.

„Noch mal, was wollen wir hier?" Bei dem Anblick eines Paares schwarzer Stiefeletten musste er sofort an Umeko denken. Unbewusst näherte sich ihnen und war kurz davor sie anzufassen, als Rei ihm endlich antwortete.

„Meine Wanderstiefel sind inzwischen ziemlich abgenutzt, ich hoffe, ich kann mir hier neue besorgen." Fast schon schreckhaft ließ Jinpei von den Schuhen ab. Da sie auch früher schon viel mit ihrem Vater gewandert und in der Natur unterwegs war, waren sie wesentlich abgenutzter als von den anderen.

„Aber wir waren doch erst vor zwei Wochen in einem Schuhgeschäft." Die Erinnerung daran, wie er in Keilabsatzsandalen rumlaufen musste, würde er nie wieder vergessen.

„Damals waren meine Schuhe noch in Ordnung." Sie humpelte

durch die Reihen voll mit Schuhen. „Außerdem gab es dort nichts, was mir so wirklich gefallen hat. Anders als hier.“ Sie hielt ein paar schwarzer Springerstiefel in Händen. Mit ihren Fingern wischte sie eine dünne Staubschicht ab. Das Leder darunter strahlte noch munter vor sich her und reflektierte das einfallende Licht. Sie hatte sich sofort in die Stiefel verliebt. Sie wollte sie sofort anprobieren.

Ihr Oberschenkel machten ihr allerdings Probleme dabei, ihre Wanderschuhe auszuziehen.

„Kannst du mir mal bitte helfen.“ Es war weniger eine Frage als vielmehr eine Aufforderung.

„Wäre es nicht besser, wir würden gleich zu den Wanderschuhen gehen?“ Jinpei half ihr, wenn auch widerwillig, aus ihren Schuhen raus.

„Mit den richtigen Springerstiefeln hat man stellenweise sogar besseren Grip als mit Wanderschuhen“, erklärte sie ihm.

„Verstehe.“ Ohne dass Rei etwas sagen musste, half Jinpei ihr direkt in die Stiefel rein. Sie hatte sich direkt Schuhe in Schuhgröße 39 rausgesucht. Die Stiefel gingen ihr bis über die Knöchel.

„Danke.“ Da Rei sich nicht vornüberbeugen konnte, weil sie ansonsten Druck auf ihren Oberschenkel ausüben würde, musste sie warten, bis Jinpei mit dem Verschnüren fertig war. Es nervte sie, dass sie sich ohne Hilfe nicht mal Schuhe anziehen konnte.

Mit Schwung und dem Schläger als Stütze richtete sie sich auf. Schon nach ein paar Schritten merkte sie, dass der Halt in den Stiefeln wesentlich besser war als der, den sie in ihren alten Schuhen seit Tagen hatte. Dennoch merkte sie, dass der hohe Rand beim Laufen in ihre Unterschenkel drückte. Sie ging zu den Regalen mit den Kniestrümpfen. Dort suchte sie sich ein graues Paar in ihrer Größe aus, setzte sich auf einen der Hocker und probierte sie an ihrem rechten Bein aus. Der Strumpf ging ihr über die Knie, würde aber unter ihrer Wunde aufhören. Danach lief sie erneut ein paar Schritte und merkte direkt, dass sich der Rand rechts, obwohl die Strümpfe recht dünn waren, nicht mehr so eindrücken ließ. Für ihr linkes Bein brauchte sie wieder Jinpeis Hilfe.

„Du musst mir nochmal zur Hand gehen.“ Sie setzte sich wieder auf den Hocker und hielt ihm den Kniestrumpf hin. Ohne ein Wort zu sagen, streifte er ihr den Strumpf über. Die letzten Zentimeter zog sie ihn dann selbst nach oben.

„Danke.“ Wieder richtete sie sich auf.

Bei den Frauen war in fast jeder Reihe ein Spiegel angebracht. Als Rei sich so darin sah, merkte sie, dass die Stiefel und die Kniesocken nicht im Geringsten zum Rest ihres Aussehens passte. Sie waren noch viel zu neu und gar nicht abgenutzt. Das dunkelgraue T-Shirt, das neben Schweißflecken jetzt auch noch Blut enthielt. Eine komplett verdreckte Hotpants mit einem abgenutzten Gürtel. Am meisten fiel ihr jedoch ihr Gesicht auf. Sie hatte schon früher öfter mal Augenringe gehabt. Doch jetzt war ihr gesamtes Gesicht eingefallen, ihre Augen müde und ihre schwarzen Haare so fettig, dass sie mit dem Leder der Stiefel um die Wette glänzten. Insgesamt wirkte sie um Jahre älter und nicht mehr wie die 17 Jahre alte Hochschulschülerin in ihrem letzten Jahr.

Alles in allem waren ihre neuesten Errungenschaften viel zu sauber für ihr restliches Erscheinungsbild.

„Bringst du mir bitte mal meinen Rucksack.“ Auch wenn ihr Rucksack nur ein paar Meter weg stand, wollte sie ihre Kräfte lieber für anderes sparen.

„Hier bitte.“ Jinpei überreichte ihr den Rucksack.

„Danke.“ Ohne Vorwarnung zog Rei ihr T-Shirt aus. Nur noch im BH stand sie jetzt vorm Spiegel.

„I…ich schau mal, ob die hier auch was für mich haben.“ Mit großen Augen und knallrotem Kopf drehte er sich um und begab sich in die Männerabteilung.

Das Shirt schmiss sie in eine Ecke, sie hatte nicht vor es wieder mitzunehmen. Sie drehte sich um, in der Hoffnung ihren Rücken sehen zu können. Ihren Kopf bis an seine Grenzen gestreckt, schaffte sie es tatsächlich einen Teil ihres Rückens zu begutachten.

Bis auf zwei kleine blaue Flecke konnte sie aber nichts feststellen.

Aus ihrem Rucksack holte sie schließlich ein braunes T-Shirt und einen neuen schwarzen BH. Sie schaute sich noch einmal um, um sicherzugehen, dass Jinpei nirgends in der Nähe war. Dass er sie im BH sah, störte sie nicht. Sie waren nun seit 2 Monaten unterwegs und er hatte sie schon mehrfach so gesehen. Komplett oben ohne wollte sie sich aber nur Daisuke zeigen, auch wenn das bisher nicht passiert war.

Sicher dass er nicht in der Nähe war, öffnete sie den BH und zog ihn aus. Sie schmiss in ihn dieselbe Ecke wie das T-Shirt. Denn auch er war mit Blut vollgesogen. Beides hatte einen leichten Blut-Film auf ihrer Haut hinterlassen. Aus ihrem Rucksack holte sie deshalb schnell ein Handtuch und trocknete sich damit ab. Ein Blick auf das Handtuch verriet ihr, dass sie es nie wieder verwenden würde. Auf der Reise hätte sie nicht die Chance das Blut daraus zu waschen. Und solange es dreckig war, war es nur nutzloser Ballast. Es wurde zu den anderen Sachen, die sie dort lassen würde, geschmissen.

Da sie nicht wusste, wann Jinpei zurückkommt, zog sie schnell ihre neuen Sachen an. Doch irgendwie war sie sich sicher, dass, wenn sie ihn nicht holen würde, er noch ewig wegbleiben würde. Zum Abschluss betrachtete sie sich erneut im Spiegel. Diesmal passten die Springerstiefel und die Kniestrümpfe schon besser zum Rest. Sie schnappte sich noch 3 weitere Paar von den grauen Kniestrümpfen und einen neuen schwarzen Fake-Ledergürtel. Den Gürtel wechselte sie direkt mit ihrem abgenutzten aus. Diesen warf sie zu ihrem T-Shirt und dem Handtuch.

Nachdem sie Jinpei noch schnell in die Toilette schickte, um nach Handtüchern zu suchen, machten sie sich wieder auf den Weg. Ihre alten Wanderschuhe ließ sie zusammen mit dem Rest im Geschäft zurück.

Im Wald kamen Rei und Jinpei mit dem Motorrad nicht mehr gut voran, weshalb sie wieder zu Fuß unterwegs waren. Damit das

Motorrad nicht direkt entdeckt werden würde, schoben sie es zuerst noch ein gutes Stück in den Wald. Nach ein paar Hundert Meter deckten sie es mit Blättern und Zweigen ab.

Reis Krückenersatz versank ab und zu in der immer noch feuchten Erde. Dennoch waren sie bis zum Waisenhaus durchgekommen. Es war gut versteckt und selbst aus nächster Nähe kaum zu erkennen, was nicht zuletzt an der Holzfassade des Hauses lag. Erst als man eine schützende Baumreihe durchquerte, konnte man das ganze Ausmaß des einst so prächtig anmutenden Gebäudekomplexes erkennen. Der ehemals so gepflegte Garten mit mehreren Obstbäumen war überwuchert mit allen möglichen Pflanzen. Auch die Hausfassade war nicht vom Zerfall verschont geblieben. Einzelne Elemente von Farbe und Lack waren heruntergebröckelt, nachdem sie schon seit Jahren Wind und Wetter ausgesetzt waren. Es war erschreckend, wie schnell die Natur ihre Wege fand die Welt wieder zu besiedeln, wenn der Mensch sich mal nicht einmischte.

Im Vorgarten waren Reste von angepflanztem Gemüse, das Bissspuren aufwies, zu sehen. Früher wurden die Tiere in dieser Gegend immer vom Personal gefüttert, doch als diese Rationen längere Zeit ausblieben, machten sich die Tiere über das her, was es sonst noch so zu beißen gab.

„Ich bin mir sicher, dass das hier mal ein wunderschöner Ort gewesen war, an dem die Kinder das Gefühl hatten, ein Zuhause gefunden zu haben. Es ist schade, so etwas einfach so zerfallen zu sehen." Dennoch fand Rei diesen Ort irgendwie idyllisch. Schon zuvor hatte er die Ruhe der Natur nur wenig gestört, doch jetzt war er wirklich zu einem Teil des Waldes geworden. Zwei der Obstbäume trugen noch vereinzelt frische rote Äpfel, von denen Rei sich direkt einen pflückte. Die Frische des Apfels überwältigte sie völlig, es war das beste und frischeste, was sie seit lange zwischen die Zähne bekommen hatte. Der Saft lief ihr bis zum Kinn, wo es dann tröpfchenweise zu Boden fiel.

„Hier, fang.“ Sie warf Jinpei auch einen zu. Dieser hatte jedoch seine Schwierigkeiten mit dem Fangen. Doch auch Jinpei genoss ihn sehr.

Rei musste daran denken, wie sie früher immer mit ihrem Vater im Wald unterwegs war und sie jedes Mal anhalten mussten, sobald Rei einen Strauch Brombeeren entdeckt hatte. Sie musste immer mindestens eine Handvoll davon essen. Ihr Vater tat immer so, als wäre er genervt, nur um dann selbst ein paar davon zu essen. Danach lachten sie immer, da der Saft der Beere überall um ihren Mund verteilt war. Einmal hatte Rei so getan, als hätte sie schwarzen Lippenstift aufgetragen. Überall außer auf ihren Lippen hatte sie dazu den Saft weggewischt. Als er das sah, musste ihr Vater nur noch mehr lachen.

Mit einem Mal hielt Rei inne, die plötzliche Erinnerung an ihren nun toten Vater überrumpelte sie. Noch immer hatte sie es nicht vollständig verarbeitet.

„Was, denkst du, wurde aus den Kindern?“ Jinpei holte ihre Gedanken unbewusst von ihrem Vater weg.

„Ich hoffe, sie sind in Sicherheit.“ Rei mochte sich gar nicht vorstellen, dass den Kindern irgendetwas zugestoßen sein mochte.

„Sollen wir drinnen warten und uns mal ein bisschen umschauen?“ Rei gefiel die Idee, besonders da sie beinhaltete, dass sie sich setzen konnte. Ihr linker Oberschenkel pochte schon die ganze Zeit. Zu dem Blut an ihrem Bein kam nun auch Schweiß hinzu, der besonders ihr linkes Bein sehr klebrig werden ließ. Deshalb hatte sich vor allem daran viel Dreck gesammelt. Doch auch ihr anderes Bein war voll mit Erde und Staub. Trotz des Gewitters der letzten Nacht gab es noch immer trockene Stellen auf dem Boden. Bevor es zum Waisenhaus ging, standen die Bäume sehr dicht aneinander, wodurch nicht viel Regen auf den Boden gelangen konnte. Doch auch hier waren einige Bäume umgerissen worden, welche wiederum andere mit zu Boden gerissen hatten.

Eigentlich dachten sie die Tür erst aufbrechen zu müssen, doch sie ließ sich öffnen, auch wenn es etwas schwerfällig ging. Den statt der bloßen Tür, die allein schon schwer war, standen dahinter alle möglichen Gegenstände.

„Hier will jemand ungebetene Gäste draußen halten", flüsterte Rei ihrem Begleiter zu. Sie schafften es, die Tür weit genug aufzuschieben, um hindurchzuschlüpfen. Jedoch fing Reis Bein aufgrund der Anstrengung wieder an heftig zu pochen.

Rei verfing sich direkt in einem Spinnennetz. Der Eingangsbereich war übersäht damit. Obwohl es ihr schwerfiel, das Gleichgewicht zu halten, nutzte sie ihren „Gehstock". Sie wickelte alle Netze um die Spitze, ehe sie weiterging. Dank des Staubes, der herumschwebte, waren sie gut zu erkennen. Das schwache Licht half zusätzlich, da die Spinnenweben darin wunderschön glitzerten. Auch auf dem Boden hatte sich der Staub niedergelassen. An manchen Stellen jedoch waren Fußabdrücke im Staub zu erkennen. Sie hatten alle unterschiedliche Größen. Doch keiner davon war größer als der von Rei.

Da Rei auf keinen Fall eine Blutvergiftung erleiden wollte, ging sie sicher, dass ihre Wunde am Oberschenkel bedeckt war. Erst danach setzte sie sich auf eine der Kisten, mit denen der Eingang vergeblich versperrt wurde. Der Staub darauf blieb sofort an ihrer Haut kleben.

Erst während der Verschnaufpause bemerkte sie, wie fertig sie in Wirklichkeit war. Der Weg durch den unebenen Waldboden war sehr anstrengend für ihr Bein gewesen. Langsam konnten sich ihre Augen auch an die schlechten Lichtverhältnisse gewöhnen. Das einzige Licht in der Eingangshalle kam durch ein paar leicht verstaubte Fenster unterhalb der Decke und die einen Spalt weit geöffnete Eingangstür. Wenn die Fenster sauber wären und der Himmel nicht so bewölkt wäre, würde die Sonne einen schönen Schein in den Saal werfen.

Nichts davon machte den Eindruck, als wäre es erst zwei Monate her, seitdem das letzte Mal jemand sauber gemacht hatte.

„Ruh dich aus, ich werde mich mal hinterm Haus umsehen. Hier drinnen ist es mir einfach zu gruselig." Jinpei hatte ein ungutes Gefühl und wollte unbedingt wieder raus in den Garten. Dieser wirkte auf ihn zwar nicht unbedingt einladender, dennoch fühlte er sich auf offenem Gelände sicherer. Er hatte das Gefühl dann besser fliehen zu können.

„Keine Sorge, ich werde mich die nächsten Minuten nicht von der Stelle bewegen. Sitzen tut grad zu gut, um aufzustehen." Rei wusste um seine Angst, weshalb sie umso erstaunter war, als er sich allein nach draußen wagte. Das Pochen in ihrem Bein ließ sie nur hoffen, dass sie bald Zeit hätte ihren Verband zu wechseln. In dieser Umgebung wollte sie ihre Wunde nur ungern freilegen.

Mutig und mit rausgestreckter Brust ging er durch die geöffnete Tür wieder nach draußen. Rei fand es amüsant, weshalb sie schmunzelte und sogar kurz kicherte, etwas, das sie schon länger nicht mehr getan hatte. Doch kaum war er aus der Tür raus und nicht mehr in ihrem Sichtfeld, wuchs die Angst wieder.

„Warum, warum habe ich nicht einfach gesagt, dass ich bei ihr bleibe?" Das gesamte Gebäude machte auf ihn den Eindruck eines Geisterhauses. Er rief sich in Erinnerung, was in den Horrorfilmen immer passierte, wenn die Gruppe sich aufteilte. Sie teilten sich nun zum zweiten Mal auf, jetzt war er ganz allein. Wenn es also sowas wie Geister in diesem Anwesen gab, würden sie ihn ganz sicher heimsuchen, davon war er überzeugt.

An der Ecke blieb er stehen und war nicht sicher, ob er das wirklich machen sollte. Er könnte warten und nach einiger Zeit zurückkommen und behaupten, dass es nichts zu sehen gab. Doch er wollte sich trauen, er wollte sich nicht weiter vor so etwas fürchten. Wieder einmal verglich er sich mit Nobu und Daisuke.

„Die beiden würden einfach so um die Ecke gehen, ohne sich vorher in die Hose zu machen. Also beweg dich endlich." Seine Beine zitterten, als er einen Schritt nach dem anderen machte. Hinter der ersten Ecke verbarg sich noch nichts. Erst nach der zweiten Ecke und somit direkt hinter dem Hauseingang stand wieder etwas. Um an die zweite Ecke zu gelangen, brauchte er einen Moment. Das Gebäude war groß genug, um darin bis zu 100 Kindern ein Zuhause bieten zu können.

Nachdem er durch ein morsches Holztor lief, das schon fast auseinanderbrach, sah es aus wie auf einem Spielplatz. Die Spielgeräte jedoch erweckten den Eindruck, schon seit Jahren nicht mehr saniert worden zu sein. An den Wippen bröckelte die Farbe ab. Die Federn der Federwippe waren durchgerostet. Würde man genug Kraft darauf ausüben, würden sie höchstwahrscheinlich brechen. Auch die Rutsche und die Schaukel waren verrostet. In der Rutschfläche befanden sich an manchen Stellen sogar Löcher. Die Spielgeräte, die früher einmal an Tiere angelehnt waren, sahen nun so aus, als wären es Roboter mit abgenutztem Tierkostüm, so runtergekommen waren sie. Doch bei den Geräten hörte es nicht auf. Das Gras stand schon fast einen halben Meter hoch. Anders als im Vorgarten war das Gras dank des Zauns nicht von Tieren runtergefressen worden.

Jinpei betrat den Spielplatz und schaute sich ein wenig um. Der Wind sorgte dafür, dass einige der Geräte zu quietschen begannen. Das wiederum sorgte dafür, dass ihm ein kalter Schauer den Rücken runterlief. Das Holztor schlug hinter ihm zu und er zuckte erschrocken zusammen. Er drehte sich um und atmete erleichtert aus, während er seinen Blick Richtung Himmel wandern ließ. Im Augenwinkel konnte er an einem der oberen Fenster eine Gestalt sehen. Nachdem er herumfuhr, war sie jedoch verschwunden. Schnellstens ging er zurück zu Rei in den Eingangsbereich. Völlig außer Atem kam er zur Tür hereingestürmt. Fast wäre er sogar über eine der Kisten gefallen, da er vergessen hatte, dass sie dort standen.

„Was war das denn, sag schon, was hast du draußen gesehen?“ Rei versuchte aufzustehen. Schmerzen zwangen sie aber nur Sekundenbruchteile später dazu, sich wieder zu setzen.

„Hier stimmt irgendwas ganz und gar nicht, können wir nicht wieder gehen und einen anderen Treffpunkt ausmachen?"

„Jetzt atme erstmal tief durch und dann erzählst du mir, was passiert ist." Jinpei holte einmal tief Luft. Das, was er da allerdings einatmete, hatte nur entfernt mit Luft zu tun. Es war irgendeine Mischung aus Staub und abgestandener Luft, gemischt mit Schweiß, welches ihn husten ließ.

„Hinterm Haus ist ein alter Spielplatz. Er war komplett runtergekommen."

„Ja und, hier war vermutlich seit über zwei Monaten niemand mehr", unterbrach ihn Rei unbeeindruckt.

„Du verstehst nicht, das sah nicht so aus, als wäre jemand im letzten Jahr hier gewesen."

„Das ist allerdings merkwürdig." Waisenhäuser wurden nur selten geschlossen, ein so großes sogar noch viel seltener.

„Und dann war da noch was." Da er nicht wusste, ob er sich die Person im Fenster nur eingebildet hatte, wollte er anfangs nicht darüber reden. Allerdings wollte er unbedingt gehen, deshalb erzählte er es ihr.

„Jetzt spann mich doch nicht so auf die Folter, erzähl endlich."

„Im Fenster, das genau auf den Spielplatz zeigt, habe ich einen …", er rief sich die Gestalt noch einmal genau vor Augen, „… Geist gesehen."

„Du hast was … das hast du dir sicher nur eingebildet." Rei atmete erleichtert aus. An Geister und derlei glaubte sie noch nie. Ihr Vater zeigte ihr durch das Tierreich, dass vieles möglich ist. Wenn auch nicht unbedingt für den Menschen. Von Übernatürlichem, Fabelwesen und Monstern konnte sie bisher aber noch niemand überzeugen. Dennoch mochte sie die Vorstellung davon, weshalb sie Fantasy-Bücher regelrecht verschlang. „Das war bestimmt nur der Vorhang, der sich bewegt hat." Es enttäuschte sie schon fast, wie langweilig ihre Welt doch war. Sie liebte es in andere Welten einzutauchen. Dennoch war sie ein sehr logikversessener Mensch, weswegen sie nie das Wesentliche, geschweige denn die Realität aus den Augen verlor. Eine Prüfung ging für sie schon immer vor jede noch so spannende Geschichte. Sie hoffte irgendwann den Menschen zumindest ein paar der Wunder aus dem Tierreich nahebringen zu können.

„Das denke ich auch, aber was, wenn es stimmt und es hier wirklich spukt. Immerhin sollte es hier erst vor kurzem nur so von Kindern gewimmelt haben." Um ihm zu beweisen, dass er sich das alles nur eingebildet hat, versuchte sie ihn zu überzeugen mit ihr in das Zimmer zu gehen und sich dort einmal umzusehen. Er weigerte sich jedoch.

„Wenn nicht, gehe ich allein, und du weißt, was Daisuke macht, wenn mir irgendwas passiert, nur weil du zu feige warst." Sie mochte es nicht, die Angst, die er manchmal vor ihrem Freund hatte, auszunutzen, doch wollte sie, dass er mitkam.

„Na … na gut." Er hatte mehr Angst vor Daisuke als vor den Geistern.

Die Treppe knarzte bei jedem Schritt, den sie machten. Nach einer Weile, in der sie sich durch ein paar Zimmer suchten, fanden sie dann endlich das Zimmer, dessen Fenster auf den Spielplatz zeigten. Als sie die Tür zu dem Zimmer öffnen wollten, stellten sie fest, dass sie abgeschlossen war, doch der Schlüssel steckte. Jinpei versuchte nicht Rei aufzuhalten, als sie ihn rumdrehen wollte. Trotzdem machte er zwei Schritte zurück. Mit einem Quietschen öffnete sich die Tür und sofort kam ihnen ein beißender Gestank entgegen. Ein Geruch, den Jinpei schon vor langer Zeit, kurz nach Beginn ihrer Reise, einmal gerochen hatte. Es war der Geruch von verwesenden Leichen.

„Warte, wollen wir da wirklich rein?" Jetzt hatte Jinpei doch Bedenken, da war es allerdings schon zu spät. Die Tür stand komplett offen und Rei stand im Türrahmen, ohne weiterzugehen. Was sie dort sah, war kein Geist. Das, was sie entdeckte, war etwas, das sie mehr schockte als alles, was sie bisher gesehen hatte. In dem

Zimmer standen Dutzende Betten, in jedem von ihnen lag die Leiche eines Kindes. Jedes Alter war vertreten, von einem bis hin zu vermutlich 16 Jahren war alles dabei. Sie machte die Tür wieder zu und trat zurück.

„Was hast du da drin gesehen?"

„Lass uns gehen." Sie drehte sich um und machte sich auf den Weg zur Treppe, ohne auf Jinpei zu warten. Er wollte unbedingt wissen, was sie da drin gesehen hatte, und öffnete die Tür. Durch diesen Anblick fiel er nach hinten auf seinen Hintern. Wieder musste er sich übergeben. Diesmal jedoch kam nur noch Galle raus. Jetzt verstand er, wieso sie gehen wollte. Doch gehen konnte sie danach auch nicht mehr so einfach. Sie saß auf der obersten Treppenstufe und streckte ihr verwundetes Bein aus. Den Schläger hatte sie neben sich gelegt. Bedrückt schaute sie an die Wand, zu der die Treppe führte. Sie stellte sich vor, wie die Kinder noch vor wenigen Wochen vergnügt miteinander gespielt hatten. Bei dem Gedanken, dass die größte Sorge dieser Kinder noch vor kurzem war, dass sie von einer schlechten Familie adoptiert wurden, wurde sie noch niedergeschlagener.

„Ich hoffe, ihr seid jetzt an einem besseren Ort." Sie wurde von einem lauten Scheppern unterbrochen, das sie hochschrecken ließ. In der Hoffnung, dass sich dort noch welche von den Kindern befanden, die ihre Hilfe benötigen könnten, schwang sie ihren Körper nach oben, um der Ursache des Geräusches auf die Spur zu gehen.

Kapitel 11 Erschreckende Wahrheit

Das Klirren kam aus einem Zimmer im obersten Stock. Rei war so schnell dorthin gehumpelt, wie sie konnte. Sie stand vor dem einzigen Zimmer, das in Frage kam. Bei dem Rest hingen die Türen entweder nur noch in den Angeln oder fehlten komplett. Einzig bei dreien der Zimmer gab es noch Türen in gutem Zustand. Diese waren aber weit geöffnet, wodurch ein Blick genügte, um zu sagen, dass die Zimmer leer waren.

Langsam ging sie auf die Tür zu. Aus dem Inneren des Zimmers konnte sie leise Stimmen vernehmen und jemanden, der leise von der einen Ecke zu anderen huschte. Kurz vor der Tür knarzten die Dielen unter ihren Füßen. Daraufhin wurde die Unruhe im Zimmer lauter. Irgendjemand wollte für Ruhe sorgen, schaffte es aber nicht. Behutsam drückte sie die kalte Messingklinke herunter, die Tür ging danach ohne weitere Hilfe auf.

Hinter der Tür wartete ein Junge, der ein Gewehr in der Hand hielt, das größer war als er selbst. Hinter ihm hatte er mehrere Kinder unterschiedlichsten Alters versammelt. Er konnte es kaum halten, versuchte aber auf Rei zu zielen.

„Verschwindet von hier!" Ganz eindeutig hatte er Angst. Er wirkte nicht viel älter als zehn. Das Gewehr, das er hatte, war ein Jagdgewehr, von dem es im gesamten Gebäude nur eines gab. Des Öfteren hatten die damit Wild erlegt, dass es dann zum Abendessen gab.

„Ich will dir nichts Böses, alles, was ich will, ist dir zu helfen." Sie ging langsam mit ausgestreckter Hand auf ihn zu, um ihm das Gewehr abzunehmen, bevor er etwas tat, das nicht wiedergutzumachen war.

„Du lügst, genauso wie alle Erwachsenen!" Das Gewehr wurde

ihm mit der Zeit viel zu schwer. Immer weiter sank der Lauf Richtung Boden.

„Nein, tu ich nicht, ich will dir wirklich nur helfen, also leg jetzt bitte das Gewehr weg." Ihr fiel ein Junge auf, der allein am anderen Ende des Zimmers in einem Bett lag und alles in Ruhe beobachtete. „Braucht er Hilfe, ich kann euch helfen."

„Bleib weg, komm nicht näher." Der Junge hievte das Gewehr ein weiteres Mal nach oben.

„Ich will euch doch nur helfen." Als Zeichen des guten Willens hob sie die Hände und ließ dadurch sogar den Schläger fallen. Mit einem metallischen Klirren fiel er zu Boden. Der plötzliche Druck auf ihrem linken Bein sorgte für ein kurzzeitig schmerzverzerrtes Gesicht.

„Das ist nicht wahr, niemand will uns helfen." Eines der kleineren Kinder fing an zu weinen, als er das sagte.

„Ich heiße Rei, wie heißt du?" Sie versuchte eine Bindung zu ihm aufzubauen.

„Das geht dich gar nichts an!", blaffte sie der Junge an.

„Hör zu, ich habe das Zimmer unten gesehen und möchte nicht, dass es euch genauso ergeht." Was sie sagte, schien ihn zu schockieren, denn für einen kurzen Augenblick ließ er seine Deckung fallen und war kurz davor das Gewehr wegzulegen.

„Wir brauchen keine Hilfe, wir kommen …"

„Jetzt hör auf, ich glaube wirklich, dass sie uns helfen will. Wenn sie gewollt hätte, hätte sie dich nämlich schon längst überwältigt. Jetzt lass sie schon durch." Der Junge im Bett war offenbar ihr Anführer, denn kaum hatte er das gesagt, legte der Junge vor ihr, wenn auch nur zögerlich und mit einigem Widerstand, das Gewehr weg. „Ich heiße Yuuto, einen Nachnamen habe ich nicht", fuhr er fort.

„Wie alt bist du", fragte Rei weiter.

„Ich denke 15, so genau kann mir das keiner sagen." Eines der Mädchen reichte Rei vorsichtig ihren Schläger, damit sie sich nicht bücken musste. Danach setzte sie sich auf einen Stuhl, der direkt neben dem Bett stand. Von Nahem betrachtet konnte sie erkennen, wie dünn er war. Sowohl seine Arme als auch der Rest seines Körpers waren unnatürlich dünn. Rei nahm an, dass Mangelernährung der Grund dafür sein musste. Außerdem kannte sie jetzt die Todesursache der anderen Kinder. Etwas, das es in Dritte Welt-Ländern täglich gab, in Japan aber schon seit der Nachkriegszeit kaum mehr vorkam: der Hungertod.

Seine schwarzen Haare waren, ähnlich wie die ihren, verfettet und wurden schon länger nicht mehr geschnitten. Er stank stark nach Schweiß und anderen Sachen. Dennoch wich Rei nicht zurück, sie war in letzter Zeit genug üblen Gerüchen ausgesetzt gewesen. Seine braunen Augen waren müde und konnten sich nicht auf irgendetwas konzentrieren.

„Rei, ist alles in Ordnung?“ Das Zimmer wurde wieder in Aufruhr versetzt, als Jinpei plötzlich in der Tür stand.

„Alles in Ordnung, er ist ein Freund, ihr könnt ihm vertrauen.“ Rei konnte die Kinder wieder beruhigen. „Alles in Ordnung Jinpei, könntest du bitte mal unsere Rucksäcke holen.“ Rei wollte ihnen etwas von ihrem Essen abgeben.

„Was hast du vor?“

„Sie müssen essen, sonst sterben sie.“

„Genau wie wir, wir haben nicht genug, um es zu teilen, besonders nicht mit so vielen. Außerdem weißt du, wie Nobu dazu steht.“ Er konnte nicht fassen, dass er Nobu einbaute, um eine Diskussion zu gewinnen.

„Er ist aber gerade nicht hier, also los jetzt.“ Jinpei merkte, dass sie zur Not selbst gehen würde, also gab er nach. Von seinen Rationen würde er ihnen aber nichts abgeben.

Ein paar Minuten später kam er mit beiden Taschen und einer weiteren Überraschung zurück. Daisuke und Harui waren inzwischen auch angekommen.

„Dai!“ Rei fuhr hoch und strahlte übers ganze Gesicht. Auch

Daisuke war froh sie wohlbehalten wiederzusehen. Doch die Wunde an ihrem Schenkel blieb ihm nicht verborgen, auch wenn sie sich extra so hindrehte, dass sie durch ihr anderes Bein verdeckt wurde. Er ging auf sie zu und wurde mit einer innigen Umarmung gefolgt von einem Kuss willkommen geheißen.

Ein Räuspern trennte die beiden wieder voneinander. Yuuto fühlte sich fehl am Platz. Rei jedoch stützte sich weiterhin an Daisukes Schulter ab. Dabei hielt er ihre linke Hand in der seinen.

„Oh tut mir leid, das ist mein Freund Daisuke." Daisuke verbeugte sich schwach zur Begrüßung.

„Was ist passiert, ich war hinten auf dem Spielplatz und der sieht nicht so aus, als wäre hier alles erst vor zwei Monaten den Bach runtergegangen." Yuuto fiel es sichtlich schwer über dieses Thema zu sprechen, weshalb der Junge, der vorhin noch mit dem Gewehr rumgefuchtelt hatte, das Reden übernahm.

„Du hast recht. Hier geht alles schon seit über zwei Jahren kaputt. Die Leute wollten keine Waldkinder mehr." Das Wort Waldkinder betonte er extra. „Weshalb das Geld immer mehr ausblieb. Am Anfang konnten die Leiter nur die Sanierungen der Spielsachen und des Hauses nicht mehr bezahlen. Irgendwann wurden dann fast alle Betreuer entlassen. Vor drei Wochen ist dann die letzte, die noch bis zum Schluss bei uns blieb, gestorben. Sie ist bei einem der Aufstände in der Stadt gestorben. Wurde uns jedenfalls erzählt, ich glaub aber eher, dass sie uns einfach im Stich gelassen hat."

„Das würde sie niemals tun!", fuhr ihn eines der kleineren Mädchen an, die die Heimleiterin sehr mochte.

„Das glaub ich auch, jemandem, der selbst in so einer Zeit noch zu euch hält, dem liegt wirklich etwas an euch", bestärkte Rei das Mädchen.

„Können wir kurz reden?" Daisuke wollte mit Rei unter vier Augen reden. Er hatte von Jinpei zuvor erfahren, dass sie vorhatte ihr Essen mit den Kindern zu teilen.

„Was ist bitte falsch daran ihnen zu helfen?" Rei schaute ihrem Freund tief in die Augen, als sie seine Antwort erwartete.

„Nichts, wirklich nichts. Nur, dass es weder ihnen noch uns hilft." Er versuchte in einem ruhigen Ton mit ihr zu reden, um einen Streit zu vermeiden.

„Was meinst du denn jetzt damit?"

„Wir warten nur hier, bis Nobu zurück ist, und dann gehen wir wieder. Vielleicht sind wir nicht mal eine Nacht hier. Wenn du ihnen jetzt was zu essen gibst, schiebst du damit das Unausweichliche nur auf. Und das weißt du auch." Rei hoffte auf Zustimmung von seiner Seite. Doch in dieser Hinsicht entschied er so, wie sie es auch von Nobu erwartet hätte. Sie hoffte ihn noch umstimmen zu können und führte ihn zu dem Raum mit all den Kinderleichen.

Daisuke konnte nicht glauben, was er sah. Er konnte förmlich vor sich sehen, wie sie gelitten hatten, bevor sie gestorben waren.

„Verstehst du jetzt, wieso ich ihnen helfen möchte." Sie lehnte sich an ihn, ohne in den Raum zu schauen. Wenn es etwas gab, dass sie nie wiedersehen wollte, dann waren es diese Betten.

„Das tue ich, aber ich bleib dabei, du wirst ihnen nicht helfen, keiner von uns wird das!" Er konnte nur zu gut verstehen, wieso sie so entschied, musste aber als Stellvertreter von Nobu eine Entscheidung treffen, die in erster Hinsicht ihre Gruppe am Leben hielt.

„Was wenn wir sie einfach mitnehmen würden. Dann wären sie ein Teil unserer Gruppe und wir müssten ihnen helfen."

„Das wird auf keinen Fall passieren. Schon vergessen, wieso wir überhaupt hier sind. Wir flüchten vor der Yakuza und vor den Tempelrittern. Wenn du ihnen wirklich helfen willst, dann hältst du sie da am besten raus." Der einzige Unterschied zwischen ihm und Nobu war nicht die Entscheidung, sondern wie sie rübergebracht wurde. Während Nobu ihr einfach kalt die Fakten auf den Tisch gelegt hätte, versuchte Daisuke ihr so wenig weh zu tun, wie es ihm möglich war. Dennoch oder gerade deswegen brach ein Streit zwischen den beiden aus.

„Dann bleib ich einfach hier. So wäre es nur mein Essen, das ich hergebe."

„Das wirst du ganz sicher nicht tun und wenn ich dich mitschleifen muss, du bleibst ganz sicher nicht hier!" Rei humpelte wütend davon, während Daisuke sich weiter in dem Zimmer umsah. Genauer gesagt untersuchte er die Leichen. Der beißende Gestank in seiner Nase störte auch ihn schon lange nicht mehr. Was er sah, war etwas, das er nie für möglich gehalten hatte. Allein das war für ihn Grund genug wieder zu Rei zurückzugehen, auch auf die Gefahr hin, dass der Streit nun endgültig eskalieren würde. Doch er nahm an, dass sie den Raum nie wirklich betreten hatte, geschweige denn die Leichen genauer betrachtet hatte.

Er vermutete sie in dem Raum, wo auch die anderen waren, fand sie dort jedoch nicht. Auch die Zwillinge oder die Kinder hatten keine Ahnung, wo sie war. Er durchsuchte das ganze Haus von oben nach unten, konnte sie aber nicht finden.

„Sie ist doch verletzt, so weit kann sie also gar nicht sein." Plötzlich kamen ihm Bilder von Umeko in den Kopf. Er hoffte inständig, ihr Streit hatte nicht dafür gesorgt, dass Rei dieselbe Entscheidung treffen würde wie Umeko nur kurze Zeit zuvor. Er bat Harui und Jinpei ihn bei der Suche zu unterstützen. Die Kinder wollten auch helfen, doch nachdem was Daisuke bei den Leichen entdeckte, lehnte er ihre Hilfe ab, obwohl mehr Augen bei der Suche sicher hilfreich gewesen wären. Doch nicht nur um Rei machte er sich Sorgen, auch Nobu war schon zu lange weg, ohne sich zu melden. Er befürchtete das Schlimmste.

Einige Stunden zuvor:

Nobu war der Einzige, der nicht verfolgt wurde. Er war auch der Einzige, der allein unterwegs war und von den anderen getrennt wurde. So schnell wie die Motorräder aus dem Nichts auftauchten, so schnell waren sie für ihn auch wieder verschwunden, nur diesmal mit dem Unterschied, dass sie seine Freunde vor sich hertrieben. Er konnte in der Ferne hören, wie die Motoren immer wieder zum Aufheulen gebracht wurden. Etwas, das man in einer so großen Stadt nur dann hören sollte, wenn es direkt neben einem passierte. Doch diese Stadt war eine Geisterstadt von vielen geworden. Er hatte Vertrauen in seine Freunde und ihre Fähigkeiten, weswegen er den Fakt, nicht verfolgt zu werden, ausnutzen und dafür sorgen wollte, dass dem auch so blieb. Er wollte der Yakuza zuvorkommen und sie erledigen, bevor sie ihn ins Visier nehmen konnten.

Er hatte eine Vermutung, was den Aufenthaltsort der Yakuza anging, und machte sich auf den Weg, um einen Überraschungsangriff durchzuführen. Aufgrund der Motorgeräusche, die er zuvor hörte, nahm er an, dass sie sich auf dem Hügel, der sich etwas außerhalb der Stadt befand, versteckten. Mitsamt Gepäck und Waffen machte er sich auf Umwegen auf den Weg zum vermutlichen Aufenthaltsort von Goro; dass dieser zu dem Zeitpunkt noch nicht dort war, wusste er nicht.

Kobe ließ währenddessen alle von seinen Leuten beobachtet. Daisuke, Harui, Rei und Jinpei hatten sie jedoch aus den Augen verloren. Nur Nobu konnten sie noch im Auge behalten.

„Wie siehts aus", fragte Kobe den Mann, der Nobu beobachtete. Er war ein etwas molligerer Mann ohne sichtbare Tattoos.

„Wie erwartet, seine Freunde haben sich verstreut und wir haben sie aus den Augen verloren. Nobu scheint jedoch auf dem Weg hierher zu sein", berichtete er ihm.

„Also genau so wie Goro-sama es vorausgesagt hat." Er machte eine kurze Pause, bevor er weiterredete. „Schickt wie befohlen die fünf Wagen los, aber passt auf, dass Nobu nicht draufgeht."

Fünf der Wagen setzten sich in Bewegung und begaben sich in die Stadt. Nur zwei Wagen blieben zurück.

Als die Motorgeräusche verblassten, fing Kobe an, Goro zu berichten. „Die Ablenkung hat funktioniert, sie haben die Motorräder nicht kommen hören. Und genau wie sie es vorhergesagt haben, haben sie sich aufgeteilt."

„Das ist gut, solange Nobu in Ruhe gelassen wird. Versucht die anderen zu fangen, ob sie leben oder tot sind, ist dabei egal. Ich bevorzuge sie aber lebend. Verstanden?"

„Das habe ich den Männern schon gesagt."

„Gut, dann haltet die Stellung, wir kommen in Kürze nach." Goro legte auf und machte sich auf den weg.

„Behaltet ihn weiter im Auge und berichtet mir, sollte sich was ergeben."

Die Autos kamen der Stadt immer näher. Nobu brauchte sowieso mal eine Pause, um sich erholen zu können. Darum verschanzte er sich in einem der vielen leerstehenden Häuser in der Nähe. Indem er ein Fenster, das der Straße abgewandt war, einschlug, gelangte er ins Innere. Die Einrichtung ließ darauf schließen, dass es sich um ein Familienhaus handelte. Überall an den Wänden hingen Bilder, die so aussahen, als wären sie von Grundschulkindern gemalt worden. Da immer noch die Möglichkeit bestand, dass sich jemand im Inneren aufhielt, zückte er seine Waffe und wollte sich jeden Raum einzeln vornehmen.

Der erste Raum war das Wohnzimmer, das mit der Küche und einem darin integrierten Essbereich zusammenfiel. In der Ecke, gegenüber einer blauen Stoffcouch, stand ein breiter Flachbildfernseher. Die Küche war aufgeräumt und der Esstisch schön dekoriert. Ohne Erwartungen zu haben, öffnete er den Kühlschrank und blickte in eine leere Auswahl. Da er genau damit gerechnet hatte, war er nicht enttäuscht und schloss die Tür ehe er weiter ging. Zunächst in einen engen Flur in dem nicht mehr als zwei

Personen aneinander vorbeigehen könnten. Rechts von ihm unter der Treppe, die in den nächsten Stock führte, befand sich ein kleiner Abstellraum. Als er die Tür öffnete, kam ihm ein bestialischer Gestank entgegen.

„Heilige Scheiße." Er kam von einem toten Tier, das sich eingenistet hatte, aber nicht mehr entkam. Überall lagen seine Exkremente herum und stanken fürchterlich. Schnell schloss Nobu die Tür wieder und ging weiter. Die Treppe hinauf knarzte bei jedem dritten oder vierten Schritt unter Nobus Gewicht. Dennoch versuchte er sich so leise wie möglich vorzuarbeiten.

Oben angekommen, war der erste Raum, in den er blickte, das Badezimmer. Es lag direkt gegenüber der am Ende gebogenen Treppe. Darin roch es leicht nach Reinigungsmitteln, die fast schon zu frisch für seinen Geschmack waren.

Es war das erste Mal seit langem, dass er in einen Spiegel blicken konnte. Allerdings war er von dem Erdbeben zersplittert worden. Dennoch konnte er sich darin gut erkennen. Auch wenn er kurz brauchte, um das Bild darin mit dem Bild, das er von sich selbst im Kopf hatte, zu vereinbaren. Seine Haare waren nun deutlich länger, wodurch es auffiel, dass er sie nie richtete. Früher wurde ihm immer gesagt, er würde völlig verwildert aussehen. Im Vergleich zu jetzt sah er früher allerdings aus wie ein Page in einem Luxushotel. Darum versuchte er es mit der Hand etwas zu richten. Er fühlte, wie fettig sie geworden waren, und ließ von ihnen ab. Sein Gesicht wiederum war verdreckt. Die Ringe unter seinen blutunterlaufenen Augen gingen fast bis zum Kinn. Was ihn aber am meisten faszinierte, war der Bart, der ihm trotz seines zarten Alters von gerade einmal 17 Jahren gewachsen war. Es war noch lange kein Vollbart, aber mehr, als er sich jemals vorgestellt hatte. Er wollte nie einen Bart haben, besonders keinen so ungepflegten, da er fand, dass man damit wirklich aussah wie ein Wilder. Ähnlich wie seine Haare stand er in alle Himmelsrichtungen ab. Aber im Moment passte er perfekt zu ihm, denn nichts anderes war er, ein Wilder auf dem Weg in die Zivilisation.

Er drehte den Wasserhahn auf, um sich eine Handvoll kaltes Wasser ins Gesicht zu spritzen. Der Plan, den Schlaf aus seinen Augen zu bekommen, funktionierte. Danach machte er sich auf, auch die letzten Zimmer zu untersuchen. Das erste war das Schlafzimmer der Eltern, dann kamen die der Kinder. Auch hier gab es nichts von Wert.

Wieder im Wohnzimmer angelangt fiel sein Blick auf die Fernbedienung auf dem Couchtisch. In der Hoffnung etwas Neues zu erfahren, drückte er auf den roten Powerknopf. Doch der Fernseher blieb schwarz. Das Erdbeben musste entweder das Signal oder das Gerät an sich beschädigt haben.

Kapitel 12 Samuel

Nobu schaute sich die Gegend genauer an. Er wollte eine gute Stelle finden, von der aus er die Wagenburg der Yakuza im Blick behalten könnte. Seine Wahl fiel auf eines der wenigen Hochhäuser der Stadt, das nahe an der Stadtgrenze erbaut wurde. Er hatte nur einen Schuss und der musste treffen, und zwar tödlich. Da er nicht der allerbeste Schütze war, brauchte er einen Punkt, von dem aus er sich zutraute, treffen zu können.

Nach einer Stunde des Beobachtens fand er den seiner Meinung nach besten Ort, um sein Attentat durchführen zu können. Es handelte sich dabei um eine kleine Erhöhung, die ihm Deckung vor den Augen der Yakuza bot. Um dorthin zu gelangen, musste er allerdings einen großen Bogen schlagen, damit er nicht entdeckt würde. Als er sie im Hochhaus beobachtet hatte, konnte er auch erkennen, dass sie die Stadt, so gut es ging, im Auge behielten. Da es ein Attentat werden sollte, durfte er nicht entdeckt werden, bevor er es durchgeführt hatte. Ihm war bewusst, dass ihm ein harter Kampf bevorstand, nachdem der erste Schuss gefallen war. Schlimmer noch würde es laufen, wenn die Kugel nicht tödlich treffen, sondern Goro nur verwunden würde. Ein Hochhaus lieferte ihm da nur wenige Fluchtmöglichkeiten. Sie brauchten nur alle Ein- und Ausgänge besetzen, schon saß er in der Falle. Und da er nicht wusste, wo sich die fünf Wagen aufhielten, wollte er nicht in einer unbekannten, verwinkelten Stadt festsitzen.

Sein Gewehr auf die Wagenburg gerichtet, beobachtete Nobu durch sein Zielfernrohr das Treiben. Goro war erst kurz zuvor dazugekommen. Doch konnte er ihn nicht erfassen. Die ganze Zeit war er von irgendwas geschützt, fast so, als ob er wusste, dass

Nobu nur auf seine Chance wartete ihn zu erschießen.

„Komm schon, komm zeig dich." Nobu ließ sich jedoch nicht aus der Ruhe bringen, geduldig wartete er auf seine Gelegenheit.

„So wirst du ihn niemals erwischen." Nobu fuhr herum und richtete sein Gewehr auf. Hinter ihm stand wie aus dem nichts ein Mann in einer braunen Robe. Nobu war sofort klar, dass er zu den Tempelrittern gehören musste. „Ich will dir nichts tun." Als Zeichen des Friedens streckte er seine leeren Hände aus seiner Robe und präsentierte sie.

„Und wieso bist du dann hier?" Nobu hatte überhaupt nicht mitbekommen, dass er sich angeschlichen hatte. Er war sich sicher, dass in den Wäldern um ihn herum noch mehr von ihnen nur darauf warteten, in Aktion zu treten. Und nach seinem Wissen würde er den Kampf verlieren.

„Wir wollen nur reden, wirklich." Der Mann versuchte ruhig auf ihn einzureden. „Ich heiße Samuel." Er nahm die Kapuze von seinem Kopf und ein freundliches Gesicht kam zum Vorschein. Das Lächeln, das er auf den Lippen hatte, wirkte echt und in keiner Form aufgesetzt. Seine grünen Augen waren aufgeweckt, seine schwarzen Haare kurz rasiert. 4 Jahre trennten die beiden voneinander. Neben dem Fakt, dass er keinen japanischen Namen hatte, war auch seine Hautfarbe alles andere als typisch japanisch, sie war sehr angloamerikanisch angehaucht.

„Samuel, du bist kein Japaner, so viel ist sicher."

„Ich komme aus den USA", antwortete er prompt.

„Und worüber wollt ihr reden? Überhaupt, wie kannst du von wir reden, wenn du doch ganz klar allein bist?" Nobu hoffte dadurch Samuels Mitstreiter aus ihren Verstecken locken zu können.

„Nimm die Waffe runter, dann zeig ich es dir." Das Lächeln in seinem Gesicht verstarb auch weiterhin nicht. Ungläubig und weiterhin auf der Hut, legte Nobu das Gewehr neben sich ab. Samuel reichte ihm die Hand, um beim Aufstehen behilflich zu sein. Kaum stand Nobu auf seinen Füßen, zeigte sich ihm ein Bild, mit dem er nicht gerechnet hatte. Hinter den Bäumen, die nur ein paar Meter von ihm entfernt ihre Wurzeln geschlagen hatten, taten sich auf einmal über drei Dutzend Männer verhüllt in ihren braunen Roben auf. Nobu war sofort klar, dass, auch wenn sie nur etwa halb so viele waren wie die Yakuza, sie doch um ein Vielfaches gefährlicher waren.

„Komm mit, dann können wir uns alle ganz in Ruhe unterhalten.“ Samuel ging einfach los, ohne auf Nobu oder irgendeine Reaktion von ihm zu warten.

„Wohin?“ Nach kurzem Zögern lief Nobu ihm hinterher.

„In unser Camp.“ Da Samuel keinen schnellen Schritt eingelegt hatte, war Nobu fast sofort bei ihm. „Auch die Boten Gottes brauchen einmal Ruhe“, erklärte Samuel mit einem Lächeln auf den Lippen. Wenn Nobu nicht wüsste, mit wem er es gerade zu tun hätte, würde er denken, es mit Leuten wie sich selbst zu tun zu haben. Leute, die versuchten nach Tokio zu gelangen.

Schon nach ein paar Meter war er umringt von Tempelrittern, sie gingen sowohl vor, hinter und auch direkt neben ihm. So nah war er noch nie an einem von ihnen dran gewesen. Zumindest solange dieser noch lebte. Seine jetzigen Begleiter waren von einer deutlich anderen Liga als alles, was er je gesehen hatte. Selbst das erste Team der Tempelritter hatte nicht so eine Wirkung auf ihn. Auf einmal wirkte Kobe, der Hüne der Yakuza, wie einer von vielen. Jeder von ihnen war ihm im Zweikampf mindestens ebenbürtig. Davon war er überzeugt. Er fühlte sich wie beim Kampf einer Mücke gegen eine Horde Elefanten.

Nach etwa einem Kilometer kamen sie an einen Platz, der außer von ein paar Baumstämmen zum Daraufsitzen und mehreren einzelnen Lagerfeuern komplett freigeräumt wurde. Die Blätter und Zweige die zuvor auf dem Boden lagen, wurden genutzt um das Feuer anzufachen. Nirgendwo gab es ausgebreitete Schlafmöglichkeiten. Im Camp selbst befanden sich gerade einmal fünf Personen, die sich über je einem anderen Feuer um das Essen kümmerten.

„Du musst hungrig sein, du kannst dir hier mal wieder so richtig den Bauch vollschlagen. Er ist ein super Koch, vertrau mir.“ Samuel deutete auf das Feuer, das genau im Zentrum stand, darüber hing ein großer Topf, gefüllt mit Eintopf. Um ihn herum setzen sich alle an die einzelnen Feuer und nahmen je eine Schale voll mit Essen in die Hand. Nobu entschied sich dazu erst einmal mitzuspielen, um so mehr über die Motive dieser Typen herauszufinden.

Gerade als er den ersten Löffel voll mit dem dampfenden Eintopf zu seinem Mund führte, fiel ihm auf, dass die anderen innehielten und die Hände zu einem Gebet gefaltet hatten. Da er mitspielen wollte, tat er es ihnen gleich, stellte die Schüssel auf den Boden vor sich und faltete die Hände. Doch anders als alle anderen um ihn herum sprach er nicht zu Gott, sondern überlegte, wie er überleben konnte.

Wortlos nahmen alle fast zeitgleich den ersten Bissen. Hier und da fingen sogar Unterhaltungen an. Sie waren eben auch nur normale Menschen.

„Wieso kannst du so gut Japanisch, wenn ich fragen darf?“ Nobu wollte Samuel besser kennenlernen, ehe er ihm gewichtigere Infos entlocken wollte.

„Viele im Orden können mehrere Sprachen. Neben Englisch, Französisch und Spanisch kann sich jeder noch andere Sprachen aussuchen. Manche nehmen nur eine und spezialisieren sich lieber in anderen Gebieten. Wiederum andere werden zu Sprachexperten. Nicht wenige entscheiden sich für Japanisch und Chinesisch. Die Zeichen in eurer Sprache sind teilweise selbst für Muttersprachler schwer zu verstehen und eignen sich deshalb gut, um geheime Nachrichten zu übermitteln. Besonders, wenn man sie mit anderen Sprachen vermischt. Aber die wichtigste Sprache, die jeder sprechen können muss, da er sonst seinen Abschluss nicht schafft, ist selbstverständlich Latein.“

„Was meinst du mit Abschluss?“

„Jeder von uns, egal ob von Geburt an dabei oder erst später getauft, muss durch ein dreijähriges Training, ehe er eine Mission im Namen Gottes ausführen kann. Auch du als Sohn von Verrätern bist davon nicht ausgenommen. Leute, die aber bereits in unseren Reihen geboren wurden, werden bereits seit dem 2ten bis zum 18ten Lebensjahr trainiert. Deine Eltern haben dich also dem Weg Gottes verwehrt und um das zu korrigieren, müssen wir dich mitnehmen."

„Aber wieso betreibt ihr so einen Aufwand für einen einzelnen Jungen?" Nobu fand das alles sehr mysteriös.

„Weil Großmeister Noah Großes für dich vorausgesagt hat."

„Noah." Schon wieder dieser Name. Die letzten Wochen hatte er Nobu wie ein Geist verfolgt.

„Er ist ein Mitglied der Tafelrunde, die an der Spitze der Tempelritter stehen."

„Und wieso nehmt ihr mich dann nicht einfach mit?" Er fragte höflich nach einer zweiten Portion und bekam sie auch prompt. Er erfuhr darüber hinaus, dass alle Zutaten in japanischen Wäldern gefangen und gesammelt wurden.

Es kam ihm alles merkwürdig vor, dass sie, obwohl sie ihnen schon so lange folgten, noch keinen wirklichen Versuch machten, ihn zu entführen. Besonders jetzt, wo er keine Chance hatte zu fliehen, in seinen Augen gab es keine bessere Gelegenheit.

„Weil Noah gesagt hat, wir sollen warten, da du von Gott erst auf die Probe gestellt wirst. Außerdem möchte er wissen, zu was du imstande bist." Er erzählte ihm alles, ohne auch nur darüber nachzudenken. Für ihn war es bereits eine sichere Sache, dass er mitgehen würde.

„Das heißt also, ihr nehmt mich jetzt mit, weil ich in euren Augen bestanden habe."

„Nein, du hast noch eine Aufgabe zu erfüllen. Du musst deine Freunde in die Sicherheit führen. Und zweitens hast du gerade schon deine erste Mission für die Tempelritter."

„Was meinst du denn damit?“

„Wir, also viel mehr die japanische Zweigstelle der Tempelritter, haben einen Deal mit Goro, dem grünen Drachen. Er soll sich aus unseren Geschäften raushalten. Doch mit dem Angriff auf dich und deine Freunde hat er gegen unsere Abmachung verstoßen und muss bestraft werden.“ Dass es jedoch eben jene Tempelritter waren, die Goro und seine Leute aus dem Gefängnis befreit hatten, erzählte er ihm nicht. Es sollte Nobus finaler Test werden. Ein Test, der von Samuel persönlich überwacht werden sollte. Sofern er ihn für bestanden erachtet, könnte er Nobu mitnehmen.

Nobu konnte sich daran erinnern, dass Goro ihm erzählte, wie er früher schon einmal eine Auseinandersetzung mit der Gruppe hatte, jedoch verschont blieb. Jetzt kannte er auch den Grund dafür.

„Ihr wollt also, dass ich Goro töte, habe ich das richtig verstanden?“ Alle, die zusammen mit ihm am Lagerfeuer saßen, nickten ihm zustimmend zu, ohne das Gespräch zwischen ihm und Samuel zu unterbrechen. Auf einmal war er wieder mit der mörderischen Seite von ihnen konfrontiert. Ihm kamen die Bilder von Ishikawas Leichnam in den Kopf. Und dann auch noch der abgetrennte Kopf, den sie ihnen als „Geschenk“ überlassen haben, all das machte ihn wütend. Am liebsten hätte er alle Anwesenden auf der Stelle erschossen. Doch wenn jemand ein Recht darauf hatte, wütend auf sie zu sein, dann Daisuke, denn für ihn war der Verlust von Ishikawa viel schwerer gewesen als für jeden anderen. Noch dazu kamen die Worte, die Samuel zuvor sagte. „Du hast die Pflicht, deine Freunde in Sicherheit zu bringen.“ Er hatte Recht, wenn ihm jetzt etwas passieren würde, wären seine Freunde verloren. Zwar hatte er Vertrauen in ihr Können, doch gegen eine solche Übermacht kam niemand von ihnen an.

„Nicht nur Goro, du sollst alle Mitglieder töten.“

Kaum hatte er seine Schüssel leergegessen, wurde er mit einem guten Rat weggeschickt.

„Du solltest erstmal von Goro ablassen. In der Stadt befinden sich drei Geländewagen, die hinter dir her sind. Solltest du dich nicht um sie kümmern, werden sie Jagd auf deine Freunde machen, und nicht mehr alle von ihnen sind unversehrt." Er hörte auf den Rat Samuels, nachdem er zuvor vergeblich versucht hatte, Goro ins Schussfeld zu bekommen.

Daisuke war immer noch verzweifelt auf der Suche nach seiner Freundin. Diese hatte sich jedoch zuvor in dem Schrank in Yuutos Zimmer versteckt. Sie bat, die Zwillinge Daisuke nicht zu verraten, wo sie sich befand. Von dem Streit, den die beiden zuvor hatten, erzählte sie bewusst nichts.

Kaum dass sie gemeinsam mit Daisuke das Haus verlassen hatten, kam Rei wieder raus und setzte sich auf den Stuhl neben Yuutos Bett. Dieser fragte sie, wieso sie sich vor ihrem Freund versteckte. Rei klärte ihn daraufhin über den Streit der beiden auf und darüber, dass sie erstmal Zeit für sich brauche.

Yuuto konnte schon ahnen, worum es sich bei dem Thema des Streits handelte.

„Wie hat er es aufgenommen?"

„Die Leichen eurer Freunde haben ihn nicht dazu überreden können euch zu helfen, tut mir leid."

„Also kennen jetzt noch mehr mein Geheimnis?"

„Von welchem Geheimnis redest du?" Rei war verwundert, da die Leichen für sie nichts waren, was es zu verheimlichen galt. Auch Yuuto schien verwundert zu sein angesichts dessen, dass sie anscheinend doch nichts von seinem Geheimnis wusste. Jetzt konnte er allerdings nicht mehr zurück.

„Könnt ihr bitte mal alle den Raum verlassen, ich will mit ihr unter vier Augen reden." Die Kinder vertrauten Rei mittlerweile genug, um sie mit Yuuto allein lassen zu können, ohne dass sie sich Sorgen um ihn machen mussten.

„Nachdem du sagtest, du hättest die Leichen gesehen, dachte ich, du weißt davon."

„Wovon, jetzt sag schon endlich, was du meinst." Rei fing an misstrauisch zu werden. Besonders da es Yuuto jetzt sichtlich schwerer fiel ihr in die Augen zu schauen.

„Du musst das verstehen, wir haben es nur getan, um zu überleben." Er machte eine kurze Pause, in der er ihren Blick suchte. Sie schaute ihn jedoch nur fragend an. „Die Toten da unten, wir haben Teile von ihnen gegessen, um zu überleben." Als sie das hörte, wurde Rei schlecht, und sie konnte sich nur schwer zurückhalten nicht zu erbrechen. Allein die Vorstellung, dass jemand Kinder isst, war für sie zu viel. Zwar hatte sie vorher schon mit einem Kannibalen zu tun gehabt, doch ihn fand sie damals einfach nur abstoßend. In Yuuto hingegen sah sie so etwas wie einen kleinen Bruder, den sie nie hatte.

„Die meisten der Kinder, besonders die kleineren, wissen davon nichts. Sie denken, wir hätten noch Vorräte, bitte erzähl es ihnen nicht." Er krallte seine Finger in die Bettdecke, ihm war nicht klar, ob er einen Fehler gemacht hatte oder nicht. Rei erkannte jedoch, dass es ihm nicht leichtgefallen war, Teile aus seinen Freunden rauszuschneiden.

„Ich verstehe dich, du hast dich nur um deine Geschwister gesorgt, ich verspreche dir es niemandem zu sagen." Sie wusste selbst, wie es war mit schwindenden Ressourcen durch den Tag zu kommen. Sie konnte sich gut vorstellen, dass man nach so langer Zeit ohne Alternative einfach keinen anderen Ausweg sehen würde als das. Eines wollte sie jedoch noch von ihm wissen.

„Habt ihr sie getötet oder …" Sie wurde direkt unterbrochen.

„Nein, haben wir nicht, sie sind alle an Hunger gestorben. Alles andere wäre unverzeihlich gewesen." Seine braunen Augen lagen in Tränen. Er dachte an alle, die sie verloren hatten. In Gedanken dankte er ihnen alle für ihre Opferbereitschaft, auch wenn sie nicht freiwillig gestorben waren.

„Verdammt, sie kann doch gar nicht so weit gekommen sein mit ihrem Bein." Daisuke regte sich darüber auf, dass sie sie immer noch nicht gefunden haben.

„Wieso suchst du sie überhaupt?" Am Ende waren Harui und Jinpei doch mitgekommen.

„Ich muss ihr was Wichtiges über diese Kinder sagen."

„Und was?" Nun war auch Jinpei neugierig.

„Ich habe an ihren Leichen Schnittstellen entdeckt. Aus ihnen wurden Stücke rausgeschnitten, um sie später zu essen, wie ich annehme."

„Sie ist bei Yuuto. Sie hat sich bei ihm im Schrank versteckt." Fast wie aus der Pistole geschossen erzählte Harui ihm die Wahrheit. Erst danach ließ sie die Geschichte von Daisuke an sich heran und konnte sie einfach nicht glauben.

Daisuke rannte, kaum hatte er es erfahren, zurück zum Waisenhaus. Die Angst um seine Freundin trieb ihn an. Der Schwindel, der durch die plötzliche Anstrengung hervortrat, ließ ihn gegen einen Baum rennen. Doch auch das hielt ihn nicht auf, nachdem er sich sofort wieder aufrichtete, ging es weiter. Das Waisenhaus erschien plötzlich ewig weit entfernt. Darum war er umso glücklicher endlich dort angekommen zu sein.

Er fiel wortwörtlich mit der Tür ins Haus und stürmte die Treppe hoch, konnte aber, ohne sich festzuhalten, nicht das Gleichgewicht halten. Vor dem Zimmer entdeckte er, dass alle Kinder draußen warteten. Alle bis auf Yuuto. Wutentbrannt trat er die Tür auf, nur um zu sehen, wie Rei sich in aller Ruhe unterhielt.

„Was ist den los?" Rei war überrascht ihn zu sehen, besonders in dieser Rage.

„Diese Kinder essen sich gegenseitig!", platzte es aus ihm heraus.

Sie wusste das jedoch schon. Wer es aber nicht wusste, war ein Großteil der Kinder, die hinter Daisuke standen.

„Ist das wahr, war das Fleisch, das wir gegessen haben, wirklich von unseren Geschwistern?“ Eines der schon etwas älteren Kinder war entsetzt und wütend zugleich.

„Nein, das glaube ich nicht, Yuuto würde uns nie etwas antun“, begann eines der Mädchen ihn zu verteidigen. Dieser konnte jedoch keinen von ihnen mehr anschauen.

„Es ist wahr, ich habe zusammen mit ein paar anderen Fleisch aus unseren toten Brüdern und Schwestern geschnitten, um uns zu ernähren. Aber ihr müsst mir glauben, dass ich ihnen kein Haar gekrümmt habe, als sie noch am Leben waren.“ Doch auch das brachte nichts mehr, die Kinder stürmten aus dem Raum, um sich zu vergewissern.

Daisuke wurde durch die Anstrengung gepaart mit seiner Kopfwunde plötzlich schwarz vor Augen, ehe er zusammenbrach. Unter Schmerzen sprang Rei auf und hechtete unter Schmerzen zu ihm.

Kapitel 13 Die verlorene Wette

„Fanden Sie es nicht zu riskant, ihn dort oben einfach machen zu lassen.“ Kobe war besorgt, da Goro zu sorglos mit der Tatsache umging, dass ein Gewehr auf ihn gerichtet wurde. Nicht zuletzt, weil er wusste, dass Nobu definitiv bereit war abzudrücken.

„Du solltest mehr Vertrauen in mich setzen. Ich weiß, wie man dem Zielfernrohr eines Scharfschützen entgeht.“ Goro fing an zu lachen. Sein Leben war schon seit Jahren nicht mehr so in Gefahr gewesen. Es gab zwar im Gefängnis hin und wieder ein Attentatsversuch, doch die wurden alle von seinen Männern vereitelt. Goros Clan war so groß, dass viele seiner Leutnants und Männer über ganz Japan verstreut waren. Dennoch wurde Goro zusammen mit Kobe, Kijima und noch fünf weiteren seiner Leutnants und etlichen seiner Leute im selben Gefängnis inhaftiert. Insgesamt hatte er jedoch 47 Leutnants, die nach Goro das Sagen hatten. Dann kamen 84 Unterleutnants, die meistens auf den Befehl ihres Vorgesetzten agierten, die die 538 Untergebenen koordinieren. Dennoch hatte jeder Untergebene und auch Unterleutnant einen expliziten Vorgesetzten, ohne dessen Erlaubnis sie nichts unternehmen durften. Einzig Goros Befehle waren ohne Umschweife Folge zu leisten.

„Das gefällt mir ganz und gar nicht“, sagte Kobe leise in sich hinein. Er machte sich Sorgen um seinen Oyabun. Er war zwar seine rechte Hand, und auch wenn alle Männer Respekt vor ihm hatten, ihre Treue hatten sie jemand anderem geschworen.

Jetzt, da Goro außer seinem Leben nichts mehr zu verlieren hatte, bekam Kobe das Gefühl, dass er sich zu sehr von seinem verrückten Blutsbruder beeinflussen ließ. Er fand es schon immer bedenklich, dass er so einen Einfluss auf ihn ausüben konnte. Schon zu dem Zeitpunkt, da ihn der ehemalige Anführer aus dem Waisenhaus geholt hatte, war er ein wenig verrückt gewesen. Das war auch der Grund, weshalb er mit fast 14 Jahren noch immer keine Pflegefamilie gefunden hatte. Zu einem schlechten Einfluss für Goro wiederum wurde er erst, nachdem sie die Blutsbrüderschaft abgeschlossen hatten. Kobe kennt Goro jedoch gar nicht anders. Und auch wenn er seine rechte Hand war, hatte Kijima schon immer eine Sonderstellung im Clan innegehabt.

„Der Junge, der am Ende bei ihm war. Das gefällt mir ganz und gar nicht." Goro hatte das Gespräch zwischen Nobu und Samuel mitansehen können. Die Kluft, die Samuel trug, weckte in ihm böse Erinnerungen. Dennoch hatte er es letztendlich den Templern zu verdanken, dass er jetzt Oyabun war.

Vor der Schlacht zwischen den Templern und dem Clan war Goro nur einer von 105 Unterleutnants, ohne jegliche Aufstiegsmöglichkeit, gewesen. Dafür standen ihm nicht nur die restlichen Unterleutnants, sondern auch noch die 63 Leutnants und einige vielversprechende Neulinge im Weg.

Als dann jedoch der Oyabun und viele der hochrangigen Mitglieder getötet wurden, ergriff Goro seine Chance. In blutigen Auseinandersetzungen ließ er alle anderen, die den Tod des damaligen Oyabuns für ihre eigene Karriere nutzen wollten, töten. Von den damals noch 14 Leutnants, 27 Unterleutnants sowie 135 Mann blieben nur noch 6 Leutnants, 11 Unterleutnants und 85 Mann übrig. Sein einziger Vorteil war, dass seine Gegenspieler keine wirkliche Einheit darstellten. Auch als sie sich zusammenschlossen, um gegen Goro zu kämpfen, hintergingen sie sich ständig gegenseitig. Nicht zuletzt, weil Goro Männer in ihren Reihen hatte, welche für Unruhe sorgen sollten.

Nach drei Jahren hatte er es dann endlich geschafft, den Clan unter sich zu vereinen. Doch kaum wurde er zum neuen Oberhaupt, traten auch schon die Templer auf den Plan. Ihre Bedingungen waren, dass er ihnen sowohl Geld als auch Ressourcen abgeben sollte. Außerdem sollte er seine Männer, wann immer sie es verlangten, in ihre Kriege ziehen lassen. Goro wusste zu genau, wie es ausgehen würde, würde er ablehnen. In nur wenigen Stunden hätten sie auch den Rest des Clans ausgelöscht.

„Hey Goro, kann ich mich auch in der Stadt amüsieren?“ Kijima wollte nicht länger einfach nur rumsitzen, sondern etwas erleben. Die Zeit im Gefängnis war die Hölle für ihn.

„Mach, was du willst, aber du kennst die Regeln bezüglich Nobu.“ Goro machte noch einmal klar, dass er selbst gegenüber seinem eigenen Bruder keine Regelverstöße erlauben würde.

„Keine Sorge“, beteuerte Kijima. Insgeheim plante er jedoch schon seinen Spaß mit den Mädchen der Gruppe zu haben. Sterben würde er sowieso, dachte er sich, weshalb er es auch nochmal richtig krachen lassen wollte.

Nobu war wieder in der Stadt, von Samuel hatte er zuvor noch erfahren, wo sich die Geländewagen, die nach ihm suchten, ungefähr aufhielten. Was er allerdings noch nicht wusste, war, dass Kijima sich mit drei weiteren Männern auf den Weg zu ihm machte.

Kaum tat er einen Schritt um die nächste Ecke, machte er auch schon zwei wieder zurück. Nur ein paar Hundert Meter die Straße weiter parkten die drei schwarzen Geländewagen, genau wie Samuel es gesagt hatte. Bis auf die Fahrer waren die Insassen ausgestiegen und schienen nach ihm zu suchen. Er ging sicher, dass die Pistole noch im Halfter an seiner Hüfte steckte. Auch das Gewehr, das er schulterte, prüfte er auf die eine Kugel, die er dafür noch hatte. Noch einmal wagte er es, mit der Hand an der Waffe um die Ecke zu spähen, um sich ein Bild der Umgebung zu machen. Was er sofort wusste, war, dass er sie einzeln ausschalten musste, wenn er mit seinen Mitteln gewinnen wollte. Würde er einfach wie Rambo losstürmen, wäre er schon nach nur wenigen Schritten von Kugeln durchsiebt.

Zuerst wollte er sich die Leute vornehmen, die in der Straße hinter dem Haus, an dessen Wand er gerade lehnte, nach ihm suchten. Die Fahrer sowie Aufpasser wollte er sich danach vorknöpfen.

Nobu verschaffte sich durch eine eingestürzte Hauswand Einlass in ein Gebäude, das 30 Meter von der Ecke entfernt war.

„Zum Glück war letzte Nacht so ein heftiges Erdbeben", dachte er bei sich. Doch musste er sich direkt verstecken, da einer der Männer in das Zimmer vor ihm kam. Links neben ihm war ein Durchgang, rechts die Treppe runter zum Keller. Er hörte, wie die Schritte des Mannes näherkamen. Schnell nahm er sich einen der vielen Steine, die im Zimmer verteilt lagen, und warf ihn die Kellertreppe herunter. Als er hörte, wie der Mann dem Geräusch folgte, machte er sich bereit. Nobu zog Nutzen daraus, dass es auf der Zwischenebene stockduster war. Kaum war der Mann nah genug gewesen, schlug er ihn mit dem Schaft seines Gewehres auf den Hinterkopf. Da er gerade mitten auf der Treppe stand, war er mit einem Fuß in der Luft. Weshalb es leicht war ihn aus dem Gleichgewicht zu bringen. Mit einem dumpfen Schlag schlug er mit dem Kopf auf der Kante einer Stufe auf. Da er sich danach immer noch bewegte, wenn auch unter Schmerzen, verpasste Nobu ihm noch einen beherzten Schlag, bis sich nichts mehr rührte.

Nachdem er das Blut vom Schaft an den Klamotten der Leiche abwischte, schleifte er sie hinein ins Dunkel des Kellers. Danach nahm er seine Waffe an sich und ließ ihn dort liegen, ehe er sich zu seinem nächsten Opfer aufmachte. In seinem Kopf zählte er bereits runter, wodurch er nur noch bei 14 Gegnern gelandet war.

Das Gebäude verließ er so, wie er es betreten hatte, nämlich durch die verschüttete Rückwand. Da er nicht genau wusste, in welchem der Häuser sein nächstes Opfer auf ihn wartete, klapperte er jedes einzelne von ihnen ab in der Hoffnung, dass sie ohne ihren Kameraden nicht fahren würden.

Plötzlich allerdings hörte er wieder Motorenlärm. Doch kam er nicht von den drei Geländewagen hinter ihm, sondern von einem vierten weiter weg.

„Verflucht!" Er versteckte sich im nächsten Gebäude. Alles, was er erkennen konnte, war, dass der Wagen in die Gasse neben ihm einbog.

„Na großartig, jetzt kriegen die auch noch Verstärkung." In dem Moment trat hinter ihm jemand auf einen Spiegel. Nobu schreckte rum, doch es war bereits zu spät. Seine beiden Arme wurden fest an seinen Körper gepresst. Obwohl er mit ganzer Kraft versuchte seine Arme zu bewegen, war das einzige was er noch hatte seine Beine. Mit denen trat er heftig um sich und erwischte seinen Angreifer am Schienbein. Aufgrund des fehlenden Schwungs zeigte es jedoch nur wenig Wirkung. Er hatte Mühe, überhaupt Widerstand zu leisten und der den er leistete brachte nichts. Ihm wurde wieder schmerzlich bewusst, dass er nichts weiter als ein Oberschüler war. Der Mann, der ihn zu Boden drückte, war deutlich kräftiger als er und ließ ihm keinen Handlungsspielraum. Er drückte ihn zu Boden um dem wilden Gezappel seiner Beine Einhalt zu gebieten.

„Hier drüben, ich hab den kleinen Scheißer." Der Griff des Mannes lockerte sich kaum merklich, als er nach seinen Kollegen rief, doch genug für Nobu, um zu handeln. Mit einer Hand, die er befreien konnte, griff er nach dem nächstbesten Objekt und schlug ihm damit gegen die Schläfe. Er ließ los und taumelte benommen nach hinten.

Da die anderen aber schon im Anmarsch waren, hatte er keine Zeit ihn genauso lautlos zu töten wie den ersten. Er warf den Stein weg und zog seine Pistole. Zur gleichen Zeit raffte sich der Mann wieder auf und wollte sich erneut auf ihn stürzen. Er schaffte es aber nicht, da der Junge schneller war. Eine einzige Kugel, mehr brauchte es nicht, und sein Gegenüber fiel leblos auf den Boden. Es war ein gekonnter Schuss mitten zwischen die Augen.

„13!" Durch den Kampf war Nobu total fertig gewesen. Doch viel Zeit, um seine Tat zu bewundern oder sich eine Pause zu gönnen, blieb ihm nicht, da die Verstärkung bereits anrückte. So schnell er konnte, rannte er davon. Was ihn wunderte, war, dass er keine Schüsse hörte, geschweige denn spürte. Als er sich dann allerdings umdrehte, waren über ein Dutzend Leute hinter ihm her, keiner davon war unbewaffnet.

„Denkt dran ihn nicht zu stark zu verletzen, sonst seid ihr einen Kopf kürzer!“, plärrte einer der Männer seinen Kollegen zu. Nobu dachte, dass er das ausnutzen könnte. Die Pistole noch immer in der Hand drehte er sich mit dem Oberkörper so weit nach hinten, dass er in etwa zielen konnte, ohne dabei stehen zu bleiben. Er drückte ab und nachdem die ersten beiden Kugeln nur den Boden trafen, erwischte die dritte einen der Kerle in die Schulter. Der nächste wurde am Bein erwischt.

„Da waren's nur noch elf.“ Ein kurzes Überschlagen der Leute, die hinter ihm her waren, verriet ihm, dass es noch mehr als elf Stück waren, genau genommen vier mehr. Einer von ihnen war Kijima, das konnte er genau erkennen.

„Dann sind's eben doch wieder 15, Scheiße.“

„Diese Typen haben echt mehr Angst vor dem alten Mann als vor mir.“ Er war verwundert, wie groß doch der Einfluss, den der Alte auf die Köpfe dieser Leute ausübte, war. Sie gaben lieber ihr eigenes Leben, als sich einem seiner Befehle zu widersetzen. „Das wird sich schon bald ändern.“ Eine Idee, wie er es anstellen konnte, hatte er leider noch nicht. Sonst reichte es aus einen von ihnen zu töten, doch nicht in diesem Fall. Noch immer machte keiner von ihnen Anstalten das Feuer zu erwidern, weshalb er weiter abdrückte. Eine der Kugeln streifte Kijima am Arm.

„Ach scheiß doch auf meinen Bruder. Ihr verdammten Angsthasen, er ist nicht mal hier und ihr macht euch vor ihm in die Hose wie kleine Mädchen.“ Kijima lachte laut auf und entsicherte sein Maschinengewehr. Dieser hatte so etwas nur noch nie verwendet. Er war nicht mit dem Rückstoß vertraut, dass so ein Ding beim Abdrücken mit sich brachte. Er lief nicht an erster Stelle und mähte so zwei der Männer, die vor ihm liefen, um. Nobu konnte sich im letzten Moment noch in eines der Häuser retten, indem er eines der Fenster zerschoss und durch den Rahmen sprang. Mit einer Rolle schaffte er es unbeschadet auf dem Boden aufzukommen. Im Rahmen des Fensters waren noch ein paar Glasscherben stecken geblieben, an einigen von ihnen klebte Blut, Nobus Blut. Durch den Sprung hatte er sich ein paar Schnitte am Arm zugezogen. Nicht tief, doch es blutete.

„Wenn ich mich nicht verzählt hab, sind wir jetzt wieder bei 13", sagte er zu sich selbst, als er nach Atem rang. Etwas zum Verbinden konnte er nicht finden, hatte aber auch keine Zeit wirklich danach zu suchen. Die Tür aus dem Raum, war das Einzige, was ihn interessierte. Allerdings war sie verschlossen, als er versuchte sie zu öffnen. Sie einzutreten ging auch nicht, da sie sich nur nach innen öffnen ließ. Er wollte sie aufschießen, hatte aber keine Kugeln mehr übrig. Die leere Waffe steckte er sich wieder in den Hosenbund und zog mit der anderen Hand die Pistole raus, die er zuvor dem Yakuza abgeknöpft hatte.

Im nächsten Zimmer erwartete ihn wieder ein beißender Gestank. Dieses Mal stammte er aber nicht von einem Tier, sondern von der verwesenden Leiche eines alten Mannes. Dieser hatte schon vor einiger Zeit seinem Leben ein Ende bereitet. Nicht aber ohne sich zuvor noch einmal richtig zu berauschen. Auf dem Tisch neben dem Sessel, in dem er zusammengesackt saß, stand eine Flasche Scotch, das Glas dazu hatte er sich gespart und stattdessen direkt aus der Flasche getrunken. Dafür stand ein Aschenbecher mit einer halb aufgerauchten Zigarre daneben. Dazu passend lag ein silbern glänzendes Zippo Feuerzeug. Da kam Nobu eine Idee. Er packte das Feuerzeug, nachdem er es überprüft hatte, in seine Hosentasche und machte sich auf die Suche nach Lacken oder Ähnlichem, das leicht zu entflammen war.

In der Küche fand er eine Packung Papierservietten, die er sich sofort einsteckte. Als er aus dem Fenster sah, konnte er ein paar Meter die Straße runter die inzwischen vier Wagen ausmachen, die alle dicht an dicht standen. Von ihren Insassen fehlte noch jede

Spur. Da er nicht wusste, wie lange das noch so sein würde, machte er sich auf den Weg.

Er schraubte den Tankdeckel des hintersten Wagens auf und steckte die Papierservietten in die Öffnung. Die letzten ließ er herausschauen, um sie anzünden zu können, wenn die Zeit dafür passte. Genau in dem Moment kamen die Typen um die Ecke. Er duckte sich schnell, denn wenn sein Plan aufgehen sollte, mussten sie noch viel näherkommen.

„Kijima, hör auf hier so einen Schwachsinn abzuziehen. Du weißt genau, was Goro-sama befohlen hat", meckerte einer der Typen Kijima an.

„Wo bleibt bei meinem Namen das ‚Sama'?", fragte er provozierend.

„Das muss man sich erst verdienen. Der einzige Grund, wieso wir alle immer so nett zu dir waren, war, dass Goro-sama dich wie seinen Bruder behandelt. Aber seien wir doch ehrlich, nicht mal er kann dich leiden. Wenn wir mit deiner Leiche zurückkommen würden, wäre es ihm so egal wie bei jedem anderen auch." Während ihres Streits kamen sie immer näher an die Wagen heran. Nobu dachte, er könnte diesen Konflikt für sich nutzen, und zeigte sich.

„Hier bin ich, fangt mich doch." Er öffnete das aufklappbare Feuerzeug und ließ die ersten Flammen herauskommen. Wartete aber noch damit den Tank in Brand zu setzen.

„Schnappen wir ihn uns." Mit diesen Worten stürmten sie alle los. Das war für Nobu die Zeit, um das Papier anzuzünden. Als er sah, dass die Flammen übergegriffen waren und sich ausbreiteten, fing er an zu rennen.

„Mir entkommst du nicht." Nur ein paar Meter von der tickenden Bombe blieb Kijima stehen und entsicherte erneut sein Maschinengewehr und legte auf Nobu an.

„Nein!" Zwei der Männer rissen mit aller Gewalt die Waffe nach oben, wodurch eine ganze Ladung Kugeln sowohl in den Boden, die Fahrzeuge, als auch in die Luft gingen. Einer von ihnen schlug ihm nun ins Gesicht, um ihn zusammen mit einem anderen zu Boden drücken zu können. Die anderen liefen weiter hinter Nobu her.

„Runter von mir, ihr Wichser!", schrie Kijima den beiden Männern entgegen.

„Nein, diesmal nicht!"

„Wichser!" Kijima spuckte ihm ins Gesicht, was auch der Zeitpunkt war, in dem das Benzin in Brand geriet und sich zusammen mit den anderen drei Wagen in eine riesige Bombe verwandelte. Die Explosion erwischte ausnahmslos jeden.

„Was ist da unten bitte los?" Kobe riss einem der Kundschafter das Fernglas aus der Hand und sah sich das Spektakel an. Über der Stadt stand eine riesige, schwarze Rauchwolke. Er konnte nichts erkennen, weshalb er sein Funkgerät in die Hand nahm.

„Was zum Teufel ist bei euch los?" Niemand antwortete, darum wiederholte er die Durchsage. Wieder nichts. Er steckte das Funkgerät weg und schaute durch das Fernglas.

„Du wirst da nichts erkennen. Ich schätze mal, unsere Jungs haben verloren." Goro war amüsiert von dem Gedanken, dass über zwei Dutzend erfahrene Killer nicht dazu in der Lage waren eine Handvoll Kinder zu töten.

„Sollten wir dann nicht besser dahin und uns darum kümmern."

„Nichts überstürzen, wir werden sie schon noch angreifen, aber nicht sofort. Sie sollen erstmal denken, dass sie gewonnen haben. Das nächste Mal wird es ihnen nicht so einfach gelingen."

Kobe fand es bedenklich, dass es Goro so leicht fiel sich diese Niederlage einzugestehen, schlimmer noch, Goro wusste, dass es passieren würde. Er hatte bei weitem keinen Gefühlsausbruch erwartet, doch einfach so Männer in den sicheren Tod zu schicken, war sonst nicht seine Art gewesen.

Nobu war nicht der Einzige, der abwartete, bis das Feuer ausgebrannt war. Als nur noch Asche zurückgeblieben war, regte sich etwas unter den Leichen. Es war Kijima, durch die zwei, die ihn zu Boden gedrückt haben, wurde er vor dem meisten geschützt, außer ein paar leichten Verbrennungen zeigte er keinerlei Verletzungen.

„Hahaha, ihr blöden Arschlöcher, das passiert eben, wenn man sich mit mir anlegt", schrie er in die Welt hinaus, wodurch Nobu der sich ein sicheres Plätzchen in der nächsten Kurve für seine Pause ausgesucht hatte, wieder auf ihn aufmerksam wurde.

„Das ist doch nicht dein Ernst, oder?" Durch die Rauchschwaden sah er nur Umrisse, dennoch war er darüber verwundert, dass jemand nach dieser Explosion noch so fit war.

Kijima klingelten noch immer die Ohren und er hatte Probleme dabei sich zu orientieren. Dafür konnte er sehr gut die zwei Männer sehen, die versucht hatten, ihn zu Boden zu drücken. Noch genauer sah er die Maschinengewehre, die um ihre Brust hingen und von allem unversehrt geblieben waren. Er schnappte sich beide und irrte ein wenig herum, um aus dem Rauch zu entkommen.

„Endlich draußen. Jetzt muss ich nur noch diesen Jungen finden."

„Schon gefunden." Nobu stand bereits mit gezogener Waffe neben ihm. Der Verrückte hatte nicht einmal die Zeit sich umzudrehen, bevor eine Kugel in seinen Schädel eindrang. Als Trophäe nahm er sich eines der Sturmgewehre plus ein weiteres Magazin aus dem anderen.

Erneut wartete er ab, bis sich die Rauchschwaden gelichtet hatten, ehe er dazu überging die Leichen, oder das, was davon noch übriggeblieben war, zu durchsuchen. Alles, was danach noch von den Wagen übriggeblieben war, waren die Grundgerüste, der Rest war komplett verbrannt. Auch der Tag neigte sich langsam dem Ende und die Sonne begann ihren Untergang für den Tag.

In dem Haufen vor ihm konnte Nobu nichts Brauchbares mehr finden und gerade als er ein Stück Metall auf den Boden warf, erklang hinter ihm eine Stimme.

„Gut gemacht." Erschrocken fuhr Nobu herum und zog in derselben Bewegung seine Waffe. Nur um festzustellen, dass es Samuel war.

„Verdammt, was machst du denn hier?" Die Pistole steckte er noch immer nicht weg.

„Ich soll die Entwicklung deiner Mission beobachten", sagte er trotz der auf ihn gerichteten Waffe ganz gelassen.

„Und wie habe ich mich so geschlagen?" Jetzt steckte Nobu endlich die Waffe weg, drehte ihm aber noch nicht den Rücken zu.

„Wie schon gesagt, gut. Besonders mit der Explosion hat keiner von uns gerechnet, wodurch du alle Wetten zunichtegemacht hast."

„Ihr habt gewettet?" Nobu wusste nicht, wie er es finden sollte, dass sie mit seinem Leben gewettet haben.

„Natürlich, das machen wir oft bei Aufträgen, um den Spaß zu erhöhen. Natürlich ohne dabei die Mission zu gefährden."

„Und was sagt Gott dazu?" Er versuchte auch weiterhin sie dazu zu bringen, dass sie zugaben, nicht wirklich an Gott zu glauben.

„Alle verlorenen Wetteinsätze gehen an ihn. Diesmal also alle."

„Diese Typen haben sie doch nicht mehr alle", dachte sich Nobu, ohne es laut auszusprechen.

Es dauerte nicht lange, bis Samuel sich wieder zurückzog und Nobu wieder in Ruhe ließ. Auch er machte sich kurz darauf auf den Weg zum Waisenhaus.

Kapitel 14 Waisenhaus

Daisuke spürte etwas Warmes, Weiches unter seinem Kopf, als er aufwachte. Es war so ein angenehmes Gefühl, dass er zuerst die Augen gar nicht öffnen wollte, bis ihn eine liebevolle Stimme aus seinem Traum holte.

„Bist du wach?“ Es war die Stimme von Rei. Als er die Augen aufmachte, blickte er direkt in ihr einst makelloses, nun eingefallenes Gesicht, ihre schwarzen Haare schimmerten im durch die Fenster scheinenden Abendrot. Er versuchte seinen Kopf ein wenig zu drehen und bemerkte dabei, dass er auf ihren Oberschenkeln lag.

„Ja bin ich, was ist passiert?“

„Du bist ohnmächtig geworden, du hättest mir sagen müssen, dass es dir nicht gut geht.“ Die Sorge um ihn verschwand und wich einem vorwurfsvollen Ton.

„Ich dachte, es ging mir wieder besser. Der Weg hierher zurück muss mich ziemlich geschafft haben.“

„Ich bin froh, dass dir nichts passiert ist.“

„Ich auch.“ Er konnte den Verband an ihrem Schenkel spüren. Ihr linkes Bein hatte sie wieder ausgestreckt, während er zwischen ihrem rechten, angewinkelten Oberschenkel und ihrem Bauch lag.

„Es tut mir leid, dass wir gestritten haben. Du hattest Recht, ich hätte es nicht überstürzen dürfen.“ Sie strich durch seine Haare, was beide gleichermaßen beruhigte.

„Also hast du es dir anders überlegt?“ Er schaute ihr nun tief in die Augen.

„Nicht so ganz.“ Sie beendete den Blickkontakt und starrte nun einen Punkt an der Wand an. „Ich möchte den Kindern immer noch helfen und habe auch mit den anderen geredet.“

„Und was haben sie gesagt?“

„Harui ist meiner Meinung, sie ist genauso dagegen ihnen nicht zu helfen. Jinpei hingegen ist deiner Meinung und möchte ihnen nach den neuesten Erkenntnissen erst recht nicht mehr helfen.“

„Also steht es zwei zu zwei.“ Daisuke schaute ihr immer noch ins Gesicht und kam nicht umhin ihre Schönheit ein weiteres Mal zu bewundern. „Dann kommt es mal wieder auf Nobu an.“ Sein Gesichtsausdruck änderte sich, als er diesen Namen erwähnte. „Wo ist er überhaupt?“ Ihm wurde klar, dass er überhaupt noch nicht wusste, was passiert war.

„Weiß keiner. Er hat sich weder gemeldet, noch ist er hier.“

„Der taucht schon wieder auf, wenn einer es schafft, dann er, auch wenn es beunruhigend ist, dass er noch nicht wieder da ist.“ Danach erzählte Rei ihm, was alles im Waisenhaus vorgefallen war, nachdem er ohnmächtig wurde. Es gab Streit zwischen den Kindern und den Versuch Yuuto rauszuwerfen. Das konnte Rei dann jedoch verhindern. Sie war es auch, die es schaffte, dass sich alle wieder beruhigten.

Gerade als sich Daisuke und Rei wieder in die Augen sahen und sich küssen wollten, kam Harui reingestürmt.

„Nobu ist da.“ Rei machte Anstalten aufzustehen, genau wie Daisuke, doch beide hatten Probleme damit, weshalb Harui ihnen zu Hilfe kam. Während Daisuke nur Hilfe beim Aufstehen brauchte, musste Rei gestützt werden, bis sie bei ihrem Schläger war.

Als sie in der Eingangshalle angelangt waren, konnten sie sehen, wie Nobu mit Yuuto sprach. Die beiden schienen sich auf Anhieb zu verstehen. Das Geheimnis, das Yuuto zuvor vehement zu verheimlichen versuchte, erzählte er Nobu sofort. Ihm war bewusst, dass es sich bei ihm um den Anführer handelte und er am besten direkt alle Infos aus erster Hand erhalten sollte.

„Na sieh mal einer an“, begrüßte Daisuke seinen besten Freund.

„Du siehst echt beschissen aus.“ Nobu machte einen Witz, um die Sorge, die er sich gemacht hatte, runterzuspielen.

„Ich wünschte, ich könnte dasselbe von dir behaupten.“ Daisuke fiel auf, wie munter und fit er noch war, mal abgesehen vom Schlafmangel.

„Können wir fünf uns irgendwo ungestört unterhalten?“ Er brachte die Ernsthaftigkeit mit einem Satz zurück ins Gespräch. Da Rei aufgefallen war, dass Nobu am Arm verletzt war, schlug sie die Krankenstation des Hauses vor.

Während Rei ihn verarztete, fing er an.

„Wie ich sehe, ist keinem von euch wirklich was passiert, sonst würdet ihr jetzt nicht hier sitzen. Das freut mich wirklich. Unsere Geschichten können wir später austauschen.“ Er erzählte ihnen alles vom Zusammentreffen mit Samuel und seinen Leuten, die sie schon die ganze Zeit im Auge behalten hatten.

„Du sollst in ihr Hauptquartier gebracht werden, das ist doch wohl ein Witz, oder? Du glaubst nicht mal an Gott“, scherzte Daisuke.

„Keine Ahnung, was in deren Köpfen vorgeht. Danke.“ Rei hatte seine Behandlung abgeschlossen und sich neben ihren Freund gesetzt. „Aber selbst das hat sie nicht von ihrer Überzeugung abgebracht.“

Sie redeten noch eine ganze Weile über das Thema, bis Rei das Thema der Kinder aufgriff.

„Wir haben unter uns schon abgestimmt und es ist eine Pattsituation.“ Alle schauten nun gespannt auf Nobu und warteten auf seine Entscheidung.

„Wir geben ihnen was ab, aber nur so viel, dass wir noch genug für uns haben.“ Er wartete kurz, um es bei seinen Freunden sacken zu lassen, hatte dann aber noch das Gefühl sich rechtfertigen zu müssen. „Ich kenne Yuutos Geheimnis, trotzdem müssen wir uns für ihre Gastfreundschaft bedanken. Sie könnten uns immerhin auch rauswerfen und wir könnten nichts dagegen machen." Danach war auch Daisuke mit seiner Entscheidung einverstanden.

Das größte Festmahl, das sie seit Verlassen der Villa erlebten, begann, als die Sonne langsam hinter dem Horizont verschwand. Es wurde gegessen, hauptsächlich Konserven, aber auch ein frisch geschossenes Reh. Es wurde getrunken, natürlich nur Wasser. Es wurde viel untereinander geredet. Rechts neben Nobu saß Daisuke, an dessen rechter Seite wiederum Rei Platz genommen hatte. An Nobus linken Seite setzte sich Yuuto. Nobu gegenüber hatte Harui ihren Platz gefunden, an ihrer rechten Seite saß eines der kleineren Mädchen, das sich irgendwie mit ihr verbunden fühlte. Links von ihr saß ihr Bruder Jinpei. Vor sich hatte jeder das Gleiche, einen Teller gefüllt mit Eintopf und einem durchgebratenen Stück Reh. Das Reh war das beste Stück Fleisch, das jeder an diesem Tisch seit langem gegessen hatte. Viele der Kinder weigerten sich dennoch es zu essen, da sie immer noch an die Grausamkeiten von Yuuto dabei denken mussten. Nur jene, die bei der Jagd dabei waren oder Yuutos Vorhaben gut geheißen hatten, verweigerten nicht die Essensaufnahme. Die anderen wiederum legten das Fleisch neben sich und aßen nur das Konservenessen.

Die fünf unterhielten sich noch eine ganze Weile über ihren jeweiligen Tag, ehe sie ins Bett gingen. Sie entschieden sich dazu, an diesem Tag ihre Wache nicht durchzuführen und sich stattdessen einen erholsamen Schlaf zu gönnen. Harui wurde beim Essen von dem Mädchen neben ihr gefragt, ob sie in dieser Nacht mit ihr in einem Bett schlafen wollte. Nach einem prüfenden Blick zu Nobu, der ihr mit einem Nicken zustimmte, freute Harui darauf. Daisuke und Rei bekamen eines der Zimmer, das früher einem Betreuer gehörte. Auch Nobu und Jinpei bekamen zu zweit ein Zimmer mit zwei Betten, das Nobu jedoch nicht verwendete, da er nicht schlafen konnte.

„Ich könnte einen ganzen Tag durchschlafen." Rei ließ sich einfach so, wie sie war, aufs Bett fallen. Daisuke, der noch neben dem Bett stand, fielen zum ersten Mal ihre neuen Schuhe auf.

„Wo hast du die denn her?" Er zeigte auf ihre schwarzen Springerstiefel.

„Hab ne kleine Shoppingtour unternommen", meinte sie scherzhaft.

„Ach ja. Du hast nicht zufällig ein paar schusssichere Westen bekommen?", antwortete er ebenfalls scherzhaft.

„Nein, nur diese wunderschönen Stiefel." Zwar waren sie inzwischen voll mit Erde, dennoch liebte sie ihre neuen Schuhe immer noch. „Allerdings tun mir jetzt die Füße weh." Da sie noch nicht eingelaufen waren, hatten ihre Füße schon schnell darin angefangen zu schmerzen. Jedoch hatte sie den ganzen Tag noch keine wirklich ruhige Minute gehabt. „Kannst du mir mal helfen sie auszuziehen?"

„Na klar." Daisuke wusste, dass sie aufgrund ihrer Verletzung nicht an ihre Füße kam. Er setzte sich aufs Ende des Bettes.

Er öffnete zuerst den Schnürsenkel des rechten Stiefels, nachdem er ihn weitete, zog er an ihm. Kaum war er ausgezogen, fühlte Rei sich schon viel freier. Beim linken Schuh hatte er wiederum Schwierigkeiten, da sie Schmerzen hatte, wenn er zog. Rei hielt daraufhin ihren Unterschenkel fest, zwar zog es dadurch weiterhin, jedoch war es leichter auszuhalten.

Nachdem auch der zweite Stiefel ausgezogen war, legte sie sich aufs Bett und schloss für einen Moment die Augen. Sie konnte hören, wie Daisuke das Paar auf dem Boden abstellte. Sie zuckte kurz zusammen, als eine Hand ihren linken Fuß ohne Vorwarnung berührte. Dann jedoch fing er an ihren Fuß zu massieren. Es tat so gut.

„Gefällts dir?", erkundigte sich Daisuke.

„Ja, sehr sogar."

Ein bisschen später gingen sie dann aneinandergekuschelt schlafen.

Nachdem er eine Weile durch das nur von Mondlicht beleuchtete Haus schlenderte, fand Nobu sich vor der Eingangstür wieder. Er hoffte, dass ihn die frische Luft auf andere Gedanken bringen würde. Das geschah auch, denn alles, was er sah, zeigte ihm den Zerfall von vermutlich ganz Japan. Zuvor hatte er dem Gelände nicht allzu viel Aufmerksamkeit geschenkt. Jetzt hingegen, wo der Mond auf die offene Fläche leuchtete und alles in einen silbern schimmernden Schein tauchte, hatte er mehr als genug Zeit, um sich alles anzusehen. Die Zäune, die fast zusammenfielen, die Hauswand, die von Pflanzen überwuchert wurde. Das gesamte Grundstück wurde von der Natur zurückerobert.

„Wirklich schön hier draußen, nicht wahr?" Yuuto konnte in dieser Nacht auch nicht schlafen und bekam mit, wie Nobu durchs Haus schlenderte. Als er dann nach draußen ging, beschloss er ihm zu folgen.

„Kannst du auch nicht schlafen?" Schön würde er den Garten zwar nicht unbedingt nennen, doch idyllisch war es alle mal.

„Nicht nach allem, was heute passiert ist. Ich wollte sie doch alle nur am Leben halten." Er schaute verträumt in die Sterne und versuchte zu zählen, wie viele es in dieser Nacht waren.

„Dich trifft nicht wirklich eine Schuld. Klar, was du gemacht hast, war moralisch verwerflich und auch illegal, aber du hast es aus einem guten Grund getan. Du wolltest deine Freunde, deine Familie am Leben halten. Ich kann aber auch die andere Seite verstehen. Mich würde es nicht wundern, wenn es ihnen jetzt schwerfällt dir zu vertrauen."

„Würdest du mir danach noch vertrauen können?"

„Wenn du einem meiner Freunde das antun würdest, wäre mein Vertrauen deine geringste Sorge", merkte er scherzhaft an. „Aber", er ließ ein paar der Blätter vom verwelkten Gemüse durch seine Hände gleiten, „mit Vertrauen ist es so wie bei diesem Anwesen. Als ich ankam, fiel mir überhaupt nicht auf, wie schön es hier eigentlich ist. Vermutlich habe ich auf unserer Reise hierher so viele schöne Dinge übersehen, weil ich mir einfach nicht die Zeit nahm sie genauer zu betrachten. Doch jetzt im Glanz des Mondscheins ist es mir aufgefallen. Und genauso ist es auch mit deiner aktuellen Lage. Wenn du ihnen die Zeit gibst, die sie brauchen, um in Ruhe darüber nachzudenken, werden sie wieder Vertrauen in dich fassen können."

„Bist du wirklich erst 17? So eine Rede hätte ich von einem alten Mann erwartet, aber nicht von jemandem, der nur ein bisschen älter ist als ich."

„Das höre ich öfters, ich sei ziemlich erwachsen für mein Alter. Was vermutlich damit zusammenhängt, dass ich schon sehr früh auf mich allein gestellt war."

„Das tut mir leid." Yuuto dachte, er redete davon, dass seine Eltern gestorben wären.

„So meinte ich das gar nicht, meine Eltern sind durch ihren Job nur viel unterwegs."

„Ach so, danke auf jeden Fall."

„Wofür, ich habe doch nichts gemacht."

„Ich habe mich heute ziemlich viel mit Rei unterhalten, und ohne dich hätten wir heute vermutlich kein Abendessen gehabt."

„Ohne uns wäre die Sache hier nicht so aus dem Ruder gelaufen. Gewöhn dich aber lieber nicht an uns, wir bleiben nur so lange, bis es Rei und Daisuke besser geht und wir weiterkönnen." Yuuto wusste über die ganze Sache mit der Yakuza bereits Bescheid. Rei hatte ihn zuvor schon darüber aufgeklärt.

„Aber ihr solltet eines über diesen Clan der Yakuza wissen."

„Ach und das wäre?" Nobu war neugierig darauf, was ihm ein 15-Jähriger über die Yakuza zu sagen hatte, besonders da sie schon seit Jahren im Gefängnis eingesperrt war.

„Dieser Goro, ihr Anführer, hat seinen Bruder hier aus diesem Waisenhaus adoptiert."

„Das ist ja interessant, ich wusste zwar, dass dieser …" Er besann sich darauf, mit wem er sprach, und hielt sich bei seiner Wortwahl zurück, „das sollte ich besser nicht sagen, adoptiert wurde, aber nicht, dass er von hier war. Woher weißt du das?"

„Goro kam früher immer mal wieder her, er war ein großer Geldgeber für unser Haus, deshalb wissen wir ziemlich viel über ihn. Also zumindest die Älteren. Denn vor ein paar Jahren kam er plötzlich nicht mehr, wir dachten erst, er wäre gestorben, immerhin ist er ja auch nicht mehr der Jüngste. Später haben wir dann aber erfahren, dass er im Gefängnis war." Nobu war überrascht zu hören, dass der Alte Mann, der ihn zu einem Spiel auf Leben und Tod herausforderte, ein Herz für Kinder hatte.

„Lass mich raten …"

„Yuuto, komm schnell, Sana hat schon wieder Albträume." Eines der kleinen Mädchen, das mit Harui im selben Zimmer schlief, kam rausgestürmt, da Sana, das Mädchen mit dem Harui im selben Bett schlief, Albträume hatte. Die beiden machten sich sofort auf zum Zimmer der Kleinen. Für Yuuto schien es nichts Neues zu sein. Das Mädchen wurde nämlich schon seit Wochen von Albträumen geplagt.

„Harui, was ist los?" Nobu wendete sich direkt an sie.

„Keine Ahnung, sie fing plötzlich an im Schlaf zu schreien. Die anderen sagten, dass es nichts Neues sei und sie Yuuto holen würden."

„Alles wird gut, du brauchst dir keine Sorgen machen, ich bin ja da." Yuuto nahm sie direkt auf den Arm und versuchte sie zu beruhigen. Noch immer schlief das kleine Mädchen und hatte Schweißausbrüche. Yuuto fühlte ihre Stirn und stellte fest, dass die Kleine hohes Fieber hatte.

„Kann mir bitte jemand nasse Tücher holen, wir müssen irgendwie ihre Temperatur runterbringen." Er legte sie wieder ins Bett und machte sich daran eine Schale Wasser und Tücher zu holen, da die anderen Kinder mit seiner Bitte überfordert zu sein schienen.

Harui bot ihre Hilfe an, die auch dankbar angenommen wurde. Zusammen kamen sie mit einer Schale kalten Wasser und ein paar frischen Lappen wieder. Nobu war in der Zwischenzeit aus dem Weg gegangen, da er sich fehl am Platz fühlte. Er wusste nicht wie er helfen konnte.

Schon nach kurzer Zeit kamen auch die Jungs, die alle in einem anderen Zimmer schliefen, dazu und drängten sich durch die kleine Tür, um sehen zu können, wieso es mitten in der Nacht so laut war. Auch der Rest der Gruppe um Nobu scharte sich um die anderen.

„Was ist denn los?" Daisuke hatte noch immer den Schlaf in den Augen und versuchte ihn wegzureiben. Er konnte in dieser Nacht endlich mal wieder in einem normalen Bett schlafen, noch dazu zusammen mit Rei, die er im Schlaf nah bei sich behielt. Auch jetzt hielt er sie noch in seinen Armen, nicht zuletzt damit sie ihr Gleichgewicht halten konnte. Seitdem Daisuke im Waisenhaus war, trug er sie fast überall hin, damit sie ihr Bein schonen konnte.

„Sana, das Mädchen, mit dem Harui sich ein Bett geteilt hat, scheint Fieber zu haben. Dazu kommt, dass sie von Albträumen geplagt wird."

„Ich schau mal, ob ich helfen kann." Rei löste sich aus den Armen ihres Liebsten und humpelte zum Bett, um das sich bereits eine Traube aus Kindern gebildet hatte. „Lasst ihr mich bitte mal durch." Rei kämpfte sich, so gut sie konnte, zum Bett vor.

Da Nobu zuvor von einigen Leuten gehört hatte, dass Daisuke und Rei sich gestritten hatten, nutzte er die Gelegenheit aus, um sich zu erkundigen. Es interessierte ihn, ob bei den beiden wieder alles im Lot war. Das konnte Daisuke gelassen und mit einem Lächeln bejahen, nachdem er erst einmal überlegen musste, wovon gerade die Rede war. Dass die beiden sich nur wenige Stunden zuvor gestritten hatten, hatte er nach dem Aufwachen auf ihren Oberschenkeln schon wieder völlig verdrängt.

„Wie lange, denkst du, braucht ihr beiden, um euch wieder zu erholen, bevor wir weiterkönnen.“ Nobu wollte so bald wie möglich aufbrechen und das Waisenhaus verlassen, nicht zuletzt, um keines der Kinder in Gefahr zu bringen. Er wollte nicht für zwei Dutzend Kinder Verantwortung tragen müssen.

„Wenn es nur nach mir ginge, könnten wir sofort weiter, solange ich nicht rennen muss, das hat mich heute Nachmittag noch fertig gemacht.“

„Das heißt also, es hängt an Rei. Na, hoffentlich geht es ihrem Bein bald besser.“

„Tut mir leid, dass ich nicht besser auf sie aufgepasst habe.“ Die Entschuldigung von Jinpei richtete sich größtenteils nur an Daisuke. Was Nobu davon hielt, war ihm komplett egal.

„Ich hätte es nicht besser machen können. Außerdem hast du ihr am Ende das Leben gerettet und allein dafür bin ich dir schon sehr dankbar.“ Nachdem er das hörte, konnte Jinpei wieder neues Selbstbewusstsein fassen.

Doch nicht nur Jinpei konnte in dieser Nacht wieder neuen Mut fassen, auch Yuuto bekam wieder die Zustimmung von seinen Geschwistern. Nachdem sie gesehen hatten, wie er sich anstrengte, damit es der kleinen Sana wieder besser ging, hatten viele ihren Unmut ihm gegenüber abgelegt. Auch Harui hatte sich in diesem Moment von ihrer stärksten Seite gezeigt. Das schüchterne Mädchen vom Anfang war nun komplett verschwunden, sie gab den Jungs, die nur im Weg rumstanden, irgendwelche Aufgaben, damit sie nicht gestört wurden. Besonders Nobu war von ihr beeindruckt. Anders als früher störte sie seine Anwesenheit überhaupt nicht mehr. Sie nahm daraus sogar neue Kraft, als sie am Ende war.

Es dauerte noch eine ganze Weile, bis die Situation sich beruhigte, selbst die Jungs, die eigentlich nur nebendran standen und nichts tun konnten, waren mit ihren Kräften nach dieser Nacht am Ende. Aus der erholsamen Nacht wurde am Ende noch weniger als sonst. Dafür ging es Sana viel besser als noch am Abend zuvor. Sie entschuldigte sich bei jedem dafür, sie die ganze Nacht über wachgehalten zu haben. Gleichzeitig bedankte sie sich auch bei allen, die bei ihrer Behandlung mitgeholfen haben.

An diesem Morgen war die Yakuza damit beschäftigt ihre verstorbenen Männer in der Stadt zu suchen, um sie begraben zu können. Auch wenn Goro sagte, es sei ihm egal, wenn seine Männer sterben würden, hielt er doch viel davon sie zu beerdigen. Der Tod, der ihn aber am meisten mitnahm, war der von Kijima, seinem Bruder. Mit diesen Gefühlen war er jedoch allein. Jeder andere freute sich insgeheim über den Tod dieses Verrückten. Besonders Kobe, da er hoffte, dass so der Einfluss, den er auf Goro ausübte, nun verschwinden würde. Goro hingegen erinnerte sich an den Tag, an dem er Kijima das erste Mal begegnet war.

Kijima war früher öfter aus dem Waisenhaus ausgebüxt. Bei einem seiner Streifzüge begegnete er dem 8 Jahre älteren Goro. Damals war er nur ein einfaches Mitglied seiner Familie. Gerade als er dabei war von vier Schlägern einer anderen Familie zu Brei geschlagen zu werden, mischte der Junge sich ein. Mit einem Stein ging er auf einen der Schläger los und verpasste ihm eine Platzwunde am Kopf. Vor Schmerzen am Boden windend, war er keine Gefahr mehr. Die restlichen Angreifer konzentrierten sich jetzt auf den 14-Jährigen. Goro hatte dadurch genug Zeit, um sich aufzurappeln. Mit seinem Messer, das er aus dem Gürtel gezogen hatte, eilte er dem Kind zu Hilfe. Zwei von ihnen rammte er das Messer in den Rücken, welche daraufhin zusammenbrachen und starben. Der Letzte von ihnen hatte Angst bekommen und war weggerannt. Sie alle waren gerade einmal 20 Jahre alt. Diese Schlägerei war sowas wie ihre Antrittsprüfung für eine Yakuza-Familie.

Noch am selben Tag führte Goro seinem Lebensretter den Oyabun der Familie vor. Dieser schlug vor, dass die beiden Sake-Schalen austauschen sollten.

Als Kijima 20 und somit erwachsen war, trat er in die Familie ein und wurde ein Yakuza und Goros Vertrauter.

„Nachdem wir uns um die Verstorbenen gekümmert haben und ihnen eine angemessene Bestattung haben zukommen lassen, werden wir zu dem Waisenhaus aufbrechen, in dem ich Kijima damals habe adoptieren lassen. Ich habe da schon eine Idee für unseren nächsten Angriff." Im ersten Angriff auf die Stadt hatte Goro fast nur clanexterne Leute, oder nicht mehr loyale Mitglieder verloren. Seine eigenen Männer, die weiterhin treu hinter ihm standen, hielt er für den zweiten Angriff zurück.

Kapitel 15 Versprechen

Die Bestattung der Mitglieder der Yakuza dauerte ganze vier Tage an. Der erste Tag, welcher auch der Tag des Angriffes war, wurde gebraucht um die Leichen zu finden. Einen weiteren zur Trauer und Vorbereitung. Dann einen dritten um alle, bis auf Kijima, welcher am folge Tag begraben wurde, zu bestatten. Erst an Tag fünf brachen sie in aller Frühe zum Waisenhaus auf.

Nobu und seine Gruppe hatte zu diesem Zeitpunkt jedoch schon einen halben Tag Vorsprung aufbauen können. Denn nach etwa drei weiteren Tagen ging es Reis Bein so weit besser, und sie konnten gemeinsam aufbrechen. Rei hatte zuvor immer wieder Versuche gestartet, ihre neuen Schuhe irgendwie einzulaufen.

Rei fragte Yuuto zuvor, ob er und die anderen sich ihnen nicht anschließen wollen. Doch weder wollte Yuuto ihnen zur Last fallen, noch waren Nobu und Daisuke damit einverstanden gewesen. Hätte Yuuto nicht von sich aus abgelehnt, hätte Rei wieder angefangen zu diskutieren. Doch der Junge war der Meinung, dass in dieser neuen Welt mehr denn je kein Platz für sie sei und sie einfach so lange weiterleben würden, wie sie nur konnten. Besonders in der Hinsicht, dass die Gruppe rund um Nobu nicht mehr genug zu essen hatte, um sie alle noch so lange ernähren zu können.

Durch die Verletzungen von Daisuke und Rei waren sie gezwungen zur Mittagszeit eine Ruhepause einzulegen. Aufgrund der aktuellen Tageszeit entschieden sie sich dazu gleich ihre Mittagspause daraus zu machen. Nach einem steilen Anstieg fanden sie eine große ebene Fläche, bedeckt durch mehrere Baumkronen. Nur an zwei Stellen konnte die Sonne durchscheinen. Dort waren durch das Erdbeben zuvor die Bäume umgestürzt. Diese konnten dann direkt als Sitzmöglichkeiten genutzt werden. Dank der Ungewissheit, wie weit die Yakuza ihnen auf den Fersen war, nahmen sie ihr Essen kalt zu sich und verzichteten auf das Feuermachen.

„Denkst du, die Kinder kommen allein zurecht." Rei machte sich Sorgen um sie und hoffte, dass Daisuke sie beruhigen könnte. Daisuke hatte sie zuvor den ganzen Weg gestützt und war von allen am fertigsten. Rei wiederum hatte, auch wenn sie ihr Bein kaum belastet hatte, riesige Schmerzen. Aufgehört zu bluten hatte ihre Wunde schon am ersten Tag, dennoch wechselte sie den Verband in ihrer Pause, um sicherzugehen, dass kein Dreck in die Wunde gelangen konnte.

Am ersten Morgen nach einer unruhigen Nacht in dem Waisenhaus wachte sie zitternd in Daisukes Armen auf. Sie klammerte sich darum nur fester an ihn und weckte ihn so auf. Er streichelte ihr dann wiederum den Rücken, um sie zu beruhigen.

Das Loch in ihrem Bein war bereits zugewachsen, dennoch waren die Ein- und Austrittswunde deutlich zu sehen und auch mit den Fingern zu spüren.

„Jeder, der nicht mindestens auf dem Weg nach Tokio ist, hat bereits verloren." Er wollte ihr keine falschen Hoffnungen machen, auch wenn es ihm schwerfiel und er genau wusste, dass sie es nicht hören wollte.

„Du hast wohl leider recht." Diese Reaktion wunderte ihn deshalb noch mehr. Ein Blick in ihr Gesicht offenbarte jedoch, dass sie einfach nur in die Richtung des Waisenhauses starrte. Sie vergaß darüber hinaus etwas zu sich zu nehmen, weshalb ihr Teller noch größtenteils unangetastet war. „Findest du es nicht auch merkwürdig, dass die Yakuza uns noch nicht gefunden hat?" Sie stocherte in ihrem Essen rum und schaute ihm dabei in die Augen.

„Nicht wirklich, die haben ja keine Ahnung, wo wir uns versteckt haben." Entspannt führte er seinen Blick zu der Gabel in seiner Hand und führte sie zu seinem Mund.

„Das stimmt nicht wirklich, Yuuto hat mir erzählt, dass Goro ein wichtiger Geldgeber des Waisenhauses war, bevor er verhaftet wurde. Er kam auch immer mal wieder vorbei, um nach dem Rechten zu sehen." Das hatte Nobu zuvor noch nicht erzählt, da er es wegen des Durcheinanders, verdrängt hatte.

„Aber selbst dann hat er uns da nicht gefunden."

„Ich denke, er hat sich erst um seine toten Leute gekümmert." Nobu glaubte daran, dass Goro auch weiterhin ein Mann war, dem Ehre über alles ging.

Schon kurz darauf ging es weiter, auch weiterhin mussten sie immer wieder Pausen einlegen. Am Abend kamen sie dann schließlich an einem kleinen Hang an, der zu ihrem Nachtlager werden sollte. Das Mondlicht konnte ungehindert auf den Platz strahlen. Es war eine weitestgehend baumleere Stelle, die sich nah am Waldrand befand. Auch beim Abendessen konnte Rei nichts zu sich nehmen und stocherte nur in ihrem Essen herum. Da er es zuvor schaffte sie dazu zu überreden ihren Teller leer zu essen, auch wenn sie keinen Hunger hatte, versuchte er es wieder.

„Du solltest was essen. Sonst schaffst du den Tag morgen nicht mehr." Als Reaktion lehnte sie ihren Kopf nur an Daisukes Schulter.

„Denkst du wirklich, dass dieses Schicksal für sie besser ist als das, was uns in Tokio erwartet?" Sie blickte nach oben, um in sein Gesicht schauen zu können. Nun hörte auch er zu essen auf und stellte den Teller vorsichtig auf den Boden vor sich.

„Das kann ich dir nicht versprechen, aber wir müssen den Versuch wagen." Er wusste, dass es in Tokio vermutlich noch schlimmer aussah als überall anders in Japan. So viele Menschen auf einem Haufen, das konnte nur zu einer Katastrophe führen. Außerdem würde sie dann wieder mit dem Tod ihres Vaters konfrontiert. „Es ist besser, als hier draußen auf den sicheren Tod zu warten."

„Auch wenn manchmal das Leben schlimmer ist als der Tod?"

Sie spürte das Verlangen mit dem Reden aufzuhören und ihn einfach zu küssen, als es plötzlich laut hinter ihnen zu rascheln begann. Jemand näherte sich ihnen, und er war nicht allein. Sie schnellten nach oben, Rei ließ dabei ihren Teller von ihrem Schoß auf den Boden fallen. Doch auch die anderen der Gruppe waren kampfbereit.

Nobu stieg übers Feuer und war nun ganz vorne. Seine Waffe hielt er mit beiden Händen fest. Ließ sie durch den Wald schweifen in der Erwartung, dass gleich jemand oder etwas auf ihn zukommen würde.

Das Rascheln kam immer näher, bis die ersten Silhouetten erschienen. Sie waren sehr klein, und auch als sie ins Licht des Feuers traten, änderte sich daran nichts. Es waren sieben Kinder des Waisenhauses, darunter auch Yuuto. Erleichtert ließen Rei, Jinpei und Harui ihre Waffen sinken und waren kurz davor sie wieder einzustecken, als Nobu sie davon abhielt.

„Lasst die Waffen draußen." Er wendete sich nicht von den Kindern vor ihm ab. Jedoch ging er zwei Schritte zurück, um Abstand zwischen die beiden Parteien zu bringen. „Und ihr nehmt die Waffen runter." Diesmal war es deutlich an die Kinder vor ihm gerichtet. Erst jetzt konnten Rei und die Zwillinge die Pistolen, welche im Feuer glänzten, in ihren Händen erkennen.

„Tut mir leid Nobu, aber das können wir nicht, du musst es verstehen. Entweder ihr oder wir." Es war Yuuto, der das Gespräch aufnahm.

„Yuuto was soll denn …?" Rei wurde von Nobu das Wort abgeschnitten.

„Rei, sei jetzt ruhig!" Normal hätte er jetzt schon eine von Daisuke kassiert. Doch der stand nur da und hielt gleichzeitig zwei Waffen auf zwei der Kinder gerichtet. „Und nein, ich verstehe es nicht. Wir haben euch geholfen und so dankt ihr es uns." Nobu und auch der Rest der Gruppe waren inzwischen hinter den umgefallenen Bäumen in Deckung gegangen, ihre Waffen weiterhin auf die Kinder gerichtet. Doch einzig Daisuke und Nobu waren dazu bereit auch abzudrücken.

„Es geht nicht anders, entweder wir kommen mit allen Leichen außer der von Nobu zurück oder sie töten alle anderen?“ Die Verzweiflung stand ihm ins Gesicht geschrieben.

„Wer tötet wen?“

„Goro, er und seine Männer sind im Waisenhaus, und wenn wir euch nicht ausliefern, werden sie alle Kinder töten.“ In seiner Stimme war Verzweiflung zu erkennen.

„Er wird euch auch töten, wenn ihr mit uns zurückkommt. Ihr seid nichts weiter als ein Werkzeug für ihn und wenn ihr euren Sinn erfüllt habt, wird er euch wegwerfen.“ Nobu war bereit zu schießen, sollte es notwendig sein.

„Aber wir müssen es wenigstens versuchen. Ich will mir nicht vorwerfen müssen nichts versucht zu haben.“ Yuuto war den Tränen nahe.

„Gut, dann werde ich dir mal sagen, wie das ablaufen wird. Deine Leute werden zögern, während meine euch alle erschießen werden. Und was dann, dann seid ihr alle tot und mehr nicht.“ Er war sich nicht sicher, ob die anderen auf Kinder feuern könnten. Das war ihm aber egal, da er es zuerst mit psychologischer Kriegsführung versuchen wollte. Jeder wusste, was Nobu und seine Freunde getan hatten, bevor sie ins Waisenhaus kamen. Sie alle hatten die Geschichten beim Abendessen gehört. Außerdem fehlte den Kindern etwas in den Augen und das fiel Nobu auf. Ihnen fehlte der Wille zu töten. Alles, was vorhanden war, waren die Zweifel an der Situation, in der sie jetzt steckten, gepaart mit der Angst, die Nobu ihnen erfolgreich einreden konnte.

„Vermutlich hat er die anderen Kinder schon umgebracht, nachdem ihr eine Weile unterwegs wart.“ Yuuto konnte die Wahrheit hinter diesen Worten hören. Nobu zweifelte nicht daran, dass Goro ein Mann von Ehre war, doch wusste er genauso gut, dass die Kinder nicht gewinnen konnten. Auch er versuchte damit nur den geistigen Aspekt in ihren Kampf zu bringen.

„Vermutlich hast du recht, aber woher sollen wir das wissen? Es ist nicht so, als ob wir mit ihnen reden könnten."

„Das vielleicht nicht, aber wir können nachsehen. Und mit wir meine ich euch und mich."

„Findest du das wirklich schlau? Du weißt nicht, ob diese Kinder es nicht vielleicht doch durchziehen werden." Daisuke flüsterte in sein Ohr, um nicht die Aufmerksamkeit der Kinder zu bekommen.

„Goro will mich lebend haben. Wenn sie mir also was antun, sind sie sowieso dran. Ist es nicht so Yuuto?" Nobu steckte seine Pistole weg. Die einzige Waffe, die Nobu jetzt noch auf die Kinder richtete, war sein Blick. Es war derselbe Blick, mit dem er schon viele erwachsene Männer einschüchterte. Seine Intensität wurde durch das Feuer hinter ihm nur noch verstärkt. Eines der Kinder, es war höchstens 11 Jahre alt, machte sich bei Nobus Anblick in die Hose. Die Angst riss seine Augen weit auf. Vor ihm stand nun nicht mehr der nette 17-Jährige, der sie vor einem Tag noch bewirtet hatte, sondern ein eiskalter Killer. Seine Hände zitterten, der Revolver in seiner Hand, den er von Goro mit einem Lächeln im Gesicht überreicht bekam, fiel auf den Boden. Der metallene Klang holte die anderen Kinder wieder zurück.

„G…g…gut, so machen wir e…es." Yuuto konnte sich nicht bewegen. Er war es, der direkt in Nobus tiefschwarze Augen blicken musste. Als Nobu wieder einen Schritt nach vorne machte, zuckte Yuuto zusammen. Jeder weitere ließ ihn zucken.

„Das ist doch wunderbar, warum nicht gleich so?" Nobu stand direkt vor ihm und klopfte ihm mit einer Hand auf die Schulter. Er war nun wieder der Junge, den sie noch vor wenigen Tagen kennengelernt hatten.

Nobu war zusammen mit den anderen Kindern auf dem Weg zurück zum Waisenhaus. Zuvor gab er Daisuke aber noch die Anweisung am Morgen weiterzugehen, auch wenn er noch nicht zurück sein sollte. Er wusste den Weg, den sie ausgemacht hatten, und würde sie finden.

„Denkst du, das geht gut aus?" Diesmal war es Harui, die ihre Sorgen laut aussprach.

„Nobu kann gut auf sich aufpassen, er wird kein Risiko eingehen, wenn er es vorhersehen kann." Daisuke hatte volles Vertrauen in seinen Freund.

„Ich hoffe nur, du behältst recht. Ohne ihn wären wir jetzt erledigt." Rei flüsterte, da sie nicht wollte, dass Harui mit anhörte, was sie zu sagen hatte.

„Wären wir nicht und das weißt du auch, er hat nur für einen friedlichen Ausgang gesorgt."

„Aber zu welchem Preis?"

„Wir haben zumindest einen neuen Revolver." Der Junge hatte zu viel Angst gehabt, um sein Schießeisen vor seinem Abgang wieder aufzuheben.

Es war die Zeit, dass Jinpei seine Nachtwache halten musste. Da raschelte es wieder im Gebüsch, es war in etwa dieselbe Stelle, aus der wenige Stunden zuvor die Kinder kamen. Da er nicht wusste, was ihn erwartete, fummelte er an dem Halfter an seiner Hüfte herum in dem Versuch den Revolver darin rauszuholen. Es dauerte zu lange, sodass Nobu und Yuuto bereits vor ihm standen, als er sie endlich in Händen hielt.

„Kannst sie wieder runternehmen." Jinpei richtete seinen Revolver noch kurz auf Nobu, während er ihn genauer untersuchte. Kurz wollte er tatsächlich abdrücken, konnte sich aber beherrschen. Der Schweiß lief ihnen von der Stirn. Sie waren den gesamten Weg zurückgerannt. „Kannst du die anderen bitte wecken?" Erst jetzt packte er die Waffe weg. Die beiden stellten sich ans Feuer und versuchten Luft zu holen. Während Nobu noch einigermaßen fit war, konnte Yuuto nicht mehr und rang nach Luft.

„Was ist passiert, wo sind die anderen?“ Daisuke und die anderen waren mittlerweile wach und hatten sich ums Feuer versammelt. Nobu erzählte ihnen die ganze Geschichte.

Es begann damit, dass sie zu dem gut bewachten Waisenhaus zurückkehrten. Was gar nicht so schnell ging, da sie bereits eine Stadt hinter sich gebracht hatten.

Um das ganze Grundstück herum standen Goros Männer. Im Schutz der Dunkelheit konnten sie sich näher ranschleichen, als es ihnen lieb war. Denn nur wenige Meter vor ihnen unterhielten sich zwei der Wachen. Das Gesprächsthema waren die anderen Kinder. Yuuto wie auch die Kinder bei ihm hörten gespannt zu. Nur Nobu konnte ahnen, was kommen würde, weshalb er ausschließlich mit einem Ohr bei der Sache war. Der Rest seiner Aufmerksamkeit galt der Umgebung. Er konnte sich gut vorstellen, dass Goro Späher ins ganze Gebiet um das Haus herum ausgesendet hatte.

„Ich weiß, dass es uns eigentlich nichts angeht, aber das, was der Boss vorhin abgezogen hat, war echt nicht in Ordnung“, erzählte der eine Wachmann.

„Besonders nachdem er uns immer eingetrichtert hatte, dass wir Versprechen, die wir geben, immer einhalten sollen“, ergänzte der andere. Während die Kinder sich wunderten, worüber sie redeten, wusste Nobu genau, dass er recht gehabt hatte. Es war eines der wenigen Male, dass er sich wünschte, nicht recht zu haben.

„Als er die ganzen Kinder einfach getötet hat, war ich echt geschockt.“ Weiter konnten die Männer nicht reden, da sie von einem der Kinder unterbrochen wurden.

„Was hast du da gerade gesagt?“ Nobu war nicht aufgefallen, dass sich einer von ihnen aus der Deckung gewagt hatte. Die anderen folgten ihm, nur bei Yuuto war er noch in der Lage ihn am Kragen zurückzuhalten. Während in den Augen Nobus einfach nur das blanke Entsetzen Ausdruck fand, waren Yuutos Augen größtenteils von Unverständnis gefüllt. Er als Anführer seiner kleinen Kindergruppe konnte nicht glauben, dass er wirklich dem Irrtum erlegen war, den der alte Mann ihm erzählte. Nobu gab sich auch ein bisschen selbst dafür die Schuld. Vielleicht wäre es anders ausgegangen und Yuuto hätte ihm nicht vertraut, wenn er zuvor nicht mit seinen Freunden gelehrt hatte, dass es auch noch gute Menschen auf der Welt gab. Allgemein waren sie der Grund für all das Schlimme, dass den Kindern in den letzten Tagen widerfahren war. Er sah es deswegen als seine Pflicht an, zumindest Yuuto heil aus der Sache rauszubringen.

Vor ihnen löste sich ein Schuss, der ein blutiges Spektakel zur Folge hatte. Eines der Kinder schoss auf eine der Wachen, verfehlte aber. Erst als die anderen auch schossen, hatte einer von ihnen Glück und traf eine der Wachen tödlich. Der andere rastete daraufhin komplett aus und erschoss die sechs Kinder, die nur noch fassungslos in der Gegend rumstanden und keinen Finger mehr rühren konnten. Nachdem sie den einen Mann erschossen hatten, schienen ihre Rachegefühle befriedigt und sie erfüllte plötzlich eine riesige Leere, die nur Sekunden später durch eine Ladung Blei gefüllt wurde. Die Leichen lagen genau vor Yuutos und Nobus Gesichtern, beide wagten es nicht auch nur einen Muskel zu bewegen. Als dann aber andere Männer von der Yakuza auf die Schüsse reagierten und zum Ort des Geschehens kamen, hieß es handeln.

Nobu schnappte sich die Pistole, die Yuuto hinten in seinem Hosenbund hatte. Nachdem er das gesehen hatte, war Nobu der Meinung, dass sein Begleiter nicht mehr im Stande war abzudrücken. Noch immer im Schutz der Dunkelheit eröffnete er mit beiden Waffen gleichzeitig das Feuer. Nachdem er einige von ihnen erwischte, ging der Rest von ihnen in Deckung. Mit jedem neuen Schuss wurde ein kurzer Blick auf Nobus wutentbranntes Gesicht offenbart. Er hatte es nun endlich geschafft und Goros Männer hatten mehr Angst vor ihm als vor ihrem Boss. Es war wie bei den Kindern zuvor, die Angst war so stark, dass sie wie gelähmt waren.

Das verschaffte Nobu die nötige Zeit, um sich Yuuto zu schnappen und zu verschwinden. Er musste ihn die ersten Meter hinter sich herziehen, bevor er endlich wieder zu Sinnen kam und allein weiterlief.

„Das ist ja schrecklich, es tut mir so unendlich leid." Rei, die schon zuvor Mitleid mit den Kindern hatte, spendete Yuuto eine tröstende Umarmung. Das war auch gleichzeitig eine Einladung, sich der Gruppe anzuschließen.

„Die Typen werden uns jetzt erst recht auf den Fersen sein. Ich hoffe, ihr beiden könnt wieder weiter und das im Notfall auch im Rennen." Rei machte ihm jedoch mehr Sorgen als Daisuke.

„Bereiter denn je." Daisuke verspürte in genau dem Moment wieder Kopfschmerzen, doch das lag daran, dass seine Wut auf die Yakuza und ganz besonders auf Goro seinen Kopf zum Pochen brachte.

„Auch ich bin bereit." Sagte Rei, während sie Yuuto aus ihrer Umarmung entließ. Ihr wäre es lieber gewesen nicht wegzurennen und sich einem Kampf zu stellen. Aber sie wollte niemanden mehr verlieren. Es war ihr bewusst, dass sie beim ersten Kampf Glück hatten, dass keiner getötet wurde. Diesmal würde es jedoch einen anderen Ausgang nehmen, dessen war sie sich sicher.

Daisuke löschte das Feuer und machte sich im Dunkeln mit allen anderen zur Abreise bereit. Er war froh, dass sie in den letzten Tagen genug Schlaf gehabt hatten und so einmal mehr eine Nacht durchwandern konnten.

Kapitel 16 Gewonnen und doch verloren

Gerade weil es Nacht war, stellte es sich als schwierig heraus zu fliehen. Für Nobu und Yuuto, die schon zuvor einige Kilometer zurück zu dem Camp gesprintet waren, war es besonders anstrengend. Während Nobu noch einigermaßen fit war und mithalten konnte, fiel Yuuto weit zurück. Nach der unfreiwilligen Diät über die Dauer von 2 Monaten war er mit seinen Kräften am Ende. Auch die drei Abendessen, bei denen er sich nicht zurückhalten musste und einfach reinhauen konnte, hatten nur bedingt geholfen. Ein weiteres Problem stellte der unebene Waldboden dar. Ohne sehen zu können, wo sie hintraten, stolperten sie des Öfteren.

Trotz aller Anstrengungen zu entkommen war ihnen die Yakuza zuvorgekommen. Sie hatten Autos, die Kinder nicht. Die beiden Gruppen trafen am Vormittag des nächsten Tages im Park, zwei Städte vom Waisenhaus entfernt aufeinander. Alles, was sie noch voneinander trennte, war ein etwa zwei Meter breiter, von Menschenhand angelegter Bach. Über ihn führten drei Brücken, doch nur eine davon war direkt bei den Gruppen. Die Brücke war groß genug, dass zwei Personen darauf mühelos aneinander vorbeigehen konnten, ohne sich zu berühren. Die Waffen waren auf beiden Seiten oben und jeder wartete nur darauf, dass der erste Schuss abgegeben wurde, um eine Schlacht vom Zaun zu brechen. Dieses Mal würden die Kinder zu hundert Prozent verlieren.

„Wo steckt Goro?“ Nobu war der Erste, der das Schweigen in dieser angespannten Lage brach.

„Der kommt gleich, und so lange würde ich euch raten nichts Dummes anzustellen“, erwiderte einer von Goros Handlangern.

Es vergingen nur wenige Sekunden, die sich allerdings anfühlten wie Minuten, bevor einer der bekannten schwarzen Geländewagen vorfuhr. Nur wenige Meter vor den Yakuza kam er zum Stehen, bevor die Türen aufgingen und zuerst vier Leute herauskamen. Auf der Beifahrerseite wand sich Kobe aus seinem Sitz, der für ihn viel zu klein eingestellt gewesen war. An seiner Hüfte hing ein Katana in rot-grüner Scheide. Er war der Einzige, dessen Kopf über das Dach des Wagens hinausschaute. Dennoch konnte er den Fahrer auf der anderen Seite nicht sehen, da dieser zu klein war. Direkt hinter dem Fahrer stieg nun Goro höchstpersönlich aus. Einer seiner Männer musste ihm hochhelfen. Dennoch schmälerte es die Anspannung der Situation nicht im Geringsten. Trotz der offensichtlichen Schwäche des Mannes schmälerte es nicht sein Auftreten als skrupelloser Oyabun. In seinem Gesicht zeichnete sich ein breites Grinsen ab.

„Tja Nobunaga, hier endet wohl unser kleines Spiel. Wie fandest du die Idee, dass ich die Kinder auf dich angesetzt habe? Auch wenn sie letztlich versagt haben.“ Als er danach noch anfing in sich hineinzulachen, brannte bei Yuuto eine Sicherung durch. Er rannte auf den Fluss zu. Rei, die neben ihm stand, versuchte noch ihn aufzuhalten, war aber zu langsam und schaffte es nicht mehr seinen Arm zu packen zu kriegen. Und schon war er auf der roten Holzbrücke, die über den Fluss führte. Das Klacken seiner Schritte war deutlich zu hören. Weiter sollte es für ihn aber nicht gehen. Nur knapp vier Meter von Goro entfernt wurde er von zwei von dessen Männern aufgehalten. Yuuto versuchte verzweifelt sich weiter nach vorne zu kämpfen.

„Goro, sei ein Mann und stell dich mir!“ Yuuto war außer sich vor Wut.

„Sollte ich dich kennen?“ Goro erinnerte sich nicht an das Gesicht des Jungen. Das rieb er ihm mit einer gehörigen Portion Überheblichkeit unter die Nase, was Yuuto nur noch wütender machte.

„Ich bin Yuuto, ich bin aus dem Waisenhaus, das du gestern hast massakrieren lassen."

„Verstehe, deswegen bist du so wütend. Ich dachte eigentlich, es wären alle von ihnen getötet worden." Mit einem vorwurfsvollen Blick schaute er zu dem Mann, der vor wenigen Stunden die sechs Kinder erschossen hatte.

„Ich dachte, es wären alle, bitte verzeiht mir." Ein Schuss ertönte und ließ den Mann verstummen.

„Wegen dir muss ich mir dieses Geschrei hier anhören. Schafft ihn mir aus den Augen." Er wendete sich wieder dem Jungen zu. „Und nun zu dir, tut mir leid für dieses Missverständnis, ich erinnere mich wieder an dich. Allerdings hasse ich es angelogen zu werden." Er richtete seine Waffe auf Yuuto, der versuchte zu entkommen. Gegen die beiden Männer, die ihn festhielten, konnte er jedoch nicht ankommen.

„Goro, lass ihn in Ruhe. Er hat nichts mit all dem hier zu tun." Nobu wollte verhindern, dass noch mehr Blut vergossen wurde. Weder er noch sonst jemand hatten die Chance irgendwie dazwischenzugehen. Auf jeden von ihnen kamen 3-4 von Goros Männern.

„Was ich aber noch mehr hasse, ist, wenn ich es dann selbst berichtigen muss." Er hatte den Satz noch nicht beendet, da hatte er Yuuto schon eine Kugel in den Kopf gejagt. „Aber jeder andere hier ist anscheinend zu unfähig, um ein einziges Kind umzubringen." Er schrie laut genug, dass jeder seiner Männer ihn deutlich hören konnte. Es sollte als Mahnmal für jeden von ihnen gelten. Alles, was Nobu, Rei und die anderen machen konnten, war dazustehen, sie konnten nicht glauben, was gerade passiert war. Rei war kurz davor ihr ganzes Magazin auf Goro loszulassen, konnte aber im letzten Moment von Daisuke zurückgehalten werden. Die beiden Männer, die ihn festhielten, ließen den erschlafften Körper des Jungen einfach auf den Boden fallen.

„Ich würde ja gerne sagen, dass wir quitt sind, aber das sind wir nicht, du hast immerhin meinen Bruder getötet. Und das muss vergolten werden. Weißt du, die Kinder haben mir etwas sehr Interessantes erzählt, bevor ich sie töten ließ." Er machte eine Pause, bevor er weitersprach. „Daisuke, der Junge mit den schulterlangen schwarzen Haaren, sei wie ein Bruder für dich. Ich könnte ihn hier und jetzt erschießen, aber so nett bin ich nicht. Ich werde ihn vor deinen Augen quälen, bevor ich ihn dann töte. Dann könnt ihr euch von mir aus alle die Köpfe wegschießen, ist mir egal." Als er fertig war, ging er zurück zum Wagen und lehnte sich gegen die Motorhaube. Er gab seinen Männern den Befehl, den Jungen zu ihm zu bringen.

„Keinen Schritt weiter." Rei war die Einzige, die es wagte, ihre Stimme gegen die näherkommenden Männer zu erheben.

„Jeder, der es wagt näher zu kommen, kriegt eine Kugel zwischen die Augen." Auch Nobu war jetzt aus der Schockstarre erwacht.

„Auch du solltest eine Niederlage einsehen, wenn sie passiert, Nobunaga." Die Überheblichkeit war in jedem seiner Worte zu hören. Doch hielt sie nicht lange. Sowohl die Männer, die in einer Reihe den Fluss entlang standen, als auch die beiden auf der Brücke wurden im Bruchteil einer Sekunde zusammen mit Bruchstücken der Brücke von hinten niedergemäht. Alles, was übrig blieb, waren undefinierbare Fleischklumpen.

Kobes erste Reaktion war es Goro vor dem Motor in Sicherheit zu bringen. Der Fahrer, der als einer von zweien anderen Personen überlebt hatte, versuchte derweil auf eines der Kinder anzulegen. Nobu kam ihm jedoch zuvor und richtete ihn mit zwei Schüssen genau in die Brust hin.

„Was ist denn jetzt los? Habt ihr etwa noch Verstärkung?" Die Überheblichkeit in seiner Stimme war vom einen zum anderen Moment verschwunden. In dem Moment kamen hinter Goro mehrere gepanzerte Wagen um die Ecke und steuerten direkt auf den alten Mann zu.

„Was geht hier ab? Ist das etwa das Militär?" Jinpei verstand die ganze Situation nicht mehr. War aber überglücklich, dass die Yakuza vernichtet wurde.

„Ich habe ganz ehrlich keine Ahnung." Auch Nobu war ratlos. Alle warteten gespannt, bis die Wagen zum Stehen kamen.

Als es endlich so weit war, öffneten sich die Türen und Männer in den Roben, die Tempelritter, traten heraus. Nobu erkannte einen von ihnen sofort, ganz an der Spitze befand sich Samuel. Auch die anderen erkannte er nach und nach. Sie alle waren Tage zuvor im Camp gewesen.

„Bei dir alles klar Nobu?" Samuel hatte noch immer dasselbe freundliche Lächeln auf den Lippen.

„Samuel!" Nobu konnte nicht fassen, was gerade hier passierte. „Was macht ihr denn hier?"

„Du kennst diese Typen", fragte Rei frei raus. Nobu erklärte ihnen, dass sie Tempelritter waren, und alles, was er noch über sie wusste.

„Na großartig, das wird ja immer besser." Daisuke rüstete sich schon für das Aufeinandertreffen der beiden Gruppen.

„Hallo grüner Drache. Wir sind hier, weil du dich nicht an die Abmachung gehalten hast."

„Was, ich habe keine der Regeln verletzt." Angst war alles, was in seinen Augen zu finden war. Die Bilder der Vernichtung der Yakuza vor ein paar Jahren glichen in etwa denen, die er gerade vor sich sah. Wieder war es die Yakuza, die deutlich den Kürzeren zog.

„Oh doch, das hast du. Du hast dich in unsere Angelegenheiten eingemischt. Um genau zu sein, hast du dich an Nobu rangewagt." Zur Überraschung aller war es der Mann, der als einziges außer Goro und Kobe von der Yakuza überlebt hatte, der gerade sprach. Langsam ging er zu den Tempelrittern.

„Die Strafe dafür kennst du nur zu gut", meinte Samuel, wobei das Lächeln in seinem Gesicht kurz verschwand.

„Ja, das tue ich." Goro hatte aufgegeben und verschwendete keinen Gedanken an Widerstand.

„Unsere Angelegenheit? Was soll das heißen, Ikuya? Von was redest du da?“ Kobe war verwirrt. Ikuya war einer von Goros Vertrauten und auch ein Freund von Kobe. Schon oft waren sie abends etwas zusammen trinken gegangen.

„Ich werde es dir erklären.“ Ikuya wendete sich zu Kobe, der etwa 7 Meter weit weg stand. „Ich gehöre zu den Tempelrittern. Der Yakuza bin ich nur beigetreten, um Goro und die Aktivitäten der Familie zu beobachten. Hättet er irgendwas getan oder befohlen, das gegen die Abmachung verstößt, hätte ich an meine Vorgesetzten berichten müssen.“

„Das soll wohl ein Witz sein. Du hast das Sakazuki vor meinen Augen abgehalten. Du hast geschworen den Oyabun notfalls mit deinem Leben zu schützen.“ Das Sakazuki ist die Zeremonie, die ein jeder, der in die Yakuza eintreten wollte, abhalten muss. Dabei wird im Beisein des Oyabuns und ausgewählten Mitglieder des Clans aus einer Sake-Schale getrunken. Man schwört dem Oyabun auf jeden Fall zu gehorchen und notfalls sein Leben für die Familie zu geben. Für sowohl Goro als auch Kobe war dieses Ritual heilig. Goro konnte vor Angst nichts tun und nahm den Verrat einfach hin.

„Meinst du das hier?“ Er hielt die weiße Schale, aus der er damals getrunken hatte, in die Höhe. „Die bedeutet mir nichts. Dem Einzigen, dem ich Treue geschworen habe und für den ich mein Leben geben würde, ist Gott, der Allmächtige.“ Er ließ die Schale zu Boden fallen. Um seinen Standpunkt zu verdeutlichen, trat er mit dem Fuß noch einmal drauf. Unter seinem Fuß war die Schale in etliche Stücke zerbrochen.

Als Kobe das sah, rastete er aus. Mit dem Griff des Katanas in der Hand rannte er auf Ikuya zu. Zwei Meter von ihm entfernt fing er an das Katana zu ziehen. Seine Erfahrung im Schwertkampf verriet ihm, dass er Ikuya mit einem sauberen Hieb töten könnte, wenn er jetzt sein Schwert zog. Ikuya allerdings wurde von Samuel weggestoßen. Dieser rannte schon beim ersten Muskelzucken Samuels zu Ikuya. Das Katana konnte er mit zwei Kampfmessern abblocken. Da er sich beim Blocken allerdings in der Luft befand, wurde er von der Wucht von Kobes Schlag 3 Meter nach hinten geschleudert. Die Luft wurde ihm aus den Lungen gedrückt, als er mit voller Wucht auf dem Rücken aufschlug.

Kaum dass Samuel aus dem Weg war, holte Kobe für einen weiteren Schlag auf den Mann zu seinen Füßen aus. Doch noch bevor er zuschlagen konnte, explodierte sein Kopf. Einer von Samuels Männern hatte mit der Gatling Gun auf ihn geschossen. Leb- und kopflos schlug der Körper des Hünen auf den Boden auf.

„Danke", rief Samuel dem Schützen zu. Ihm war klar, dass er in einem Kampf eins gegen eins mit großer Sicherheit gegen Kobe verloren hätte. Im Vorfeld hatten die Templer alle Informationen zu Goros Männern gesammelt, die es zu sammeln gab. Schon da war ihm klar, dass das einzige Problem die rechte Hand des Oyabuns sein würde. Das Katana war für ihn eine scharfe, tödliche Verlängerung seines Körpers. Seinen Körper wiederum hatte er durch Karate perfekt unter Kontrolle.

Goro konnte nicht glauben, was gerade passiert war, sein gesamter Clan wurde mal wieder in Sekundenbruchteilen ausgelöscht. Einer seiner Vertrauten entpuppte sich als Verräter und seiner rechten Hand wurde der Kopf weggepustet. Auch wenn er nicht wusste, ob es damals auch einen Verräter in ihren Reihen gab, erinnerte ihn das alles zu sehr an seine erste Auseinandersetzung mit den Tempelrittern. Er war zu geschockt, um auch nur einen Ton rauszukriegen.

„Was für ein Idiot. Du hättest deine Männer besser unterweisen sollen." Das Lächeln war nun vollständig von Samuels Gesicht verschwunden. Sein Gesicht sah jetzt so neutral aus, wie es auf einem Personalausweis Pflicht war. „Nobu, du wirst ihn erschießen, erst dann ist deine Mission beendet."

„Wieso habt ihr nicht schon früher eingegriffen? Wieso habt ihr Yuuto sterben lassen?“ Rei schrie ihm die Fragen entgegen.

„Er gehörte nicht zum Plan. Und wenn Gott jemanden zu sich holen will, werden wir ihm nicht im Weg stehen.“ Rei schenkte er wieder ein kurzes Lächeln.

„Zu welchem Plan, bist du noch ganz dicht?“

„Rei, bitte beruhige dich wieder.“ Daisuke versuchte sie wieder zu beruhigen. Er war froh, dass sie es überlebt hatten, und hätte nichts dagegen, wenn es auch so bleiben würde.

Nobu sprang über die nur wenige Zentimeter große Lücke in der Brücke und überstieg somit auch gleich die beiden Leichen, die in mehreren Stücken darauf lagen.

„Wenn du ihn erschossen hast, war's das für dich. Danach wirst du nach Rom in den Vatikan gebracht.“

„Könnte ich mich zuvor noch von meinen Freunden da hinten verabschieden.“

„Natürlich.“ Samuel nickte ihm wohlwollend zu.

Nobu wendete sich dem Mann zu, der schon fast an einem Herzanfall gestorben war.

„Hast du noch irgendwelche letzten Worte?“ Er hatte die Pistole auf ihn gerichtet und war jederzeit bereit abzudrücken. „Nicht dass es mich wirklich interessieren würde.“

„Bitte Nobunaga überleg es dir noch einmal. Ich weiß, ich habe dir und deinen Freunden viel Leid zugefügt, aber bitte hab Gnade.“ Goro flehte um sein Leben.

„Ich heiße Nobu und nicht Nobunaga. Wenn es das war?“ Nobu spannte den Hahn und wollte schon abdrücken, als Goro die Hand hob.

„Bitte verrate es mir. Wie ist Kijima gestorben? Erfüll mir wenigstens diesen Wunsch.“ Er war bereit erschossen zu werden, auch ohne dass seine Bitte erfüllt wurde.

„Ich habe ihn erschossen wie das Schwein, das er war.“

„Verstehe." Er schloss die Augen und lächelte. Trotz der Verwunderung über die Reaktion drückte Nobu unbehelligt ab und knipste dem „grünen Drachen" das Licht aus. Er schaute zu, wie der alte Mann leblos zu Boden ging.

„Verabschiede dich von deinen Freunden. Du kannst ihnen die ganze Tasche dalassen. Ich weiß, dass ihr knapp bestückt seid, und da wo du hingehst, brauchst du nichts davon."

„Wie kommen wir überhaupt nach Rom? Das ‚Nichts' versperrt doch jeden Weg."

„Gott wird uns führen." Als er das hörte, dachte Nobu wieder daran, dass diese Typen verrückt waren. „Das würde ich jetzt gerne sagen, aber wir werden mit dem Flugzeug zurückfliegen. Aber darüber brauchst du dir keine Gedanken zu machen, es ist bereits alles vorbereitet."

Nobu ging denselben Weg, den er gekommen war, auch zurück. Seine Freunde erwarteten ihn schon.

„Du verlässt uns jetzt also wirklich?" Harui hatte Tränen in den Augen.

„Leider ja, aber ich komme zurück, wenn ich alles erledigt habe." Er wusste nur noch nicht, ob er es überhaupt schaffen würde, geschweige denn wie lange es dauern würde. „So lange wird Daisuke auf dich und deinen Bruder aufpassen." Nobu nahm sie ihn den Arm, um sie zu trösten. „Pass gut auf dich auf." Er gab ihr einen Kuss auf ihre kastanienbraunen Haare.

„Jinpei, ich weiß, wir hatten in letzter Zeit Differenzen, trotzdem werde ich dich vermissen. Pass auf dich auf." Er gab ihm zum Abschied die Hand. Jinpei war sich sicher, dass die Schwierigkeiten aufhören würden, jetzt wo Nobu weggeht.

„Lass diese Typen für alles bluten, was sie getan haben, nicht zuletzt für Yuuto." Rei umarmte ihn von sich aus, und selbst sie verlor dabei Tränen. Sie rannen ihr die Wange runter, bevor sie in ihrem Mundwinkel stehen blieb. Die beiden waren sich auf der Reise noch nähergekommen, nicht zuletzt, nachdem Umeko gegangen war. Sie waren nun beste Freunde und konnten sich immer auf den anderen verlassen. „Bitte überstürze nichts. Und vor allem opfere nicht dein eigenes Leben, auch wenn du dadurch diese Typen zerstören könntest. Wir wollen dich wiedersehen, und nicht die Zerschlagung von diesen Typen.“ Das war der letzte gute Rat, den er von ihr bekommen sollte.

Nobu hatte Angst sich von Daisuke zu verabschieden. Auch Rei wollte ihn nicht loslassen.

„Sollten wir nicht langsam los?“ Einer von Samuels Leuten wurde ungeduldig.

„Wir haben noch genug Zeit, außerdem wollen wir doch nicht, dass er nicht zu uns steht.“ Samuel beruhigte ihn wieder.

„Dann heißt es wohl Abschied nehmen. Was würde ich dafür geben noch einmal bei dem Gerüst von damals zu sein?“ Nobu nahm seinen besten Freund in den Arm. Ihre Hände vergruben sich im Rücken des jeweils anderen. Als sie den Griff wieder lockerten, legten sie ihre Köpfe zusammen, so dass Stirn auf Stirn lag. In ihren Augen loderte ein Kampfeswille so stark wie nie zuvor.

„Ich komme wieder, versprochen.“ Nobus Kampfeswille verfloss in seinen Tränen.

„Und ich werde in der Zwischenzeit alles am Laufen halten und deine Rückkehr vorbereiten. Also beeil dich.“ Auch Daisuke kamen die Tränen.

„Versprochen.“ Wenn es nach Nobu ginge, würde er noch ewig so stehen bleiben. Letzten Endes trennten sie sich aber doch voneinander. „Hier, den werdet ihr brauchen. Ich habe alles, was ich brauche.“ Er überreichte ihm den Rucksack mit allem, was er über die Zeit angesammelt hatte. Nur eines hatte er vorsorglich rausgenommen und das war die Schachfigur des schwarzen Königs, die er von den Tempelrittern als Machtbeweis erhalten hatte. Die wollte er diesem Noah vor die Füße werfen, kurz bevor er ihn töten würde.

Zum dritten und letzten Mal an diesem Tag sprang er über die Brücke. Als er bei den Fahrzeugen ankam, drehte er sich noch ein letztes Mal um und winkte seinen Freunden zum Abschied noch einmal zu. Er war besorgt um sie. Das bemerkte auch Samuel.

„Keine Sorge, ihnen wird nichts passieren, dafür sorgen wir persönlich. Sie bekommen von uns Rückendeckung, wann immer sie welche benötigen", versprach Samuel ihm. „Zumindest bis sie in Tokio sind", wollte er noch hinzufügen, ließ es aber bleiben.

Nobu saß genau in der Mitte umringt von Leuten, die er nie für Killer halten würde. Dennoch hatten sie nur Minuten zuvor eine ganze Menge Leute, ohne mit der Wimper zu zucken, ausgelöscht und das würde er niemals vergessen. Er überlegte, was ihn erwarten würde, und packte da noch eine Schippe obendrauf. Doch selbst dann vermutete er, dass es noch untertrieben wäre.

Daisuke und der Rest schauten dem Wagen selbst dann noch nach, als er schon längst nicht mehr zu sehen war. Sie hofften, dass es einfach nur ein schlechter Witz war und Nobu gleich mit einer riesigen Überraschung für sie wieder auftauchen würde. Doch selbst nach einer Viertelstunde passierte nichts. Sie entschieden sich dazu noch Yuutos Leichnam zu begraben und sich dann nach Tokio aufzumachen.

Kapitel 17 Ohne Nobu

Es war komisch Nobu nicht mehr bei sich zu haben. Einzig Jinpei war froh, dass er endlich weg war. Er war der Meinung, dass es nun viel friedlicher laufen würde.

Abends am Lagerfeuer sagte keiner ein Wort. Daisuke lag in Reis Schoss und schaute hinauf in den Nachthimmel.

Auch eine Stunde später lag Daisuke noch im Schoß seiner Freundin, als plötzlich ein Ruck durch ihn ging.

„Wir sollten langsam schlafen gehen." Er wollte, dass alle fit waren für den nächsten Tag.

„Wer übernimmt die erste Schicht?", wollte Harui wissen, die lustlos im Feuer rumstocherte.

„Brauchen wir überhaupt noch eine Nachtwache? Immerhin sind die Templer nicht weiter hinter uns her", gab Jinpei zu bedenken.

„Oh stimmt", antwortete seine Schwester.

„Dennoch sind wir nicht allein auf der Welt. Wir sind nicht die Einzigen, die auf dem Weg nach Tokio sind und selbst wenn, gibt es hier draußen noch jede Menge wilder Tiere." Daisuke war völlig antriebslos. „Ich übernehme die erste Schicht. Ich kann aktuell sowieso nicht schlafen."

„Dann übernehme ich die zweite", kam es von Jinpei.

„Ich die dritte", meinte Harui.

„Ich demnach die letzte." Rei wollte nach diesem Tag nur noch schlafen gehen. Was sie auch direkt tat, nachdem sie Daisuke noch schnell küsste.

Der Nachmittag des nächsten Tages führte die Kinder zu einer verlassenen Schule. Zuvor hatten sie alle Supermärkte in der Stadt erfolglos durchsucht. Rei hatte daraufhin den Geistesblitz, dass es vielleicht in der Kantine einer Schule noch etwas zu essen geben würde. Das war einer der Orte, an denen jemand, der auf Nahrungssuche war, vermutlich nicht unbedingt suchen würde.

Nach den Tagen im Waisenhaus brauchten sie ganz dringend neue Vorräte. Schon am Vortag krochen sie mit ihren Reserven auf dem Zahnfleisch.

Das Schultor war verschlossen und es gab keinen Weg es zu öffnen. Auch Jinpeis Versuch, sich durch die Gitterstäbe zu zwängen, blieb ohne Erfolg. Die Mauer, die um das Gelände errichtet wurde, hatte, so wie das Schulgebäude, durch das Erdbeben Risse bekommen.

„Wir sollten uns umsehen, vielleicht ist die Mauer ja irgendwo eingestürzt?“ Der Vorschlag stammte von Jinpei.

„Gute Idee, Jinpei du gehst mit deiner Schwester linksrum. Ich gehe rechtsrum. Wir treffen uns auf der Rückseite.“ Er schaute zu Rei. „Du …“ Diese wusste schon genau, was er sagen wollte.

„Ich bleibe hier und warte, bis ihr zurück seid, schon klar.“ Ergänzte Rei seinen Satz. Sie lehnte sich mit dem Rücken an die warme Mauer und sank langsam zu Boden, bis sie mit ausgestreckten Beinen dort saß.

„Wir sind gleich wieder zurück.“

Nach etwa 10 Minuten kamen sie gemeinsam zurück und schüttelten den Kopf.

„Da hilft wohl nur noch drüber klettern“, meinte Daisuke, der das Tor zuvor genauestens unter die Lupe genommen hatte. Oben befanden sich keine Spitzen oder Ähnliches, die Eindringlinge abhalten sollten. Wenn er wollte, könnte er es mit einem Sprung schaffen an die oberste Stahlstange zu kommen und sich so nach oben zu ziehen. Dem Rest würde es aber zu schwerfallen. Weshalb er sich entschied, den anderen mit einer Räuberleiter über das drei Meter hohe Tor zu helfen.

„Ich geh als Erste." Da der Schmerz in ihrem Oberschenkel inzwischen nachgelassen hatte und sie ihn nur noch selten spürte, vergaß Rei in Momenten wie diesen ihre Verletzung.

„Du bist verletzt, den letzten Meter müsstest du runterspringen, mit deinem Oberschenkel wäre das zu riskant", erinnerte Daisuke seine Freundin. „Harui ist die Erste." Da sie wusste, dass er recht hatte, erwiderte Rei nichts.

Kaum dass er ihr Gewicht trug, merkte Daisuke, dass er nicht mehr so fit war wie früher. Bevor die Welt unterging und er hungerte, hätte er sie ohne Hilfe über das Tor werfen können. Jetzt aber hatte er Probleme sie hochzuheben. Als Harui die obere Stahlstrebe erreicht hatte, versuchte sie sich aus eigener Kraft nach oben zu ziehen. Dabei wurde sie aber weiterhin von unten gedrückt. Oben angekommen, ruhte sie kurz auf der 5 cm breiten Strebe, ehe sie sich auf der anderen Seite wie bei einem Klimmzug nach unten hängen ließ. Zu ihrer kompletten Länge ausgestreckt ließ sie los. Den letzten Meter, den sie nun fiel, merkte sie danach in ihren Knien.

Bei Jinpei wiederholten sie das Ganze, nur mit dem Unterschied, dass Harui ihren Bruder auf der anderen Seite auffing.

Rei war als Letztes an der Reihe. Mit ihrem gesunden Bein stieg sie in Daisukes Hände. Da ihr verletztes Bein deshalb für einen Moment ihre gesamten 66 kg tragen musste, ließ sie ihr rechtes Bein schnell nach unten schnellen, um ihr Gewicht darauf zu verlagern. Daisuke wäre unter der Wucht fast zusammengebrochen. Jetzt merkte er auch, wie neu ihre Stiefel noch waren. Das Profil an der Unterseite drückte sich in seine Handflächen, was es ihm umso schwerer machte ihr Gewicht zu halten. Bei den anderen beiden war es kein Problem, da das Profil schon stark abgenutzt war. Die Springerstiefel seiner Freundin wiederum hatten an der Unterseite fast schon scharfe Kanten, die in seine Hände einschnitten.

„Sorry!“ Rei streckte ihre Arme nach der oberen Strebe aus, schaute dabei aber nach unten, um sich zu entschuldigen.

„Merkst du jetzt, wieso ich wollte, dass du als Letztes drüberkletterst?“ Daisuke konnte nur nach unten schauen, da er immer noch damit haderte seine Freundin nach oben zu hieven.

Die oberste Strebe mit beiden Händen fest umklammert, zog sie sich mit Hilfe ihres Freundes nach oben. Auch sie ruhte sich kurz dort oben aus, ehe sie sich runterhängen ließ. Auf der anderen Seite halfen die Zwillinge ihr bei einem sanften Abstieg.

Daisuke nahm in dem Moment, in dem Rei sicher auf der anderen Seite war, Anlauf. Mit ordentlich Schwung sprang er ab und bekam die Oberseite des Tores zu packen. Mit einem Klimmzug, von denen er früher etliche gepackt hatte, zog er sich hoch. Selbst er musste dort oben kurz verschnaufen, ehe er sich fallen ließ.

„Ich hoffe, der ganze Aufwand hat sich gelohnt.“ Rei massierte sich ihren Oberschenkel bei diesen Worten.

Ähnlich wie die Mauer und die Schule hatten auch die Glastüren Schaden genommen. Das Glas war gesplittert, wurde aber noch zusammengehalten.

„Geht mal ein paar Schritte zurück und schützt eure Augen.“ Rei band sich ihre langen schwarzen Haare zu einem Pferdeschwanz zusammen. Dann holte ihren Baseballschläger, den sie inzwischen nicht mehr als Krücke brauchte, heraus. Sie fand es schade ihn wegzuwerfen, vor allem da er noch immer eine formidable Nahkampfwaffe darstellte, deshalb hing er jetzt an ihrem Rucksack.

Mit geschlossenen Augen holte sie weit aus und schlug wie beim Baseball auf die Scheibe ein. Ein lautes Klirren gefolgt von Tausenden fallenden Glasscherben hallte durch die ganze Stadt. In einer der vier großen Glastüren war nun keine Scheibe mehr.

Rei war die Erste, die durch den Rahmen in den Scherbenhaufen trat.

„Für den Rückweg müssen wir uns was anderes überlegen, nochmal mache ich keine Räuberleiter.“ Er sah sich schon mit hunderten von kleinen Glassplittern in den Händen.

„Keine Sorge, im Lehrerbüro müssten normalerweise Ersatzschlüssel für das Tor hängen“, beruhigte Rei ihn. „Jinpei, Harui, geht ihr schonmal in die Kantine und schaut nach, ob es dort noch was zu holen gibt. Dai und ich gehen in der Zwischenzeit ins Lehrerzimmer und suchen den Schlüssel. Wenn wir ihn haben, kommen wir nach.“

Zwar war die Schule anders aufgebaut als ihre alte, dennoch fand Rei durch die Beschilderung in den Fluren schnell zum Lehrerzimmer.

„Ist denn jede Tür hier in dieser verdammten Schule abgeschlossen?“ Erneut standen sie vor verschlossener Tür, was Daisuke dezent aufregte.

„Der Hausmeister hat ganze Arbeit geleistet“, merkte Rei an.

„Na immerhin einer, der in diesem ganzen Chaos die Ruhe gefunden hat, um seinen Job zu machen.“ Die Bemerkung seiner Begleiterin war für ihn keinerlei Trost gewesen.

„Sollen wir sie wieder einschlagen?“ Rei hatte ihren Schläger nach dem Einschlagen der Eingangstür gar nicht erst aus der Hand gelegt.

„Wird uns wohl nichts anderes übrigbleiben.“

Rei zielte diesmal genau auf das Schloss in der Hoffnung, nicht die gesamte Tür zu Kleinholz verarbeiten zu müssen. Mit ihrem ersten Schlag erwischte sie den Griff, was den Klang von Metall auf Metall durchs gesamte Schulhaus ertönen ließ. Nach ihrem zweiten Schlag überreichte sie den Schläger an Daisuke. Anders als bei der Glastür, bei der ein leichter Stupser schon genügt hatte, musste sie hier ihren ganzen Körper einsetzen. Schon beim ersten Schlag spürte sie den Schmerz in ihrem Oberschenkel, welcher nach dem zweiten zusätzlich auch noch zu pulsieren anfing.

Daisuke konnte wesentlich mehr Kraft in seine Hiebe legen, weshalb er die Tür schon beim ersten Versuch öffnen konnte. Ein Stück der Tür hing immer noch hartnäckig am Schloss, doch der Rest schwang ganz einfach auf, als er es antippte.

Sie mussten nicht lange nach dem Schlüssel suchen. Das Brett, an dem alle Schlüssel der gesamten Schule hingen, befand sich direkt neben der Tür. Nur an einem Bruchteil aller Haken hingen noch Schlüssel. Der für das Tor war zum Glück noch an seinem Platz. Daisuke griff danach, im gleichen Moment griff Rei nach dem Schlüssel für die Krankenstation.

„Vielleicht finden wir da noch mehr Verbände und Medizin."

„Dann ist es bestimmt nicht verkehrt, die hier noch mitzunehmen." Er griff nach den Schlüsseln für die Kantine und den Vorratsraum.

„Gehen wir zuerst zur Krankenstation, die ist meistens in der Nähe des Lehrerzimmers."

Sie war tatsächlich nur 3 Zimmer weiter. Der Erste, der eintrat, war Daisuke, Rei öffnete ihm die Tür und ließ ihm den Vortritt.

„Was brauchen wir alles?" Er schaute sich bereits in dem Raum um. Auf dem Boden lagen einige zerbrochene Gläser und auch hier waren die Scheiben gesprungen. In der hinteren Ecke des Raumes stand ein Schreibtisch, auf dem überall Akten verteilt herumlagen. Vor dem Erdbeben waren sie fein säuberlich gestapelt, durch die Erschütterung fielen die Stapel jedoch um. Im Raum roch es stark nach Desinfektionsmittel. Daisuke hörte, wie die Tür hinter ihm geschlossen und sogar abgeschlossen wurde. Als er sich umdrehte, sah er, wie Rei ihren Rucksack auf den Boden stellte.

„Wieso schließt du denn ab?" Völlig perplex schaute er sie an.

„Wir sind endlich mal allein und haben einen ganzen Raum für uns, hier gibt es sogar Betten." Sie zeigte auf eines der drei Betten, die mit Vorhängen vom Rest des Zimmers getrennt werden konnten.

Er verstand sofort und legte seinen Rucksack ebenfalls ab. Gemeinsam gingen sie zum ersten Bett und zogen den weißen Vorhang zu. Niemand konnte sie jetzt mehr von außen sehen.

Sie stieß ihn auf das Bett und stieg über ihn. Die Schmerzen, die sie ihm Oberschenkel hatte, ignorierte sie in dem Moment. Mit einer Hand fuhr sie über seine Brust, mit der anderen öffnete sie ihren Zopf. Ihre Haare fielen über ihre Schulter; als sie sich zu ihm runterbeugte, kitzelten sie ihn im Gesicht. Sein Bart wiederum kitzelte die weichen Lippen seiner Freundin, als sie sich leidenschaftlich küssten. Rei ließ kurz von ihm ab, fast wie bei einer Stripshow zog sie sich das Shirt aus.

„Ich liebe dich", war alles, was er sagen konnte. Ihre wunderschönen braunen Augen zogen ihn wie magisch in ihren Bann.

„Ich liebe dich auch." Sie zog ihm ebenfalls das Shirt aus. Nun saß sie auf ihm drauf und hatte nichts weiter als den BH, die Hotpants, die Kniestrümpfe und ihre Springerstiefel an. Während er nur eine Hose anhatte. Sie beugte sich wieder zu ihm runter und fing an, ihn mit Küssen zu überhäufen. Seine Hände fuhren über ihren nackten Oberkörper. Währenddessen öffnete sie mit ihren Händen ihren BH, welchen sie sorglos neben das Bett warf. Ihre Hände legte sie auf seine Brust und strich damit kurz über seinen Oberkörper, bevor sie seine Arme entlangfuhren. Er bekam Gänsehaut und in seiner Hose zuckte es, als sie mit den Fingernägeln über seine Armbeuge strich. Sie kreiste kurz mit ihren etwas längeren Nägeln in der Armbeuge. Er ließ von ihrem Körper ab, als sie anfing über seine Unterarme zu fahren. Sanft legte sie ihre Hände in die seinen und packte zu. Langsam öffnete sie den Griff wieder und führte seine Hände zu ihren Brüsten, die er sofort ergriff. Selbst für seine Hände waren ihre Brüste zu groß, als dass sie in eine Hand passen würden. Er konnte spüren, dass ihre Nippel vor Erregung steif waren, was auch ihm eine Erektion verschaffte. Während er ihre Brüste massierte, wanderten ihre Hände zu seiner Hose. Gerade als sie sie aufmachen wollte, holte ein spitzer Schrei sie zurück in die Wirklichkeit.

Beide ließen zeitgleich vom Körper des anderen ab. Kurz schauten die beiden sich an. Ohne ein Wort sagen zu müssen, stieg Rei von ihm runter, suchte nach ihrem Shirt und zog es an. Er tat es ihr gleich und wollte, nachdem er seinen Rucksack geschnappt hatte, aus dem Zimmer stürmen. Allerdings rannte er gegen eine verschlossene Tür.

„Der Schlüssel", rief er Rei, die mit zerzausten Haaren hinter dem Vorhang auftauchte, zu.

„Links auf dem Schrank." Daisuke drehte sich nach links und griff nach dem Schlüsselbund für die Krankenstation. In Eile verfehlte er mehrfach das Schlüsselloch, ehe er es beim vierten Versuch endlich traf und die Tür aufschloss. Er schaute zu seiner Freundin, die nicht so schnell war wie er.

„Ich komm nach, jetzt geh schon." Eile lag in ihrer Stimme.

„Fang!" Zur Sicherheit warf er ihr den Schlüssel zu, ehe er die Tür hinter sich zumachte.

Dass die Zwillinge zur Kantine unterwegs waren, wusste er, weshalb er, so schnell er konnte, direkt zum Gebäudekomplex, der schon von außen als Kantine zu erkennen war, rannte. Bei der Treppe, die er nehmen musste, übersprang er die letzten fünf Stufen gekonnt und hetzte weiter.

Bei der Kantine fand er die Zwillinge völlig verängstigt vor. Allerdings waren sie schon dabei sich wieder zu beruhigen.

„Was ist passiert?" Keiner brachte ein Wort raus, Harui konnte nur auf etwas zeigen, das sich hinter ihm befand.

Dort lagen sieben Wölfe, erschossen. Einer von ihnen röchelte sogar noch.

„Als wir hier ankamen, war die Tür verschlossen, darum wollten wir zum Lehrerzimmer, weil wir gedacht haben, dass wir da vielleicht die Schlüssel finden würden." Weiter konnte sie nicht erzählen.

„Doch auf dem Weg dahin sind wir diesen Wölfen über den Weg gelaufen. Wir flohen Richtung Kantine, da es der einzige Weg war, den wir kannten. Die Wölfe fingen an uns zu jagen. Als der erste schon fast dabei war Harui zu schnappen, flog er zur Seite und eines der Fenster ging kaputt.“ Jinpei deutete auf das Fenster, das etwa 20 Meter weiter war. An der Wand lag unter einer Blutspur der erste Wolf.

„Daraufhin wurden die restlichen Wölfe vorsichtiger. Das hat ihnen aber nichts gebracht, denn da flogen schon die nächsten zwei durch die Luft. Die anderen vier Wölfe befanden sich daraufhin in einer Art Starre und wurden innerhalb weniger Sekunden einer nach dem anderen erschossen“, erzählte Harui weiterhin.

„Wir sollten hier schleunigst weg“, flehte ihn Jinpei an. „Wir könnten die Nächsten sein.“

„Wenn der Schütze euch tot sehen wollen würde, dann wärt ihr es jetzt auch.“ Rei war nun auch endlich angekommen, hatte aber nur einen Bruchteil der Unterhaltung mitbekommen.

Daisuke stellte sich an die Fenster, er suchte die Gegend ab und als er den Ort fand, von dem aus der Schütze gefeuert haben musste, verbeugte er sich zum Dank.

„Sie müssen einen Deal mit Nobu eingegangen sein, dass sie uns sicher nach Tokio bringen würden, oder so was in der Art.“

„Wenn meinst du?“ Jinpei konnte ihm nicht ganz folgen.

„Die Tempelritter, oder fällt dir jemand anderes ein?“ Sie waren die Einzigen, die ihnen seiner Meinung nach, helfen würden.

„Aber warum bringen sie uns dann nicht nach Tokio?“

„Diese Typen haben vermutlich ihren Spaß daran uns leiden zu sehen.“ Er schaute kurz zu seinen Freunden, ehe er zu den Wölfen schaute. „Aber egal, sie haben euch das Leben gerettet.“ Er ging zur Kantinentür und schloss sie auf, ehe er zusammen mit den Zwillingen eintrat.

„Könnt ihr meinen Rucksack für mich füllen.“ Sie hielt Harui ihre Tasche hin. „Ich muss nochmal zur Krankenstation. Da wir in aller Eile aufgebrochen sind, konnten wir nichts von da mitnehmen.“ Das war nur einer von zwei Gründen, wieso sie nochmal zurückwollte, der andere war ihr BH, den sie auf dem Boden neben dem Bett vergessen hatte.

Selbst nach dem Plündern war die Vorratskammer noch prall gefüllt.

Kapitel 18 So viele Bücher

Drei Tage später:

„Schnell, wir müssen uns irgendwo unterstellen." Es war früher Abend und es regnete wie aus Eimern. Sie waren auf der Suche nach einem Nachtlager gewesen, als es plötzlich anfing. Da Rei noch immer nur humpeln konnte, sobald sie schneller sein musste, wurde sie in diesem Moment von Daisuke getragen. Seine Hände umklammerten ihre Oberschenkel, wobei er genauestens darauf achtete nicht zu fest zuzudrücken. Ihr Schenkel tat zwar inzwischen nicht mehr weh, dafür konnte sie aber noch immer nicht rennen.

„Da rüber!" Rei, die die ganze Lage aus einer höheren Position betrachten konnte, zeigte auf eine Bushaltestelle 20 Meter entfernt.

„Hier können wir unmöglich die Nacht verbringen." Daisuke ließ Rei wieder runter. Der Unterstand war zur Hälfte vom aufgerissenen Boden verschluckt, bot aber dennoch genug Platz für die vier.

„Sollen wir wieder in eine der Wohnungen hier einbrechen?" Harui war nie wohl dabei gewesen in private Räumlichkeiten einzudringen. Bei Gebäuden wie Schulen oder Einkaufszentren hingegen hatte sie kein Problem mehr.

„Uns wird wohl kaum was anderes übrigbleiben. Was meinst du Rei?" Er suchte nach seiner Freundin, die gerade damit beschäftigt war, den Plan des Busses, der leicht schief hing, zu studieren.

„Willst du etwa warten, bis ein Bus hier auftaucht?" Daisuke schmunzelte.

„Nein, natürlich nicht. Ich habe geschaut, wo der Bus überall gehalten hat."

„Und was gefunden?“ Der Rest der Gruppe gesellte sich nun auch dazu.

„Ja, zwei Haltestellen weiter gibt es eine öffentliche Bibliothek. Wenn wir Glück haben, steht sie noch.“ Erst am Vortag hatten sie ein vermeidliches Nachtlager wieder aufgeben müssen, da ein Großteil des Gebäudes eingestürzt war. Was auf den ersten Blick allerdings nicht zu erkennen gewesen war, da die Seite, von der die Kinder es betraten, außer ein paar Rissen im Mauerwerk noch top in Schuss war.

„Dann sollten wir uns beeilen, bevor es komplett dunkel wird.“ Die Sonne stand bereits sehr tief und es würde gerade mal noch eine Stunde dauern, ehe sie komplett hinter dem Horizont verschwunden war. Die Gewitterwolken verdunkelten den Himmel zusätzlich.

Rei stieg in Vorfreude auf ein gutes Buch wieder auf den Rücken ihres Freundes.

Da sie wieder gerannt waren, kamen sie innerhalb von fünf Minuten an der Bibliothek an. An einer Stelle mussten sie sogar über einen halben Meter breiten Riss im Beton springen. Die Vorderseite des Bibliotheksgebäude war bis auf ein paar Risse, die inzwischen an fast allen Gebäuden zu finden waren, perfekt in Schuss. Die Glastür lag anders als bei der Schule drei Tage zuvor in Scherben und selbst der Rahmen war verbogen. Dennoch war es ungefährlich das Gebäude zu betreten.

Im Inneren kamen sie an der Rezeption vorbei, deren Computer auf dem Boden lag. Weiter hinten waren einige der Regale umgekippt und eines der oberen Stockwerke war kollabiert und hatte einen riesigen Haufen Schutt und Bücher im Erdgeschoss hinterlassen. Das einzige Licht kam von den zwei Meter hohen Fenstern, die wie eine Art Gürtel einmal um das gesamte Konstrukt angebracht waren.

„Denkt ihr wirklich, dass es sicher ist, hier die Nacht zu verbringen?“ Nachdem er den Schutthaufen sah, wurde Jinpei skeptisch, was die strukturelle Stabilität des Gebäudes anging.

„Ich glaube, was jetzt noch nicht eingestürzt ist, ist für uns ungefährlich. Wir sollten nur darauf achten keines der Regale umzuschmeißen, jede weitere größere Erschütterung könnte alles hier zum Einsturz bringen. Sicherheitshalber sollten wir aber lieber unter Tischen schlafen. Im Ernstfall könnten die uns das Leben retten.“ Rei ließ kein Detail aus, sie wollte, dass jeder für sich selbst entschied, ob er die Nacht dort verbringen wollte.

„Da es keine Einwände zu geben scheint, sollten wir uns daran machen Tische zu tragen.“ Daisuke und Rei hatten ohne Gegenwehr das Sagen in der Gruppe bekommen, nachdem Nobu mit den Tempelrittern gegangen war.

„Sicherheitshalber sollten wir aber nicht alle auf einem Fleck schlafen, sondern etwas verteilt.“

Sie stellten je zwei Tische für jeden auf. Zwischen allen waren drei Meter Abstand, so dass der Boden durch ihr Gewicht nicht zu sehr belastet wurde.

Rei verbat den anderen an diesem Tag Feuer zu machen, solange sie nicht vorhatten das gesamte Gebäude niederzubrennen. Wären sie mittlerweile nicht schon daran gewöhnt, ihr Essen ab und zu kalt zu sich zu nehmen, würde es an einem kalten Tag wie diesem sicher Einsprüche geben.

Rei dachte während ihrer Schicht von 5.00-7.30 Uhr ständig über all die Bücher, die vom „Nichts“ verschlungen wurden bzw. noch verschlungen werden, nach. All das Wissen, das zukünftigen Generationen abhandenkommen wird.

Bevor sie schlafen gingen, hatten sie die Eingangstür extra mit Tischen verbarrikadiert, um ungebetene Gäste in der Nacht draußen zu halten. Danach schauten sie sich alle nach anderen Zugängen in die Bibliothek um. Als sie keine fanden, gingen alle bis auf Jinpei schlafen. Darum konnte Rei nun in aller Ruhe durch die einzelnen Regale des Erdgeschosses streifen, ohne ihre Pflicht dabei zu vernachlässigen.

Schnell kam sie an die Regale mit den Fantasy-Büchern. Liebend gern hätte sie sich die Zeit genommen jedes einzelne von ihnen zu lesen. Stattdessen wollte sie sich schweren Herzens nur eine Reihe aussuchen, die sie mit nach Tokio nehmen wollte, um sie dort zu lesen. Allerdings war die Auswahl zu groß, Sie musste sich zwischen Harry Potter, der Hexer-Saga, Das Lied von Eis und Feuer und vielen weiteren entscheiden.

Während sie überlegte, welche der Dutzenden Reihen sie mitnehmen sollte, rückte das Ende ihrer Schicht immer näher. Der Regen hatte schon Stunden vor ihrer Schicht aufgehört, weshalb die ersten Strahlen der Sonne sich einen Weg durch die wenigen Wolken am Himmel bahnten.

Sie hörte, wie hinter ihr jemand gähnte.

„Was machst du denn da?“ Es war Daisuke, welcher meistens als Erstes von allen aufwachte. Bei ihr angelangt beugte er sich runter und sah, dass sie zwei Bücher in den Händen hielt. Links hielt sie „Plötzlich Rebell“ von Julie Kagawa und rechts eines der Bücher der Hexer-Saga.

„Ich überlege, welches der Bücher ich mitnehmen soll. Ich finde es einfach schade, dass all diese Bücher hier bald nicht mehr existieren werden.“

„Verstehe.“ Daisuke las zwar nicht allzu oft, doch zu einem guten Fantasy-Buch sagte auch er nicht nein. „Dir ist aber klar, dass du nicht so viel Platz in deinem Rucksack hast und das Ganze noch ein paar Tage mit dir rumtragen musst?“

„Ich weiß, deshalb habe ich ja auch schon die Bücher zu Game of Thrones ausgeschlossen, genauso wie die Hexer-Saga. Auch wenn ich beides nur zu gerne nochmal lesen würde, sind sie einfach zu lang.“ Sie legte das Buch in ihrer Rechten zur Seite.

„Wir sollten langsam anfangen das Frühstück zu machen.“

„Du hast recht." Enttäuscht legte sie auch das Buch in ihrer Rechten weg, stand auf, schlang ihre Arme um die Taille ihres Freundes und gab ihm einen Kuss. „Ich liebe dich." Eigentlich würde sie so etwas nicht machen, vor allem nicht, wenn nur ein paar Bücherregale zwischen ihnen und den Zwillingen standen. Doch an diesem Morgen hatte sie einfach Lust dazu.

„Ich dich auch." Er küsste sie zurück.

Sie schickte ihn los, nahm die drei Bücher der Howl-Saga, dessen erster Band die Vorlage für den Ghibli-Klassiker „Das Wandelnde Schloss" war. Sie hatte ihre Entscheidung getroffen, welche der vielen Reihen sie mitnehmen wollte. Zusammengerechnet hatten die drei Bücher nicht einmal 900 Seiten und waren somit leicht genug. Es schmerzte sie zwar, die ganzen anderen Welten, in die sie eintauchen könnte, dort liegen zu lassen, doch folgte sie Daisuke zurück zu den anderen.

Erst als sie sicher waren, dass sie draußen keine unschöne Überraschung erwartete, räumten sie die Tische weg und gingen zurück ins Freie. Gerade als Rei sich umdrehte, um all den Büchern Lebewohl zu sagen, spürte sie eine leichte Erschütterung unter ihren Füßen.

„Weg hier!", rief sie panisch ihren Freunden entgegen.

„Was?" Jinpei, der die Vibration unter seinen Füßen auch bemerkt hatte, begriff nicht, wieso Rei so reagierte.

„Die Bibliothek kann bei der kleinsten Erschütterung in sich zusammenbrechen, und ich habe keine Ahnung, wie weit der Keller geht. Ich will aber definitiv nicht hier stehen bleiben und es herausfinden." Rei war schon einige Meter voraus, als Daisuke die beiden Zwillinge am Arm packte und mit sich zerrte.

Rei hatte recht behalten, die Erschütterung reichte. Das Konstrukt stürzte langsam in sich zusammen. Der Boden brach sogar noch drei Meter entfernt vom Gebäude ein. Rei war erleichtert, denn auch ohne ihr Handeln wären sie weit genug weg gewesen.

Dort, wo noch vor wenigen Sekunden die Bibliothek stand, befand sich ein riesiges Loch, in dem eine Menge Schutt lag. Der Staub wurde in einer großen Wolke nach oben gepustet. Solche Staubwolken waren überall in der Stadt zu sehen. Stillschweigend kamen sie überein in Zukunft keine halb eingestürzten Gebäude als Nachtlager zu verwenden.

„War das ein weiteres Beben", fragte Harui, der der Lärm des Einsturzes noch immer in den Ohren klang.

„Glaub ich nicht" ,meinte Daisuke nachdenklich.

„Und was war es dann?", hakte Harui nach.

„Vielleicht eine U-Bahn, so schwach wie die Erschütterung war." Rei zuckte mit den Schultern.

„Würde das dann nicht bedeuten, dass unter unseren Füßen eine Mitfahrgelegenheit auf uns wartet?" Jinpei war der Einzige, der so weit gedacht hatte.

Mit Vollgas sprinteten sie zur nächsten U-Bahnstation, da sie jedoch keine Ahnung hatten, wo sie sich befand, war die Bahn schon längst weg, als sie dort ankamen.

„Das war sicherlich nicht die einzige Bahn, es wird bestimmt bald die nächste kommen", versuchte Jinpei den anderen Hoffnung zu machen.

„Die nächste wird kommen." Eine schwachklingende, unbekannte Stimme sprach auf einmal zu ihnen. Mit seiner Pistole zielte Daisuke auf eine Silhouette, die an der Treppe, welche sie gerade runtergelaufen waren, lehnte. Die Person, ein Mann Ende 30, hob abwehrend die Hände. Erschrocken blickte er den Jungen mit der Waffe an. Er selbst hatte, außer im Fernsehen, noch nie eine echte Pistole gesehen, schon gar nicht in der Hand eines Kindes. Er hatte jedoch keine Angst vor Daisuke. „Selbst wenn ich wollte, könnte ich euch nichts tun." Er deutete auf sein rechtes Bein, welches in einem ungesunden Winkel abgeknickt war. Er wusste, dass es bald um ihn geschehen sein würde. „Ich bin seit der Nacht, in der das

Erdbeben stattfand, hier unten. Um genau zu sein, ging ich in genau dem Moment, als das Erdbeben einsetzte, die Treppe runter. Oder viel mehr flog ich sie runter. Als ich wieder zu mir kam, hatte ich ein gebrochenes Bein und eine blutende Wunde am Kopf." Er hatte sich mit einem Hemd einen Verband um die Wunde herumgebastelt. Dieser war zwar schon komplett durchgeblutet, schien aber seinen Zweck erfüllt zu haben.

„Wann kommt die nächste Bahn?" Selbst Harui war nicht mehr von derartigen Verletzungen abgeschreckt. Sie wusste, dass der Mann bald sterben würde, doch statt Mitleid mit ihm zu haben, fragte sie ihn lieber in einem freundlichen Ton.

„Alle drei Stunden kommt ein Zug hier vorbei, aber noch nie hat einer von ihnen hier gehalten." Schon vor Tagen hatte er sich damit abgefunden, dass er bald sterben würde.

„Verstehe, das tut mir leid."

„Das muss es nicht, ich bezweifle sowieso, dass es in Tokio einen Platz für jemanden wie mich geben würde. Ich war nie besonders gut in der Schule und habe mich von einem Gelegenheitsjob zum nächsten gehangelt." Er schaute sich die Gesichter der vier Kinder genau an. „Ihr hingegen seht mir so aus, als hättet ihr die Kraft es nicht nur bis nach Tokio zu schaffen, sondern dort auch zu überleben. Ich wünsche euch viel Glück." Er reichte Harui, die ihm am nächsten stand, einen Rucksack.

„Was ist das?" Harui wollte nicht einfach in seine Tasche schauen.

„Das, meine junge Dame, ist alles, was ich noch zu essen habe."

„Das können wir doch niemals annehmen." Sie bestand darauf ihm die Tasche wieder zurückzugeben.

„Ob ich nun heute verhungere oder in ein paar Tagen, das macht für mich keinen Unterschied." Er versuchte es mit einem Lächeln. Alles, was er in seinem Zustand zustande brachte, war eine verzerrte Grimasse, die entfernt an ein Lächeln erinnerte.

„Aber vielleicht kommt noch Hilfe, vielleicht hält einer der Züge doch hier an und kann Sie …“ Sie versuchte ihm Mut zu geben.

„Harui lass es, er hat seine Entscheidung getroffen.“ Daisuke legte seine Hand auf ihre Schulter. Er konnte keinen Funken Lebenswillen mehr in dem Blick des Mannes sehen. „Lass uns gehen.“

„Er hat Recht. Dieses Schicksal hat er für sich gewählt.“ Rei stimmte ihm zu. Traurig schaute Harui zu ihrem Bruder, der nur den Kopf schüttelte.

„Na gut.“ Sie drehte sich ein letztes Mal zu dem Mann um und verbeugte sich vor ihm. „Vielen Dank!“ Auch der Rest der Gruppe verbeugte sich dankbar bei ihm. Allen kam das Bild des verbrannten Mannes, dem sie am zweiten Tag ihrer Reise begegnet waren, in den Sinn. Auch er hatte nur auf den Tod gewartet.

„Was, denkt ihr, wurde mit dem Zug transportiert?“ Jinpei stellte sich diese Frage tatsächlich, er hatte nämlich gedacht, dass jeglicher Transport schon vor Wochen eingestellt wurde.

„Auf jeden Fall keine netten Menschen“, war die Antwort seiner Schwester.

„Das muss nicht unbedingt sein“, insistierte Rei. „Die U-Bahn ist unterhalb des Meeresspiegels erbaut. Somit kann sie selbst in die südlichsten Bezirke Japans fahren, obwohl die schon längst verschluckt wurden.“

„Das mit dem Meeresspiegel war doch nur mal eine Vermutung von mir, da er nicht abnimmt. Vielleicht verschluckt dieses Ding alles außer Wasser, weil es selbst eine Art Flüssigkeit ist, wer weiß.“ Daisuke zuckte nur mit den Schultern.

„Aber nehmen wir mal an, dass es der Wahrheit entspricht, dann transportieren diese Züge vielleicht Güter aus ganz Japan nach Tokio. Da ist es nur verständlich, dass sie außer in Tokio in keinem anderen Bahnhof anhalten. Diese Züge bieten Transportmittel, Lebensmittel und eine sichere Reise in die sichere Stadt. Bei jedem Stopp könnte es zu einem Überfall kommen“, erklärte Rei.

„Es ist auf jeden Fall sicherer, als alles mit Fahrzeugen oberirdisch zu transportieren", ergänzte Daisuke.

Kapitel 19 Ein simpleres Leben

Links Reisfelder, rechts Reisfelder, wo auch immer man hinschaute, überall waren zugewachsene Reisfelder. Die Sonne verschwand langsam hinter den Hügeln in der Ferne. 40 Kilometer war alles, was die vier noch von Tokio trennte. Ein Weg, den sie entspannt in zwei Tagen zurücklegen konnten.

Gerade befanden sie sich in einem kleinen Bauerndorf. Nur alle 100 Meter kamen sie an einem im alten Stil erbauten Haus vorbei, die Gärten waren gigantisch. Die Türen noch alte japanische Schiebetüren, nicht die neumodischen aus dem Westen. Was sie jedoch am meisten verwunderte, war, dass sie auf echte Menschen trafen. Sie waren in diesem Dorf nun schon über 20 Menschen begegnet. Alle waren sie bereits über 60 Jahre alt gewesen, wie es in ländlichen Gegenden häufiger der Fall war. Junge Gesichter hingegen sahen sie keine. Doch nicht nur die Jugendlichenbeäugten die Alten. Die Rentner beäugten sie genauso. Sie hatten seit Wochen keine Jugendlichen mehr gesehen. Entweder schauten sie aus dem Fenster, pflegten in aller Ruhe den Garten oder aber gingen im Dorf spazieren und unterhielten sich mit anderen.

Daisuke und der Rest fühlten sich dort fehl am Platz. Während die Einwohner alle gepflegt waren und regelmäßig duschen gingen, waren die Jugendlichen verdreckt und rochen so, als hätten sie seit Tagen keine Dusche mehr gesehen … Was aber auch der Wahrheit entsprach. Überall, wo sie in den letzten Tagen vorbeikamen, sprudelte das Leitungswasser fröhlich aus dem aufgerissenen Boden. Das Erdbeben hatte fast überall die unterirdisch verlegten Wasserleitungen zerstört.

„Verzeihen Sie, könnten Sie uns vielleicht sagen, was hier los ist?“ Verwirrt sprach Daisuke einen alten Mann an, der gerade einen Spaziergang durch das Dorf unternahm.

„Sieht man das denn nicht, wir leben hier.“ Abschätzig nahm der Mann Daisuke von Kopf bis Fuß unter die Lupe. „Ihr hingegen seht so aus, als würdet ihr seit Tagen in einem Reisfeld nach dem anderen baden.“ Mit seinem Gehstock, den er brauchte, um seinen krummen Rücken zu entlasten, zeigte er auf die Gruppe.

„Ihr könntet ein Bad gebrauchen“, mischte sich eine ältere, rundliche Dame mit Buckel ein. An ihren Händen trug sie verdreckte Arbeitshandschuhe.

„Aber natürlich in einer Wanne mit sauberem Wasser und nicht in einem Reisfeld.“ Eine weitere Dame, die einen Kopf kleiner war als Rei, kam hinzu und kicherte in sich hinein. Auf ihrer Nase trug sie eine runde Brille, ihre Haare hatte sie in einem Strohhut versteckt.

„Wenn man selbst kein Privatleben hat, muss man andere eben belauschen“, murmelte der Herr, mit dem Daisuke zuerst Kontakt aufgenommen hatte.

„Verzeihung!“ Die Frauen waren beide entsetzt über die Bemerkung. Der alte Mann wiederum drehte sich nur meckernd um.

„Macht euch nichts draus, Herr Fukuda ist schon immer so gewesen“, meinte eine rundlichere Frau.

„Und seitdem er in Rente ist, wurde es nur noch schlimmer“, vervollständigte die andere mit der Brille.

„Aber es stimmt, ihr riecht wirklich so, als hättet ihr seit Tagen nur in Reisfeldern gebadet.“ Beide Frauen beäugten sie genauso skeptisch, wie der mürrische Mann es zuvor getan hatte.

„Was sucht ihr hier überhaupt? Die letzten Reisenden sind schon vor Wochen hier durchgekommen“, wollte die Frau mit der Brille wissen.

„Wir sind nur auf der Durchreise und vielleicht auf der Suche nach einem Nachtlager“, antwortete Rei ihnen.

„Wir haben eine kleine Pension mit Gästehaus, Platz für etwa

100 Personen.“ Nachdenklich reckte die rundlichere Frau das Kinn in die Höhe.

„Solange ihr kein Problem damit habt auf einer Tatamimatte zu schlafen“, ergänzte die Frau mit Brille.

„Das stört uns wenig. Wir haben auf unserer Reise schon oft auf dem Boden geschlafen. Ich bin übrigens Rei Hirata.“ Sie stellte nach und nach alle vor.

„Arima“, stellte sich die Frau mit der Brille knapp vor. „Das haben schon viele behauptet, als sie dann aber wirklich mal auf einer Tatamimatte schlafen sollten, beschwerten sie sich, wie unbequem es doch sei.“ Sie schüttelte nur mit dem Kopf.

„Die Jugend von heute ist doch gar nicht mehr dazu im Stande Reis auf den Feldern anzubauen. Ich heiße übrigens Anabuki“, meinte die rundlichere der beiden abschätzig.

Am liebsten hätte Daisuke ihnen gesagt, dass sie bereits den ganzen Weg von Miyazaki bis hierhergelaufen waren. Doch letzten Endes wollte er die beiden nur loswerden. „Könnten Sie uns vielleicht zeigen, wo wir diese Pension finden?“

„Wenn ihr mir folgt, führe ich euch dorthin.“ Hinter Daisuke tauchte plötzlich ein Mann mit einem übergroßen falschen Lächeln auf. „Die Pension gehört nämlich mir, müsst ihr wissen. Pension Fuda stets zu Diensten.“

„Vielen Dank.“ Sie verbeugten sich vor ihm.

„Es ist lange her, dass ich eine von denen gesehen habe.“ Herr Fuda zeigte auf die Pistole, auf der Daisukes Hand unbemerkt ruhte. Auch er registrierte jetzt erst, dass er reflexartig zu seiner Waffe gegriffen hatte. Rei konnte ihn verstehen, griff nach seiner Hand und nahm sie herunter.

„Ich versteh dich ja, aber ich glaube nicht, dass wir von ein paar Rentnern was zu befürchten haben“, flüsterte sie ihm ins Ohr. Daisuke musste unweigerlich an die Tempelritter denken, die Nobu mitgenommen hatten, sie sahen aus wie jedermann. Wäre er früher an einem von ihnen vorbeigelaufen, hätte er sie für normale Japaner gehalten, nicht für Killer.

„Gut, wenn ihr mir dann folgen würdet.“ Herr Fuda drehte sich um und ging los. Das Lächeln erreichte seine Augen noch immer nicht.

„Können Sie uns vielleicht sagen, wieso hier noch so viele Menschen leben, obwohl Tokio doch nur 40 Kilometer entfernt ist?“ Auf ihrem Weg zur Pension waren sie mindestens 7 weiteren Rentnern begegnet.

„Wir sind schon vor Wochen nach Tokio gefahren, doch jeder von uns wurde abgelehnt. Jeder mit der Begründung, wir seien zu alt, wir hätten keinen Wert mehr für die Gesellschaft.“ Er war überhaupt nicht verbittert, es klang vielmehr so, als ob niemand von ihnen es anders erwartet hätte. „Wir haben beschlossen hier im Dorf ein einfaches Leben zu leben, bis wir letzten Endes abtreten müssen.“ Während ihres Gespräches sahen sie einen weiteren Mann, der in seinem Garten arbeitete. „So, hier wären wir. Hereinspaziert.“ Mit einem breiten Lächeln führte er sie in das größte Gebäude, das sie bisher in diesem Dorf gesehen hatten.

„Hier sind eure Zimmer. Die Bäder liegen am anderen Ende dieses Flures. Das auf der rechten Seite ist für Männer, das auf der linken Seite für die Frauen. In beiden können bis zu zehn Personen bequem baden und sich waschen.“ Sie bekamen zwei Zimmer direkt nebeneinander.

„Sind das die einzigen freien Zimmer?“, wollte Harui wissen.

„Natürlich nicht, ihr seid meine einzigen Gäste. Ich dachte nur, ihr hättet vielleicht gerne Zimmer nebeneinander.“ Das falsche Lächeln verschwand in der ganzen Zeit nicht einmal aus seinem Gesicht.

„Wäre es dann vielleicht möglich das Zimmer am anderen Ende des Flures zu bekommen?“

„Aber natürlich." Herr Fuda rieb sich die Hände, während er übereifrig nickte.

„Das wird nicht nötig sein, ein Zimmer reicht uns eigentlich völlig", wendete Daisuke ab.

„Verzeihung, aber mein Freund ist etwas übermüdet. Wenn sie den beiden bitte ihr Zimmer zeigen würden, wir werden unseres schon mal beziehen." Rei schob ihren Freund in ihr gemeinsames Zimmer und schloss die Tür hinter sich.

Herr Fuda verstand die Intention, die Rei hatte, denn schon oft waren Paare aus Tokio in seine Pension gekommen und wollten ein Zimmer, das möglichst weit weg von allen anderen Gästen war.

„Was ist los mit dir, Dai?", begann Rei flüsternd. Sie wusste, dass die Wände und Türen so dünn wie Papier waren und man jede laute Unterhaltung hätte mithören können.

„Was mit mir los ist, ich wollte nur dafür sorgen, dass wir nicht getrennt werden." Er flüsterte ebenfalls.

„Wir haben hier nichts zu befürchten, das sind ganz normal Leute. Die wollen uns nichts Böses." Sie konnte verstehen, dass es ihm mittlerweile schwerfiel Fremden zu vertrauen.

„Nichts zu befürchten. Woher wusste der Typ überhaupt, dass wir hier sind?"

„Das hier ist ein kleines Dorf, noch dazu voller Rentner, wir sind hier Fremde. Schon nach wenigen Minuten wussten alle über uns Bescheid." Sie hatte Mühe nicht lauter zu werden.

„Und sein falsches Lächeln?"

„Er ist Geschäftsmann, es ist sein Job freundlich zu sein und zu lächeln. Du sollst ja gar nicht deine Waffen ablegen, entspann dich, genieß den Abend." Beim letzten Teil des Satzes gingen ihre Hände unter sein Shirt und streichelten seinen Bauch. „Wenn du verstehst, was ich meine." Verführerisch lächelte sie ihn an, ehe sie ihm einen schnellen Kuss auf den Mund hauchte.

„Na gut", erwiderte er.

„Und jetzt werde ich baden gehen. Ich habe keine Lust, den zwei

Frauen von vorhin nochmal zu begegnen und weiterhin wie ein Reisfeld zu riechen." Sie roch an sich selbst und rümpfte die Nase.

„Versprich mir aber, dass du eine …" Er konnte gar nicht fertig reden, da hatte sie ihm schon den Baseballschläger mit Schwung unters Kinn gesetzt. Obwohl zwischen ihm und dem Schläger noch 30 cm Platz war, musste er schlucken.

„Keine Sorge, wie schon gesagt, wir sollten unsere Waffen nicht ablegen. Außerdem habe ich den hier irgendwie liebgewonnen." Sie hielt ihren Schläger in beiden Händen. „Okay?" Ihr Lächeln war zuckersüß.

„Okay!" Das war das erste Mal, dass er tatsächlich Angst vor ihr und dem, was sie imstande war zu tun, hatte.

„Dann ist ja gut. Bis später." Sie nahm ihren Rucksack und machte sich auf den Weg ins Bad.

Ein paar Sekunden, nachdem Rei den Raum verlassen hatte, kam Harui herein.

„Ich wollte euch nur ein bisschen Freiraum geben, ich hoffe, das war in Ordnung?" Harui wirkte unsicher und bereute die Frage von zuvor.

„Alles gut. Legt aber niemals eure Waffen ab und lasst eure Sachen nicht aus den Augen. Ich geh jetzt übrigens auch duschen." Auch er schnappte sich seinen Rucksack, den er nahe der Tür abgelegt hatte, und verließ den Raum vorbei an Harui.

„Okay, kommt ihr dann bei uns vorbei? Das Bad ist zwar groß genug für zwei, ich möchte Rei aber mal ein bisschen Ruhe gönnen." Was sie ihm nicht erzählte, war, dass sie sich davor genierte mit ihr baden zu gehen. Damals vor ihrer Reise war sie auch nur mit Rei und Umeko baden gegangen, weil Umeko, ihre beste Freundin, sie dazu gedrängt hatte.

„Natürlich." Daisuke lächelte sie an, bevor er nach links abbog.

Handtücher und Waschlappen lagen bereits bereit, als Rei das Bad betrat. Obendrauf lag eine Notiz, auf der stand, dass das Wasser aus einer unterirdischen Quelle abgepumpt wurde und deshalb sehr mineralhaltig sei. Sie konnte nicht anders, als einmal mit der Hand über das oberste Handtuch zu fahren und zu spüren, wie die einzelnen Härchen ihre Handinnenfläche kitzelten. Erst danach ging sie rüber zur Wanne und begann damit, Wasser einzulassen. Der Raum füllte sich auf der Stelle mit heißem Wasserdampf.

Sie begann damit sich auszuziehen. Ihre Strümpfe waren am schlimmsten, inzwischen brauchte sie keine Hilfe mehr, um sie auszuziehen. Dennoch stanken sie zusammen mit ihren Stiefeln am meisten, außerdem war in der Gegend ihrer Kniekehle ein dunkler Schweißfleck.

Im Bad selbst war wie in einem öffentlichen Bad eine Sitzdusche integriert, die man benutzen sollte, bevor man in die Wanne steigt. Denn das Baden dient nur zur Entspannung.

Etwa ein Meter von sowohl der Tür als auch der Wanne entfernt stand ein kleiner Holzhocker. Der Hocker war vor einer kleinen Ablage platziert, auf der ganz vorne verschiedenste Drückflaschen mit Seife, Shampoo und Haarspülung abgestellt wurden. Dahinter befand sich ein hölzerner Bottich, welcher unter einer Duschbrause platziert wurde. Ihren Schläger lehnte sie vorerst an die Ablage. Die Wanne rechts von ihr war noch nicht einmal im Ansatz gefüllt.

In dem Spiegel, welcher an der Wand montiert war, konnte sie sehen, wie elend sie in Wirklichkeit aussah. Noch immer war sie blass im Gesicht, doch nicht die unbedenkliche Blässe, die sie auch früher schon hatte. Vielmehr eine ungesunde Blässe. Den Bottich ließ sie mit wohltemperiertem Wasser volllaufen. Einen der Waschlappen tunkte sie ins Wasser, woraufhin sie begann sich damit abzurubbeln. Nachdem ihr gesamter Körper nass und der Bottich bis zum Rand gefüllt war, seifte sie sich am gesamten Köper ein. Daraufhin rubbelte sie mit dem Waschlappen überall kräftig und machte sich sauber. Sobald der Lappen zu braun wurde, wechselte zu einem der anderen fünf, die in weiser Voraussicht von Herrn Fuda bereitgelegt wurden. Denn auch wenn der Waschlappen komplett schmutzig war, war ihr Körper noch lange nicht wieder sauber.

Mit gewaschenem Körper nahm sie sich die Flasche mit Haarshampoo und packte sich einiges davon auf den Kopf. Kurzzeitig konnte sie nichts sehen, da es so stark schäumte, dass ihr gesamter Kopf unter Schaum begraben war. Blind machte sie sich auf die Suche nach dem Bottich, wobei sie den Schläger antippte. Doch bevor er auf den Boden fallen konnte, wurde er von einer Flasche Haarspülung aufgehalten. Den Bottich in der Hand kippte sie sich einmal den gesamten Inhalt über den Kopf. Der Schaum wurde größtenteils auf den Boden gespült, wo er langsam begann sich aufzulösen. Nach einem Blick in die Wanne, welche etwa zur Hälfte gefüllt war, ließ sie erneut Wasser in den Eimer laufen. Sie wollte auch die letzten Schaumreste von ihrem Körper waschen, ehe sie baden ging.

Den Baseballschläger lehnte sie an die Außenwand der mit Holz verkleideten Badewanne, in der das Wasser inzwischen einen angenehmen Pegel erreicht hatte. Aus der Wanne selbst stieg heißer Wasserdampf empor, der den Spiegel am Waschbereich beschlagen ließ. Ganz langsam, erst befühlte sie die Wassertemperatur mit ihrem linken Fuß, es war weder zu heiß noch zu kalt, es war genau die richtige Temperatur. Ein kurzer stechender Schmerz kam in ihrem linken Oberschenkel auf, als sie den rechten ebenfalls in die Wanne hob. Bis zu den Knien stand sie nun im warmen, nach Kräutern riechenden Wasser. Die Wanne maß 10 m * 10 m, sodass sie sich problemlos hineinlegen und entspannen konnte. Sie streckte ihre Beine aus und ließ sich auf den Grund sinken. Einzig ihr Kopf schaute noch aus dem Wasser, ihre schwarzen Haare breiteten sich währenddessen strahlenförmig aus. Wäre sie, ohne sich vorher zu waschen, hineingestiegen, würden ihre Haare wie ein Stein im Wasser versinken. Mit geschlossenen Augen konnte sie spüren, wie die Wärme des Wassers bis in ihre Knochen vordrang und ihren Körper als Ganzes wärmte. In der Nase hatte sie den Geruch wohlwollenden Kräuter. Sie spürte, wie die Mineralien ihrer Oberschenkelwunde guttaten. Tiefenentspannt hörte sie, wie der letzte Rest Wasser in der Leitung tropfenweise auf die Wasseroberfläche fiel. Dabei erzeugen die Tropfen kleine Wellen, die bis zu ihr herübergetragen wurden. Das einzige andere Geräusch kam von einer Fliege, die sich in das Zimmer verirrt hatte. Rei folgte dem Geräusch an die Decke, wo eine einzelne Fliege hin und her flog. Aus einem unbekannten Grund fand sie es entspannend der Fliege dabei zuzusehen, wie sie einen Platz zum Landen suchte.

Auf dem Flur vor dem Zimmer war nicht das kleinste Geräusch zu hören, bis sie auf einmal hörte, wie eine Tür aufgeschoben wurde und Schritte durch den Gang hallten. Sie wusste, dass das ihr Freund sein musste, der gerade fertig geduscht hatte. Liebend gern hätte sie ihn zu sich geholt, nicht etwa um mit ihm rumzumachen, sondern einfach nur um ihn bei sich zu haben. Obwohl sie ihn erst vor weniger als einer halben Stunde gesehen hatte, vermisste sie ihn. Sie wusste, dass er nur wenige Meter entfernt war, trotzdem kam es ihr so vor, als wäre er ewig weit weg. Viel weiter weg als beim Kampf gegen die Yakuza, wo sie wirklich voneinander getrennt waren, und ungewiss war, ob sie sich je wieder sehen würden.

Nach fast einer Minute, in der sie auf die Tür geschaut hatte, in der Hoffnung, ihr Freund würde hereinkommen, schaute sie gedankenverloren an die Decke. Die Fliege flog immer noch herum, war aber bereits wesentlich ruhiger geworden. Beim Beobachten wurde sie kurz an all die Ausflüge mit ihrem Vater erinnert, auf denen sie stundenlang Tiere beobachtet hatten. Der Schmerz in ihrer Brust wurde vom warmen Wasser aufgesogen und verschwand so schnell, wie er gekommen war.

Erfrischt und voller Energie stand sie langsam auf. Aufgerichtet streckte sie ihren ganzen Körper einmal durch. Die Fliege, die endlich einen Ort gefunden hatte, an dem sie sich niederlassen konnte, flog wieder wie verrückt umher. Rei hatte es aufgeschreckt.

„Sorry", entschuldigte sie sich bei dem Tier, von dem sie wusste, dass es sie nicht einmal verstand.

Wie ein Wasserfall floss das Wasser von ihrem Körper zurück in das Becken. Der Vorleger kitzelte im ersten Moment, als sie mit dem rechten Bein aus der Wanne stieg. Beim linken Bein wiederum spürte sie eine Leichtigkeit, die sie, seitdem sie angeschossen wurde, nicht mehr gespürt hatte. Unter ihren Füßen hatte sich der Vorleger mit Wasser vollgesogen, da wo sie stand, befanden sich jetzt zwei dunkle Flecken.

Zuletzt trocknete sie sich mit einem der Handtücher ab, ehe sie sich die saubersten Klamotten, die sie hatte, ein kariertes blau-schwarzes Holzfällerhemd gepaart mit einer schwarzen Hotpants raussuchte und sich anzog. Das Holzfällerhemd war sehr figurbetont während die Hotpants an ihrer Hüfte etwas zu weit war, weshalb sie den Gürtel etwas enger machen musste. Neue Kniestrümpfe würde sie an diesem Abend nicht mehr anziehen.

Mit blanken Füßen lief sie über den Linoleumboden, ihre Stiefel hielt sie in der Hand. Trotz der Hitze, die draußen den ganzen Tag über geherrscht hatte, war der Boden angenehm kühl.

Angezogen und erholt klopfte sie an die Zimmertür der Zwillinge, um Harui zu sagen, dass das Bad jetzt frei sei. Jinpei war bereits wieder zurück. Er und Daisuke waren beide nur schnell duschen gewesen.

Während Rei nach dem Baden entspannt war, erschien Daisuke noch fast genauso unruhig. Er saß am Fenster und schaute hinaus auf das Dorf. Die Sonne war inzwischen untergegangen, und nur das Licht aus der Lampe an der Decke erhellte das Zimmer. Als Rei in ihr gemeinsames Zimmer kam, hatte er sogar kurz die Hand an der Waffe.

„Entspann dich, ich bin es nur.“ Ihren Rucksack stellte sie neben der Tür ab. Mit der rechten Hand verschloss sie hinter ihrem Rücken die Zimmertür. In der anderen Hand hielt sie den Schläger, den sie auch nicht losließ.

„Tschuldige.“ Er entspannte sich sichtlich, als sie wieder zurück war. Noch entspannter wurde er, als Rei ihm nahekam und ihn küsste. „Das Hemd steht dir wirklich gut.“ Hinter seinem Rücken schloss Rei die Vorhänge, damit sie niemand beobachten konnte.

„Danke“, sie kicherte zufrieden. „Hier, fühl mal.“ Sie führte seine Hand zu ihrem rechten Oberschenkel. Mit seinen Fingern begann er ihre Haut zu streicheln. Dabei fiel ihm auf, dass sie extrem weich war. „Das Wasser hier ist sehr mineralhaltig, was gut für die Haut ist.“ Seine Hand wanderte weiter nach oben, zu ihrem Gürtel.

Er wollte da weitermachen, wo sie vor einigen Tagen unterbrochen wurden. Gerade als er dabei war, ihren Gürtel zu öffnen, hörte Rei auf ihn zu küssen und stoppte seine Hände.

„Warte!“ Sie richtete den Gürtel wieder zurecht. „Ich will das nicht, nicht so.“ Daisuke schaute sie nur verwirrt an, er war sich eigentlich sicher, dass sie es auch wollte.

„Wieso, in der Schule hat es so gewirkt, als wärst du bereit. Oder war das jetzt zu schnell?“ Er schaute sie verwirrt an.

„Nein, das ist es nicht. Ich weiß, in der Schule wollte ich es noch, da habe ich mich treiben lassen. Seitdem hatte ich aber viel Zeit zum Nachdenken. Ich hätte gern Sex mit dir, aber nicht ungeschützt.“

„Ich verstehe.“

„Es liegt wirklich nicht an dir. Es ist nur …“ Sie wurde von einem Finger unterbrochen, den er ihr auf die Lippen legte.

„Ich weiß. Es tut mir leid, ich dachte, du wolltest da weitermachen, wo wir aufgehört haben. Wenn du noch warten willst, ist es für mich in Ordnung.“ Er lächelte sie aufmunternd an.

„Wirklich?“ Sie wirkte unsicher.

„Wirklich." Schnell gab er ihr noch einen Kuss. „Lass uns schlafen gehen."

„Danke!" Sie lächelte zurück.

Kapitel 20 Bosozoku

„Das ist schon in Ordnung, ist ja nicht so, als hätte es noch eine Bedeutung." Als die Kinder am nächsten Morgen weiterziehen wollten, bedankten sie sich bei Herrn Fuda. Aus Gewohnheit wollten sie ihn bezahlen, stellten aber fest, dass sie gar kein Geld bei sich hatten.

„Vielen Dank." Auch wenn Daisuke weiterhin Hintergedanken bei dem Mann vermutete, verbeugte er sich dankbar vor ihm.

„Ich bin ja auf euch zugekommen, da geht das schon in Ordnung." Das breite Lächeln vom Vortag war verschwunden, seine Höflichkeit hingegen war geblieben, auch wenn sie jetzt noch aufgesetzter als zuvor wirkte.

Gegen Mittag kamen die vier in eine größere Stadt mit einigen Wolkenkratzern. Einer davon war umgestürzt und hatte mehrere Gebäude unter sich begraben. In einem Konbini machten die Kinder eine Pause, in der sie aßen und sich ausruhten.

„Wollen wir morgen den Tag eigentlich durchlaufen, dann wären wir doch abends bereits in Tokio, oder?" Jinpei war schon ganz aufgeregt.

„Entweder so oder wir machen heute und morgen langsamer, dann würden wir übermorgen ankommen. Zeit haben wir aktuell genug. In den letzten Tagen sind wir gut durchgekommen. Es ist uns überlassen, wann wir da ankommen." Daisuke schaute seine Freunde an und wartete auf ihre Meinung.

„Ich glaube, es ist besser, wenn wir übermorgen dort ankommen. Wir haben doch gestern gesehen, dass die an der Grenze kein Problem damit haben größere Gruppen abzulehnen."

„Na und, wir sind Kinder und keine Rentner, wir sind die Zukunft Japans." Jinpei wollte einfach nur nach Tokio, um dort sein neues Leben anzufangen.

„Morgens oder mittags sind sie aber nicht so genervt wie abends. Die Nachtschicht will meistens nur ihre Ruhe haben", rief ihnen eine unbekannte Stimme entgegen. Erschrocken drehten sie sich um. In der Tür zum Konbini stand eine Frau. Schulterlange braune Haare, einen Mundschutz, zum Schutz vor dem Staub und ein schwarzes T-Shirt.

„Ganz ruhig." Daisuke zielte mit seiner Waffe auf sie.

„Oder du zeigst ihnen einfach deine Titten. Hat bei 'ner Freundin von mir auch geklappt." Sie zeigte mit einer Stahlstange auf Rei, von Daisuke wiederum blieb sie unbeeindruckt. „Der Rest von euch hat leider Pech." Sie zuckte mit den Schultern. Mit ihren Motorradstiefeln kickte sie eine vergammelte Melone in eine Ecke des Ladens. Dabei spritzte der Saft nicht nur auf ihre pinke Hose, sondern hinterließ auch Spuren auf ihren Lederstiefeln. „Das ist ja widerlich." Sie versuchte ein Stück Melone von ihrem Schuh zu kicken, hampelte dabei wie verrückt rum.

„Leg die Stange weg", schrie Daisuke ihr entgegen.

„Okay, okay. Wir tun euch nichts, zumindest, solange ihr uns alles gebt, was ihr habt. Das Spielzeug da kannst du behalten, vielleicht erschreckst du damit ja wirklich mal jemanden." Sie fing an vergnügt zu kichern.

„Was meinst du mit wir?" Rei hielt ihren Baseballschläger in einer Hand und war bereit ihn einzusetzen, sollte es nötig werden.

„Na wir eben." Sie verließ den Laden und augenblicklich ertönten von draußen der Lärm von Motoren. Die Jugendlichen eilten zum Fenster, wo sie sehen konnten, wie Dutzende Motorräder heranrasten. Schnell hatten die Motorräder einen Halbkreis um den Eingang des Geschäfts errichtet. Überschlagen kam Daisuke auf etwa 43 Frauen, keine von ihnen sah aus wie die typische Japanerin. Alle trugen entweder auffällige Kleidung, auffälliges Make-up oder einfach Kleidung, die früher aus der Masse herausgestochen hätte. Daisuke hatte schon von ihnen gehört, sie waren die Bosozoku, die Motorradgangs Japan. Oftmals bestanden die Gangs nur aus Frauen, wie auch in diesem Fall.

Ihnen direkt gegenüber lehnte die Anführerin, eine Frau mit langen roten Haaren bis zur Hüfte, an einem knallgelben Motorrad. Ihre Statur war dieselbe wie die von Rei. Mit einer medizinischen Maske, um den Staub der Stadt abzuwehren, deckte sie Mund und Nase ab, wodurch nur ihre Augen zu sehen waren. Dieses waren stark mit schwarzem Eyeliner geschminkt. Auf dem weißen Hemd, das sie trug, waren an manchen Stellen Blutspritzer zu erkennen. Ihr schwarzer Faltenrock ging bis zum Boden.

„Sajiko hier hat sicher schon erklärt, wie das jetzt ablaufen wird." Mit einem Baseballschläger aus Holz, an dem ebenfalls Blutreste zu sehen waren, zeigte sie zuerst auf die Frau mit der pinken Hose mit dem Namen Sajiko und danach auf die Jugendlichen. „Ihr habt zwei Möglichkeiten." Ihre Stimme klang durch die Maske etwas befremdlich. „Möglichkeit Nummer 1, ihr gebt uns all euer Zeug. Möglichkeit Nummer 2, wir schlagen euch zu Brei und nehmen uns dann all euer Zeug. Also für welche der beiden entscheidet ihr euch?" Die Frauen hatten schon etliche solcher Überfälle durchgeführt. Eine der Frauen mit blondierten Haaren war von der ganzen Sache so gelangweilt, dass sie sich mit einem kleinen Spiegel in der Hand schminkte. In ihrer linken Hand hielt sie den Spiegel, mit der rechten trug sie roten Lippenstift auf.

„Wir wählen Möglichkeit 3, wir bringen so viele von euch um, wie wir müssen, und gehen. Mit unserem Zeug." Daisuke versuchte gar nicht erst eine friedliche Lösung zu finden. Er zog seine Waffe und richtete sie auf die Anführerin.

„Keine Angst Miwako, das ist nur ein Spielzeug, eben hat er mir damit auch gedroht. Ich habe da drin mit einer Melone Fußball gespielt, und du siehst ja …" Sajiko deutete auf ihren eigenen Körper. „Ich habe keinen einzigen Kratzer." Gelangweilt zuckte sie mit den Schultern.

„Du hast dich also für die zweite Variante entschieden." Mit Schwung deutete sie auf die vier und sofort fuhren acht der Motorräder los. Die Fahrerinnen waren mit Holzknüppeln oder Stahlstangen bewaffnet. Nur Sekundenbruchteile später hatte auch Rei ihre Pistole gezogen. Zusammen mit Daisuke feuerte sie auf die Frauen. Auf den 200 Metern, die die Motorräder zurücklegen mussten, blieb genug Zeit für Daisuke und Rei, um auf sie alle zu feuern.

Drei von ihnen waren sofort tot. Die anderen außer einer wanden sich am Boden vor Schmerzen. Die, die verschont wurde, kam ins Schleudern. Als sie sah, wie ihre Freundinnen eine nach dem anderen zu Boden ging, verlor sie zuerst die Fassung und dann die Kontrolle über ihre Maschine. Der Frau, die sich zuvor geschminkt hatte, waren sowohl der Spiegel als auch der Lippenstift aus der Hand gefallen.

Fassungslos starrte Sajiko ihre Anführerin an.

„Meine Schwester, jemand muss meiner Schwester helfen." Die Frau, die nur einen Unfall hatte, beugte sich über einen der Körper am Boden.

„Was war das denn, Sajiko, ich dachte, das wäre nur ein Spielzeug." Wütend wendete Miwako sich an die Frau neben ihr.

„Ist es nicht", rief Daisuke ihnen entgegen. „Das kann jetzt auf zwei Arten ablaufen. Entweder ihr lasst uns verschwinden. Dann passiert nichts weiter. Oder wir kämpfen uns hier raus." Er hoffte, dass Miwako das Leben der anderen wichtiger war als ein gewonnener Kampf, und wartete auf ihre Antwort.

„Oder wir stürzen uns alle auf euch und machen euch kalt." Eine der Frauen, die gerade eine gute Freundin verlor, wollte Rache. Daisuke konzentrierte sich daraufhin auf sie.

„Wir lassen euch gehen", rief die Anführerin ihm zu.

„Sie haben sieben von uns getötet und du willst sie einfach davonkommen lassen?" Die Frau, die ihre Freundin verloren hatte, war gegen Miwakos Entscheidung. Ihre blondierten Locken wippten vor Wut.

„Wie du schon gesagt hast." Miwako zog die Maske aus ihrem Gesicht, dass alle sie genau sehen konnten. „Sie haben bereits sieben von uns getötet. Ich lasse sie gehen, weil ich will, dass es nicht noch mehr werden. Wenn du kämpfen willst, halte ich dich nicht davon ab. Aber dann bist du auch für alle weiteren Opfer verantwortlich." Beschämt senkte die Frau ihren Blick. „Wenn das dann geklärt wäre, macht ihnen Platz und lasst sie durch." Sie öffneten einen 10 Meter breiten Weg genau in der Mitte.

„Danke." Daisuke war froh, dass keine Gewalt mehr nötig war.

„Du gefällst mir", meinte Miwako verführerisch. „Willst du nicht bleiben, wir könnten jede Menge Spaß haben." Um zu zeigen, dass sie es ernst meinte, knöpfte sie die obersten drei Knöpfe ihres Hemdes auf. Ihre großen Brüste wurden von einem schwarzen BH an Ort und Stelle gehalten. Aus der Nähe konnte Daisuke erkennen, dass Miwako eine wahre Schönheit war. Das Make-up verschönerte das Ganze noch. Die Piercings in ihren Ohren ließen sie ein bisschen rebellisch aussehen, was aber zu ihrem Charme gehörte.

„Finger weg von ihm." Rei hielt drohend ihren Schläger in die Höhe.

„War doch nur Spaß, na ja teilweise." Das neckische Grinsen versteckte sie schnell unter ihrer Maske. „Sieht doch jeder, dass er dir gehört. Aber jetzt, wo ich dich so sehe, muss ich sagen, du gefällst mir auch sehr gut. Wollt ihr euch uns nicht einfach zusammen anschließen?" Das war ihr voller Ernst. Sie hatte wahrlich Respekt vor Rei.

„Wisst ihr eigentlich, dass die Welt untergeht?" Daisuke war es unverständlich, dass sie nahe Tokio Leute ausraubten, anstatt einfach in die Stadt zu gehen, besonders da sie sogar Motorräder hatten.

„Wissen wir. Wir wissen aber auch, dass wir noch ein paar Tage haben, bevor es brenzlig wird. In der Zeit, die uns noch bleibt, rauben wir weiterhin jeden, der hier vorbeikommt, aus. Dann kurz vorher fahren wir mit unseren Maschinen nach Tokio, da brauchen wir nicht mal ne Stunde. Etwa zwei Kilometer vor der Grenze stellen wir die Bikes ab und laufen. Auch wenn es mir schwerfallen wird, meine Maschine zurückzulassen. Spätestens an den Toren werden sie sowieso konfisziert. Soviel ich gehört habe, besitzen in Tokio nur die Polizei, das Militär, Feuerwehr und Rettungsdienste Fahrzeuge. Alle anderen wurden Kilometer vor Tokio geparkt. Ein paar meiner Mädchen haben mal beobachtet, wie ein bewaffneter Trupp einen ganzen Haufen Autos umparken musste." Sie schweifte ab. „Jedenfalls, da keine von uns eine Vorstrafe hat, werden wir als ganz normale Japanerinnen gelten." Anhand ihrer Augen konnte man sehen, dass sie unter der Maske lächelte.

„Und die ganzen Piercings, das knallige Make-up und die gefärbten Haare." Während viele nur eines oder zwei dieser Merkmale hatten, vereinte Miwako alle drei. „Spricht nicht gerade für die typische Japanerin."

„Die Piercings kann man rausnehmen, das Make-up kann man abschminken. Die gefärbten Haare werden ein bisschen schwierig, aber so lange wir versprechen ein produktiver Teil der Gesellschaft zu werden, sollte das kein Problem sein. Zur Not verführen wir die Beamten, sollte kein Problem sein. Die sitzen da den ganzen Tag, sehen höchstens zugeknöpfte Frauen. Da werden die ein paar Frauen wie uns bestimmt willkommen heißen." Die Anführerin der Bosozoku hatte alles bereits genau durchgeplant. „Wir werden uns also in Tokio wiedersehen."

Die Jugendlichen machten sich wieder auf den Weg.

„Und da hol ich mir dann deinen Freund und werde meinen Spaß mit ihm haben", rief sie den vieren lachend hinterher.

„Das kannst du gerne versuchen", rief Rei zurück. „Du würdest doch nicht auf ihre Anmachen reinfallen, oder?" Sie schaute ihren Freund scharf an. Denn so schwer es ihr fiel es zuzugeben, fand auch sie, dass Miwako sehr attraktiv war.

„Natürlich nicht." Daisuke sagte das nicht nur, weil Rei es hören wollte, sondern weil er es auch wirklich so meinte.

„Dann ist ja gut." Sie vertraute ihm genug, um nicht an seiner Antwort zu zweifeln.

Am Morgen zwei Tage danach waren in der Ferne bereits die Zäune, die um Tokio errichtet wurden, am Horizont zu erkennen. Wie Miwako es ihnen schon gesagt hatte, befand sich ein gutes Stück von Tokio entfernt ein riesiger Autofriedhof, durch den sie durchmussten. Mindestens einen ganzen Kilometer mussten sie sich durch ein Labyrinth aus parkenden Autos zwängen.

Um an diesem Tag für alle Tests, die vielleicht auf sie zukommen würden, ausgeruht zu sein, gingen sie früh schlafen und genehmigten sich morgens die doppelte Portion.

Je näher sie der Stadt kamen, desto häufiger kamen sie an Fußballfeld-großen Stellen vorbei, an denen die Erde umgegraben wurde.

Im Abstand von einem Kilometer waren am gesamten Zaun Tore angebracht. Hinter dem Zaun wiederum patrouillierten bewaffnete Wachen, teils vom Militär, teils von der Polizei.

Zwei bewaffnete Soldaten erwarteten sie bereits vor Tor 24.

„Stehen bleiben und Hände hoch!" Als sie etwa zehn Meter vor dem Tor waren, hoben die Männer plötzlich ihre Sturmgewehre und zielten auf die Gruppe. Die Wachen hinter dem Zaun suchten die Gegend nach weiteren Personen ab, konzentrierten sich nach erfolgloser Suche aber ebenfalls auf die Kinder.

„Wir wollen keinen Ärger." Sie alle hoben sofort ihre Arme in die Höhe, jeder wusste, dass der kleinste Fehler dazu führen konnte, dass sie von Kugeln durchsiebt werden würden.

„Vier Neuankömmlinge an Tor 24, zwei Frauen, zwei Männer, sehen nach Schülern aus." Einer der Wachen hinterm Zaun berichtete per Walkie-Talkie von ihrer Ankunft.

„Verstanden, Standardprotokoll anwenden“, antwortete eine verzerrte Stimme.

„Wir werden eure Waffen konfiszieren, bevor ihr von der Polizei befragt werdet, wenn ihr damit nicht einverstanden seid, dürft ihr sofort wieder gehen.“ Man merkte, dass sie das schon tausende Male sagen mussten. Bestimmt mussten sie das ein oder andere Mal auch mit Gewalt dafür sorgen, dass Personen wieder gingen. „Verteilt euch im Abstand von zehn Metern und behaltet die Hände da, wo wir sie sehen können.“ Die Kinder liefen auseinander. Die Soldaten hinter dem Zaun behielten die Neuankömmlinge im Blick. Die zwei außerhalb wiederum näherten sich langsam Daisuke und Jinpei. Zuvor mussten sie zur Sicherheit ihre Waffen abgeben.

Die Schusswaffen und die Messer nahmen sie ihnen als Erstes ab. Danach wurden beide abgetastet, um auch versteckte Waffen zu finden. Beim Abtasten gingen sie nicht zimperlich mit den beiden um. Daisuke musste kurz Luft einziehen, als die Wache auf die Schussverletzung, die er von Umeko hatte, drückte. Sie war zwar schon längst verheilt, dennoch war diese Stelle auch weiterhin sensibel geblieben. Ohne etwas zu sagen, zog der Mann das Shirt hoch und begutachtete die zurückgebliebene Narbe.

„Wurdest du angeschossen?“ Als Soldat konnte er Schussverletzungen sofort erkennen.

„Ja“, antwortete Daisuke knapp.

„Wann ist das passiert?“

„Vor über einem Monat.“

„Meiner hat eine Schussverletzung, wie sieht es bei dir aus?“, rief er dem Mann zu, der Jinpei abtastete.

„Nichts, keine beim Abtasten erkennbaren Verletzungen und auch keine versteckten Waffen.“

„Einer der Jungs hat eine Schussverletzung im Bauch, laut eigenen Angaben vor einem Monat passiert. Keine versteckten Waffen zu finden." Der Mann, der Daisuke abtastete, sprach mit einem Walkie-Talkie zu einer Person innerhalb der Zäune.

„Hände oben behalten, bis wir sagen, dass ihr sie runternehmen könnt." Ohne auf eine Antwort zu warten, gingen sie rüber zu den Mädchen. Die Waffen und auch ihre Rucksäcke wurden von den Wachen zum Tor gebracht. Sie wurden hereingelassen, während zwei Frauen, die zuvor drinnen Wache geschoben hatten, herauskamen, um Rei und Harui abzutasten. Auch sie mussten ihre Waffen zuvor ablegen.

Auch die beiden gingen nicht zimperlich mit Rei und Harui um.

„Eines der Mädchen hat eine Schussverletzung am linken Oberschenkel, ist vor nicht mal zwei Wochen passiert. Auch bei ihnen keine versteckten Waffen", sagte eine der Frauen in ein an ihrer Schulter angebrachtes Walkie-Talkie.

„Bleibt da stehen. Wir rufen euch gleich. Die Hände könnt ihr wieder runternehmen. Ich würde euch aber raten es langsam zu tun. Die Kerle da hinten sind manchmal ziemlich nervös am Abzug", wies die andere Frau die vier Jugendlichen an.

Es dauerte keine Minute, da waren die Waffen und ihre Rucksäcke verschwunden und sie durften sich dem Tor nähern.

„Während ihr in der Befragung seid, werden eure Taschen durchsucht. Danach könnt ihr sie wieder haben. Die Waffen bleiben konfisziert. Die haben nichts in den Händen von Kindern zu suchen."

Kapitel 21 Interviews

Sie wurden durch einen gut ausgeleuchteten Flur geführt. Es waren wieder zwei andere Männer, von denen sie begleitet wurden. Sie trugen weder Waffen noch Uniform, stattdessen hatten sie gebügelte weiße Hemden an.

Der erste Raum, in den sie geführt wurden, war zu ihrer Überraschung kein Konferenz- oder Verhörraum, sondern ein Duschraum mit etlichen einzelnen Duschen. Rechts von der Tür befanden sich zehn mit Plastikvorhängen versehene Duschkabinen.

„Ich hoffe, ihr habt kein Problem damit, dass es keine getrennten Duschen gibt.“ Mit einem Lächeln führte ihr Begleiter sie in den weiß gekachelten Raum.

„Wir sind froh, dass wir überhaupt mal wieder eine Dusche haben können.“ Daisuke fiel jetzt erst auf, dass sie überhaupt nicht ins Bild passten, sowohl geruchlich als auch dank ihrer verfetteten Haaren. Obwohl sie sich erst vor drei Tagen gewaschen hatten, waren sie schon am nächsten Tag durch die Hitze wieder durchgeschwitzt.

„Wir haben für euch ein paar Sachen zum Anziehen in den Duschen vorbereitet.“

Auf einer kleinen Ablage in der Dusche lagen in Plastikbeutel je ein Hemd und ein Bleistiftrock.

„Ich hoffe, die verlangen nicht, dass wir das anziehen sollen.“

„Auch wenn ich das echt gerne sehen würde, denke ich, dass der Rock für Harui und mich ist.“ Rei musste lachen, Daisuke hatte sie schon lange nicht mehr so unbeschwert lachen gehört. Er hatte es vermisst. Ihm wurde warm ums Herz, als er es hörte. „Ihr sollt vermutlich nur das Hemd anziehen.“

Das Wasser bekam eine dunkle Färbung, wurde aber nicht so braun wie sonst auf ihrer Reise. Die Duschen waren so klein, dass das Wasser aus den anderen Kabinen in Reis lief. Während sie nur dastand und es genoss, perlte das Wasser an ihrer Haut ab. Beim Einseifen fuhr sie sich mit den Fingern über ihren Oberschenkel und erschrak, als sie die einzige Narbe an ihrem sonst makellosen Körper berührte. In der Pension hatte sie die Narbe beim Waschen nicht wahrgenommen. Auch wenn die Wunde mittlerweile komplett verheilt war, blieben dennoch kleine, aber trotzdem hässliche Narben auf beiden Seiten ihres Oberschenkels zurück. Diese sollten sie für immer an die Zeit erinnern, als es nicht sicher war, dass sie überleben würde. Sie war allerdings nicht die Einzige mit körperlichen Narben. Von den seelischen Narben mal ganz zu schweigen, doch die hatte jeder in dieser Gruppe.

Daisuke begutachtete das erste Mal aus purer Neugier seine Narben. Was ihm dabei aber am meisten auffiel, obwohl es überhaupt nichts mit ihnen zu tun hatte, war sein Körperbau. Sein Körperfettanteil war quasi auf null gesunken. Denn wenn es etwas gab, dass die vier nach dieser Reise gemein hatten, dann, dass jeder von ihnen ungesund viel Gewicht verloren hatte.

In neuen Klamotten traten sie alle aus der Dusche heraus. Daisuke staunte nicht schlecht, als er Rei sah. Das Hemd und der Rock standen ihr wunderbar. Für die Gespräche hatte sie sich sogar neue Kniestrümpfe angezogen.

„Das steht dir wirklich gut“, lobte er sie.

„Danke, ich fühl mich allerdings ein wenig eingeengt.“ Ihre größte Angst war, dass sie in dem engen Rock nicht sehr gut fliehen konnte. Außerdem drückte er auf ihre Wunde. Es war zwar schon eine Weile her, dass sie tatsächlich für Probleme gesorgt hatte, dennoch war sie an dieser Stelle noch immer sehr empfindlich. Ausziehen wollte sie ihn allerdings auch nicht, da es offenbar zu den Formalitäten für Neuankömmlinge zählte. Sie wusste genau, wie sehr Japaner auf Formalitäten achteten, sie selbst war früher ein perfektes Beispiel für eine Musterjapanerin. Sie hatte Angst rausgeschmissen zu werden, sollte sie sich nicht vorbildlich verhalten.

Mit frischen Klamotten und einem erfrischten Körper wurden sie in den nächsten Raum geführt. Dieser war nun das schon lange erwartete Konferenzzimmer. Sie wurden an einen langen Tisch gesetzt. In jeder Ecke des Raumes befand sich eine bewaffnete Wache. Doch anders als die Ermittler, die den Kindern gegenübersaßen, schienen diese Männer vom Militär und nicht von der Polizei zu stammen. Als Daisuke sich im Raum umschauen wollte, erntete er nur böse Blicke von der Wache links hinter ihm. Er nahm deshalb an, dass es schon öfter zu Gefechten im Inneren des Raumes kam. Vermutlich dann, wenn jemandem gesagt wurde, dass er wieder gehen musste. Es war nur verständlich, dass die Wachen niemandem von außerhalb trauen würden, selbst wenn es sich dabei um Kinder handeln sollte. Nach allem, was er erlebt hatte, würde er es auch nicht.

„Diese vier wurden vor wenigen Minuten am Tor empfangen." Einer der Personen, die sie herführte, hatte mit ihnen den Raum betreten und gab den Ermittlern alle Infos, die sie zu diesem Zeitpunkt zusammentragen konnten. Darunter fiel die Bewaffnung, so wie Name, alte Adresse, Familienangehörige und Beziehungen untereinander. Sie wurden schon auf ihrem Weg zu diesem Raum ausgefragt, deshalb war jeder auf sehr intime Fragen vorbereitet.

„Haben Sie vielen Dank. Bitte beeilt euch mit der Untersuchung." Der Mann und überließ sie der Frau, die in der Mitte der fünf Ermittler saß. Dort befanden sich zwei weibliche und drei männliche Beamte, und jeder von ihnen hatte einen Blick, mit dem er einem tief in die Seele schauen konnte. Dennoch war auch Mitgefühl zu erkennen. Es wurde schnell ersichtlich, wieso genau sie für diesen Job ausgesucht wurden. Die Frau wendete sich nun den Kindern zu und begann die Unterhaltung mit ihnen.

„Ihr müsst verwirrt, verängstigt oder sonst etwas sein. Aber ich kann euch sagen, ihr habt nichts zu befürchten. Diese Befragung ist reine Formalität, damit wir wissen, wie es mit euch weitergehen soll." Sie machte eine kurze Pause. „Bitte verzeiht, ich habe mich ja noch gar nicht vorgestellt, mein Name ist Shiratori." Sie war eine 1,55 m große Frau mit Hemd und schwarzer Anzughose. „Und das sind von rechts nach links meine Kollegen. Sato, Nakamura, Abarai und meine Kollegin Hibari." Sie alle deuteten eine Verbeugung an. Jetzt war den Jugendlichen auch klar, wozu die Klamotten wirklich gedacht waren. Hätten sie noch immer ihre verdreckten Klamotten an, könnten die Beamten vorschnell ein Urteil über sie ziehen. Noch dazu fühlten sie sich so direkt viel willkommener, wodurch sie bereitwilliger Informationen preisgeben könnten.

„Sehr erfreut." Rei übernahm das Reden für die Gruppe. „Das sind mein Freund Daisuke, meine gute Freundin Harui und ihr Bruder Jinpei."

„Sehr erfreut, bitte verzeiht, dass ihr direkt nach eurer Ankunft in diesen Raum geführt wurdet, doch es gehört zu den Vorschriften."

„Natürlich, das verstehen wir, wir sind nur ein bisschen nervös, weil wir nicht wissen, was uns erwartet."

„Das wissen wir tatsächlich auch nicht. Jeder, der genau wie ihr auf diesen Stühlen saß, hatte eine andere spannende Geschichte für uns. Manche wurden aber leider auch aufdringlich. Deswegen auch die Wachen, die ihr hier seht." Sie versuchte eine freundschaftliche, aber dennoch distanzierte Beziehung aufzubauen.

„Von uns geht keine Gefahr aus, das kann ich Ihnen versichern." Auch Rei verfolgte diesen Plan.

„Da wären wir schon direkt beim ersten Punkt der Befragung, wenn von euch keine Gefahr ausgeht, wieso wart ihr dann bewaffnet, als ihr hier ankamt? Keine Sorge, einen Verstoß gegen das

Waffengesetz habt ihr nicht zu befürchten." Den Kindern wurden der Reihe nach Getränke gereicht und gerade als sie fertig gesprochen hatte, war Rei an der Reihe. Sie nahm sofort einen großzügigen Schluck gekühltes Wasser. Rei fiel auf, wie schlau es war, ihr genau in dem Moment etwas zur Beschäftigung zu geben, so dass sie nicht antworten konnte. Shiratori war gewiss niemand, dessen Ermittlerfähigkeiten unterschätzt werden durften.

„Wir mussten uns vor gefährlichen Leuten verteidigen", erzählte Daisuke stellvertretend.

„Heißt das, ihr habt Menschen getötet", fragte Nakamura, ein Mann großer Statur mit kahlrasiertem Kopf und buschigen Augenbrauen. Er trug einen Anzug mit einer engsitzenden grünen Krawatte.

„Ja", gab Daisuke völlig überzeugt zurück. In seinem Blick war kein Anzeichen von Reue zu sehen. Keiner von ihnen hatte daran gedacht, dass das noch mal so ein großes Thema sein würde.

„Okay, dann werden wir jetzt mit den Einzelgesprächen weitermachen." Jeder bekam einen der Ermittler zugeteilt. Rei wurde Shiratori zugeteilt. Diese wollte unbedingt mit ihr sprechen. Jinpei sprach mit Sato, einem dürren 1,60 m großen Mann mit Halbglatze. Seine Schwester bekam die einzige andere weibliche Ermittlerin zugeteilt. Anders als ihre Kollegen trug sie die japanische Polizeiuniform. Nakamura erklärte sich bereit mit Daisuke zu reden. Ohne dass sie noch einmal miteinander reden und ihre Antworten absprechen konnten, wurden sie in die einzelnen Verhörräume gebracht.

Rei befand sich in einem kleinen dunklen Raum, der von einer LED-Lampe an der Decke beleuchtet wurde.

„Dieser Raum tut mir leid, aber wir müssen Strom sparen."

„Kein Problem." Die LED leuchtete zwar den gesamten Raum aus, doch war es dunkler als in dem Konferenzsaal von zuvor.

„Also dann fangen wir an. Das wissen wir zwar eigentlich schon, aber ich frage trotzdem, wo kommst du her?"

„Aus Miyazaki, wohne aber erst seit eineinhalb Jahren dort. Oder viel eher habe dort gewohnt.“ Rei war darauf bedacht möglichst detailreiche Antworten zu geben. Im Vorfeld war sie alle Fragen durchgegangen, die man sie fragen könnte. Daraufhin überlegte sie sich die Antwort für jede von ihnen.

„Aus Miyazaki hatten wir schon seit über einem Monat niemand Neues mehr. Hast du dort allein gelebt?“

„Ja, vor meinem Umzug habe ich mit meinen Eltern in einem größeren Haus gelebt, doch als mein Vater dann geschäftlich verreisen musste, entschied ich mich in eine kleine Wohnung zu ziehen.“ Ihr fiel auf, dass sie sich seit dem Tod ihres Vaters nicht mehr bei ihrer Mutter gemeldet hatte und gar nicht wusste, wie es ihr ging.

„Verstehe. Das mit deinem Vater tut mir übrigens leid.“ Shiratori schaute sie direkt an, um ihre Reaktion auf ihr Mitleid zu notieren.

„Danke, kannten sie ihn?“

„Nein, aber er war einer der Forscher, die das ‚Nichts‘ untersucht haben, und deswegen sehr bekannt.“

„Verstehe“, sie erhoffte sich mehr Infos über die Arbeit ihres Vaters innerhalb der Stadt, war aber enttäuscht, als daraus nicht so schnell etwas wurde. „Wissen Sie zufällig, wie es meiner Mutter geht?“ Shiratori schaute sie daraufhin mitleidig an.

„Du kannst es ja noch gar nicht wissen.“

„Was wissen?“ Rei wurde unruhig.

„Deine Mutter hat sich das Leben genommen.“

Rei konnte nichts darauf erwidern, sie konnte nur geschockt die Polizistin anschauen. „Ist das Ihr Ernst?“

„Leider ja. Das hier haben wir bei ihrer Leiche gefunden.“ Shiratori überreichte ihr einen in einer Plastikfolie eingepackten Zettel. Zitternd nahm Rei die Folie in die Hand und las, was auf dem Zettel stand.

„Sollte meine Tochter es je nach Tokio schaffen, gebt ihr bitte diesen Zettel“, stand dick in den ersten Zeilen. „Liebe Rei, nach dem Tod deines Vaters fällt mir einfach kein anderer Weg ein. Ich bin nur eine einfache Hausfrau, ich habe keine Fähigkeiten, mit denen ich in diesen Zeiten nützlich wäre. Ich weiß nicht, ob du es überhaupt nach Japan schaffst, falls ja, tut es mir leid, dass ich aufgegeben habe. Dein Vater ist tot, und du bist Gott weiß wo in Japan unterwegs, meldest dich nur alle paar Tage mal. Die Ungewissheit, ob ich dich je wiedersehe, zerreißt mich. Bitte verzeih, dass ich dich in dieser Welt allein lasse.

In Liebe, deine Mutter."

Sie las den Zettel dreimal und konnte es immer noch nicht fassen.

„Wann ist es passiert?" Sie hatte Tränen in den Augen, unterdrückte aber das Verlangen auf der Stelle zu weinen.

„Vor sechs Tagen." Die Polizistin ersparte der Schülerin die Details ihres Selbstmordes. „Wenn du etwas Zeit zum Verarbeiten brauchst, gehe ich gerne ein paar Minuten raus." Sie deutete an aufzustehen, wurde aber von Rei unterbrochen.

„Das brauchen Sie nicht, machen Sie lieber mit der Befragung weiter." Rei wollte gerade nichts mehr, als Daisuke in den Arm zu nehmen und sich auszuweinen. Bis es so weit war, wollte sie stark bleiben.

„Bist du sicher?"

„Ja." Sie wischte sich die Tränen aus den Augen.

„Na gut." Auf ihrem Zettel suchte sie nach der nächsten Frage. „Ich schätze mal, du gehst noch zur Schule?"

„Ja, ich hätte dieses Jahr meinen Abschluss gemacht. So viel dazu, was." Sie rang sich ein leichtes Lächeln ab. Der Schmerz des Verlustes war dabei nicht zu übersehen.

„Diese Chance hast du später immer noch, aber dazu später mehr. Was mich gerade mehr interessiert, ist, wieso ihr erst jetzt hier ankommt. Die meisten Leute erreichten Tokio innerhalb der ersten Wochen. Aber jetzt sind schon knapp drei Monate vergangen." Jetzt kamen die Fakten, die Shiratori wirklich interessierte.

„Wir hatten eigentlich vor direkt, nachdem es bekannt gegeben wurde, aufzubrechen. Doch es gab einen Vorfall, der alles veränderte."

„Was war das für ein Vorfall?" Das weckte die Neugier der Beamtin.

„In das Haus, in dem wir wohnten, sind Leute eingebrochen, sie haben es leergeräumt und alle dort getötet. Dadurch wurde uns die Möglichkeit genommen, mit dem Auto dorthin zu gelangen. Und die Öffentlichen Verkehrsmittel wie Bus oder Bahn konnte man ja von Sekunde eins an vergessen." Dass es sich bei der Gruppe um die Tempelritter handelte, verschwieg sie bewusst, da sie wusste, dass sie überall ihre Finger im Spiel hatten. Rei konnte sich nicht sicher sein, dass die Polizistin vor ihr nicht in Wirklichkeit eine von ihnen war.

„Was wurde aus diesen Einbrechern?"

„Das wissen wir nicht, zumindest nicht vollständig. Einen von ihnen musste ein guter Freund von mir, der jetzt nicht mehr hier ist, töten, um einer guten Freundin, die jetzt leider auch nicht mehr hier ist, das Leben zu retten. Was mit dem Rest passierte, weiß ich nicht."

„Da du schon das Töten angesprochen hast, ihr habt erwähnt, dass ihr Menschen töten musstet, um zu überleben. Könntest du das bitte weiter ausführen?"

„Auf dem Weg hierher sind wir vielen gefährlichen Leuten begegnet, und wir mussten uns selbst verteidigen. Wir haben versucht jedem Kampf aus dem Weg zu gehen, doch haben es leider nicht immer geschafft." Sie musste vor allem an den Kampf in der Sternwarte denken, bei dem sie Ishikawa verloren hatten.

„Habt ihr bei einem von diesen Kämpfen jemanden verloren oder wart ihr immer nur zu viert?" Sie wusste bereits, dass zwei nicht mehr in der Gruppe waren, aber nicht, was genau mit ihnen passierte.

„Wir waren mal zu siebt, doch einer wurde getötet und zwei weitere haben die Gruppe verlassen, wir haben keine Ahnung, wo sie im Moment sind." Yuuto ließ sie bewusst weg, da es schwierig geworden wäre, ihr die ganze Szenerie mit der Yakuza zu erklären. Noch schwieriger wäre es aber geworden ihr zu erklären, wie sie dort lebend rausgekommen waren.

„Wir könnten euch bei der Suche behilflich sein. Wenn du mir ihre Namen nennst, können wir in unserer Datenbank nachschauen, ob sie bereits hier angekommen sind." Rei wusste, dass es nur wenig Sinn hatte ihr die Namen zu nennen, tat es aber dennoch, da sie ihr nicht erklären wollte, wieso sie es nicht tat.

„Kommen wir zur letzten Frage."

„Moment, das war's schon, ich dachte, uns erwarten Konsequenzen, immerhin haben wir Menschen getötet." Sie war verwirrt darüber, dass etwas, das vor wenigen Monaten noch zu einer lebenslangen Gefängnisstrafe geführt hätte, jetzt einfach so abgetan wurde.

„Erzähl mir von den Menschen, denen ihr begegnet seid." Rei erzählte ihr von dem Mann, der den Autounfall hatte, genauso wie von den Jägern, die ihn erschossen haben. Sie erzählte ihr alles, nur die Sachen mit den Tempelrittern und der Yakuza ließ sie bewusst aus. Sie hoffte, dass die anderen sich an die Abmachung hielten, die sie zuvor in der Dusche getroffen hatten. Niemand sollte auch nur ein Wort über die Tempelritter, die Yakuza oder das Waisenhaus und dessen Bewohner verlieren.

„Für mich hört es sich so an, als hättet ihr den Menschen geholfen, denen ihr konntet, und die, bei den es nicht anders ging, habt ihr getötet. Wenn ich daran denke, wie diese Welt da draußen die Menschen verändert, solltet ihr nicht dafür bestraft werden, nur weil ihr euch verteidigt habt." Rei wusste nicht, ob sie ihr wirklich glauben konnte, wollte es aber unbedingt. „Kommen wir nun endlich zur letzten Frage. Wie ich eben schon erwähnt habe, habt ihr die Chance euren Abschluss hier zu machen, bist das nur du oder sonst noch jemand."

„Mein Freund Daisuke, er ist im selben Jahrgang wie ich, die anderen beiden sind einen Jahrgang unter uns."

„Jetzt muss ich doch mal fragen, meinst du mit Freund, dass ihr zusammen seid." Rei bejahte es freudig. „Das ist auf jeden Fall gut zu wissen. Als was könntest du dir vorstellen zu arbeiten, nachdem du deinen Abschluss nachgeholt hast."

„Ich würde gerne die Stelle meines Vaters übernehmen, wenn das möglich wäre." Sie rechnete schon mit einer Ablehnung und war positiv überrascht, als sie hörte, dass es, je nachdem wie ihre Zensuren ausfielen, möglich wäre.

„Für dich wäre aber auch ein Posten in der Politik sicher leicht zu erreichen."

„Ich bin eher an der Wahrheit interessiert." Das brachte die Ermittler dazu laut loszulachen, auch Rei musste schmunzeln. Damit war das Gespräch zwischen den beiden beendet.

Den anderen wurden genau dieselben Fragen gestellt und gaben auch alle in etwa die gleichen Antworten, nur dass es persönliche Abweichungen gab. Ausschließlich Jinpei tanzte bei der Frage, wie er zu den verschollenen beziehungsweise verstorbenen Personen stand, aus der Reihe. Damit war nicht seine Beziehung zu Umeko gemeint, sondern seine Sicht auf Nobu. Während alle anderen von ihm als den großen Helden sprachen, ohne den sie es niemals so weit geschafft hätten, machte er Nobu für alles Schlimme, was ihnen auf der Reise zu gestoßen war, verantwortlich. Und er ließ bewusst die Yakuza und Tempelritter, bei denen er wirklich der Grund für das ganze Leid war, komplett außen vor, genauso wie sie es abgemacht hatten. Dennoch machte er ihn für alles andere verantwortlich.

Während alle anderen während ihrer Interviews einfach die Fragen beantworteten, die ihnen gestellt wurde, war Daisuke der Einzige, der eine wirkliche Rückfrage an den ihn befragenden Polizisten hatte.

„Wir haben draußen hunderte von riesigen umgegrabenen Feldern gesehen. Was hat es damit auf sich?"

„Dort sind Gegenstände, Rohstoffe etc. gelagert, die im Moment nicht überlebenswichtig sind. Da das ‚Nichts' sich wie eine Schicht über dem Meeresspiegel fortbewegt, wird alles unterhalb dieses Spiegels nicht eingesogen. Darum haben die Entscheidungsträger entschieden, Dinge, die in Zukunft vielleicht mal wichtig werden, dort zu vergraben. Bei den geplanten Expansionen von Tokio wollen sie diese dann wieder ausgraben und verwenden."

„Expansion?" Dieser Begriff verwunderte Daisuke dann doch.

„Sie wollen Tokio vergrößern, sobald das ‚Nichts' die gesamte Welt überzogen hat. Frag mich aber nicht, wie sie das anstellen wollen, das wurde niemandem verraten."

Nachdem auch das letzte Gespräch beendet wurde, wurden sie alle wieder in den großen Konferenzraum geführt. Dort wurden die Daten von allen Befragungen zusammengetragen.

„Wir haben uns beraten und sind begeistert." Shiratori ergriff wieder für die Ermittlerseite das Wort. „Eure Reise klang sehr spannend, fast wie in einem Film, aber ich schweife ab. Ihr habt schlimme Dinge getan, für die ihr vor wenigen Monaten noch ins Gefängnis gekommen wärt, doch das da draußen ist eine gesetzlose Zone geworden. Darum werden wir euch nicht dafür belangen. Solltet ihr aber etwas in der Art hier drinnen versuchen, war es das, habt ihr verstanden?" Alle nickten zustimmend. „Gut. Somit sind wir eigentlich fertig, der Rest liegt jetzt in anderen Händen. Aber so wie ich euch einschätze, dürfte das kein Problem für euch werden." Ein etwas älterer Mann, dessen Haar an manchen Stellen schon ergraut war, betrat genau in dem Moment den Raum, als das Gespräch zu Ende war, er hatte genau auf diesen Moment gewartet.

„Ab hier übernehme ich." Er schickte sowohl die Wachen als auch die Ermittler aus dem Raum. „Es freut mich eure Bekanntschaft zu machen, besonders deine Rei. Das mit deinen Eltern tut mir leid. Ich habe mich, gleich nachdem er hier ankam, mit deinem Vater angefreundet. Ich bin Doktor Akai. Ich bin hier, um eure geistige Gesundheit zu überprüfen. Ich werde euch heute sowohl einem psychologischen und physiologischen Test als auch einer schriftlichen Prüfung unterziehen. Ihr braucht euch keine Sorgen machen, es handelt sich dabei nicht um einen Test, wie ihr ihn aus der Schule kennt. Hier wird nur euer logisches Denken überprüft." Der Doktor rief vier seiner Assistenten in den Raum. Sie würden den schriftlichen Test in unterschiedlichen Räumen bewachen. Nach diesem würden die Jugendlichen nacheinander zu ihm zum psychologischen und physiologischen Test zurückkommen.

Das ganze Prozedere dauerte insgesamt etwas mehr als vier Stunden. Besonders Rei war bei dem zweiten Teil eine harte Nuss für den Doktor und das, obwohl er einen Eisbrecher hatte. Er war sich im Klaren, dass sie noch einiges vor ihm verbarg, ihm war aber auch bewusst, dass jeder Mensch seine Geheimnisse hat und es war nicht seine Aufgabe jedes einzelne davon herauszufinden. Beide Tests wurden schnell überprüft und das Ergebnis lautete, dass alle vier geeignet waren und in Tokio leben durften.

Zu guter Letzt wurde die Schusswunde an Reis Oberschenkel neu verbunden.

„Du solltest die nächsten Tage keine enganliegenden Röcke oder Hosen tragen", erklärte ihr die Ärztin und Rei war froh den Bleistiftrock nicht wieder anziehen zu müssen. „Zwei Narben werden definitiv zurückbleiben, da kann ich leider nichts machen. Dennoch wirst du in der Zukunft keine Nachteile durch die Verletzung haben." Sie ging rüber zu einer Schublade und nahm etwas heraus. „Hier, teilt das unter euch auf." Die Ärztin hielt Rei je eine Packung Aspirin, Antibiotika und Vitaminpillen hin.

Am Ausgang wurden ihnen Zettel überreicht, die sie auf keinen Fall verlieren sollten, da diese ihr Ersatz für die neuen Ausweise waren. Denn diese brauchten ein paar Tage, bis sie fertig gestellt waren.

Anhand der Informationen über Familien- und Beziehungsstatus wurden sie in zwei Wohnungen untergebracht: zum einen die Zwillinge und zum anderen Daisuke und Rei.

Kapitel 22 Endlich allein

Ein letztes Mal wurden sie durch einen langen Gang geführt, dahinter warteten Tokio und ihr neues Zuhause auf sie. Doch was sie erwartete, war anders, als sie es sich vorgestellt hatten. Auf der anderen Seite der Tür war noch einmal ein abgegrenzter Bereich, in dem sich niemand, der nicht beim Militär war, befand, doch dahinter, hinter dem aus Stacheldraht errichteten Zaun war alles überfüllt mit Menschen. Das ging so weit, wie sie sehen konnten.

„Wie viele Menschen leben hier." Rei war überrascht nach drei Monaten, in denen sie fast niemanden gesehen hatte, auf einen Schlag wieder so vielen Menschen gegenüberzustehen.

„In etwa 65 Millionen. Der Ansturm war in den ersten Tagen kaum zu bewältigen. Die Regierung hat das Gebiet, in dem sich die Sicherheitszone befindet, so groß aufgestellt, wie sie nur konnte. Ich glaube, alles in allem haben wir knapp die doppelte Fläche, wie es damals noch im alten Tokio der Fall war. Dennoch leben hier einfach zu viele Menschen. Weder die Behörden noch sonst jemand war darauf vorbereitet. Das, was ich euch sage, ist nicht bestätigt, aber es ist meine eigene Meinung." Er machte eine Pause, in der er überlegte, ob er diesen Kindern wirklich seine Meinung sagen sollte. Er fand aber, dass sie ein Recht darauf hatten sie zu erfahren. „Ich bezweifle, dass die Nahrungsmittel hier für uns alle reichen. Es würde mich wundern, wenn wir dieses Jahr durch den Winter kommen."

„Das sehe ich ähnlich, die Regierung war am Anfang zu locker mit ihren Einreisebestimmungen. Und im Nachhinein konnte sie sie dann nicht mehr verändern, da sie Aufstände zu befürchten hatten." Ihr Reiseführer nickte Rei nur zustimmend zu.

Als sie durch die mehr als nur überfüllten Straßen von Neu-Tokio liefen, sahen sie Menschen jeder Altersklasse, nur von Menschen im Rentenalter sah man im Vergleich sehr wenige. Rei nahm an, dass die Rentner, die jetzt noch hier leben durften, entweder von Anfang an dort lebten oder wichtige Fähigkeiten vorweisen konnten, die für das Überleben essenziell werden konnten. Das warf bei Daisuke die Frage auf, ob Ishikawa, wenn er denn überlebt hätte, überhaupt hier leben durfte.

„Mir fällt gerade ein, dass wir hier ja noch was zu tun haben." Rei wand sich an ihre Freunde, die sie nur verwundert anschauten.

„Was haben wir denn noch zu tun?" Bis auf Rei hatten es alle vergessen.

„Erinnert ihr euch noch an das Ehepaar Sato, die uns damals ihr Boot überlassen haben." Jetzt erinnerten sich auch die anderen wieder, sie hatten von den beiden insgesamt vier Briefe bekommen, mit der Bitte sie ihren Kindern zu übergeben.

„Ich schlage vor, wir kümmern uns darum, wenn wir bei unseren Wohnungen waren", gab Daisuke zurück.

„Worum geht es denn, vielleicht kann ich ja helfen." Ihr Reiseführer hatte das Gespräch gespannt verfolgt. Rei klärte ihn sowohl über das Ehepaar als auch die Briefe, die sie im Gegenzug für das Boot ausliefern sollten, auf.

„Ich werde mal sehen, was ich machen kann, es wird aber eine Weile brauchen, da Sato immerhin der häufigste Nachname in ganz Japan ist. Oder zumindest war, wer weiß, vielleicht ändert sich das ja jetzt." Er machte ihnen nicht gerade viel Hoffnung, war sich aber dennoch sicher, dass er etwas herausfinden könnte.

Es dauerte noch eine ganze Weile, bis sie bei der ersten Wohnung ankamen. Es war die gemeinsame Wohnung von Rei und Daisuke.

„Es sollte erst einmal genügend Nahrung vorhanden sein, um etwa eine Woche durchzukommen. Es sind auch einige von euren eigenen Konserven dabei. Wenn ihr danach etwas zu Essen wollt, braucht ihr euren neuen Personalausweis, da wird euch dann auch alles andere erzählt. Ich hoffe, ihr fühlt euch wohl." Die nächste Frage war ihm ein bisschen unangenehm, weshalb er nicht wusste, ob er sie überhaupt stellen sollte. „Wie lange seid ihr schon zusammen?"

„Etwa drei Monate", gab Daisuke an.

„Also erst seitdem alles bekannt wurde. Habt ihr dann überhaupt schon zusammengewohnt? Nicht dass wir euch hier etwas aufdrängen, was ihr gar nicht wollt."

„Nein, das ist schon in Ordnung, zusammen da draußen zu sein ist in etwa so wie zusammenzuleben." Sie hatten dort fast alles erlebt.

„Hier wären wir." Er öffnete die Tür und offenbarte die 40 qm große Wohnung, die von diesem Tag an das neue Zuhause der beiden sein sollte.

„Wir kommen wieder her, wenn wir bei unserer Wohnung fertig sind." Harui und Jinpei verließen mit ihrem Begleiter die Wohnung und machten sich zu ihrer Unterkunft auf. Mit dem Schließen der Tür breitete sich ein Gefühl der Enge in der Wohnung aus.

„Das ist es also. Unser neues Zuhause." Daisuke schaute sich ein wenige in der Wohnung um. Kein einziges Möbelstück war zu viel. Es war nur das absolut Nötigste vorhanden. Diese Enge war etwas, das beide nicht kannten. Besonders nach den Monaten draußen im Wald, wo es keine Wände oder Ähnliches gab, breitete sich ein Gefühl des Eingesperrtseins bei beiden aus. Das Schlafzimmer musste er nicht lange suchen, genauso wenig wie irgendetwas anderes. Alles war in unmittelbarer Nähe und leicht zu erreichen. Was ihn schmunzeln ließ, war, dass es nur ein Bett gab. Er stellte sich vor, wie Harui und Jinpei gemeinsam in einem Bett schlafen mussten. Dann dachte er aber, dass sie vermutlich einfach zwei kleinere getrennte Betten haben würden.

„Endlich allein." Rei flüsterte ihm etwas entgegen, das er nicht ganz verstand. Was er aber hören konnte, war der traurige Unterton.

„Was hast du gesagt?“ In dem Moment, als er sich umdrehte, schlang sie ihre Arme um ihn. Sie zerrte ihn auf das Bett. Alles, was sie im Moment wollte, war von ihm gehalten zu werden und ihren Gefühlen freien Lauf zu lassen.

„Meine Mutter“, sie vergrub ihr Gesicht in seiner Brust, „sie hat sich das Leben genommen.“ Ihre Tränen konnte sie nun nicht länger zurückhalten. „Sie schrieb, dass es sie zerreißen würde, nicht zu wissen, ob ich es nach Tokio schaffen würde oder nicht.“ Der Satz wurde immer wieder von Schluchzern unterbrochen. Doch in diesem Moment ging es nicht nur um den Tod ihrer Mutter, auch der ihres Vaters traf sie jetzt erst richtig. Davor versuchte sie, so gut sie konnte, ihre Trauer zu unterdrücken. Jetzt allerdings war das nicht mehr nötig. Sie war mit dem Jungen, den sie liebte, in ihrer Wohnung. Die Zwillinge, auf die sie die letzten Wochen aufpassen mussten, waren weg und nicht mehr auf sie angewiesen.

„Das tut mir leid. Falls ich irgendwas tun kann, sag es einfach.“

„Halt mich einfach eine Weile fest und lass nicht los.“ Er sagte nichts, alles, was er tat, war sie ebenfalls zu umarmen.

Eine Stunde lagen sie Arm in Arm auf ihrem neuen Bett, Rei hatte längst alle Tränen vergossen, als plötzlich die Klingel ertönte. Ein Geräusch, das sie im ersten Moment völlig überforderte. Seit drei Monaten hatten sie keine Klingel mehr gehört. Langsam, aber sicher kam die Erkenntnis bei ihnen an, dass sie wieder in der Zivilisation angelangt waren.

„Danke.“ Rei befreite sich aus den Armen ihres Liebsten. „Das müssen Harui und Jinpei sein.“ Daisuke stand auf und ging zur Tür, während Rei die Schlafzimmertür hinter sich schloss.

„Hey!“ Harui zog ihre Schuhe aus und trat ein. Ihr Bruder tat es ihr gleich. „Was ist mit deinen Augen passiert?“ Ihr fielen sofort die geschwollenen roten Augen auf, die Rei vom vielen Weinen bekommen hatte.

„Ich habe eben ein kleines Nickerchen gemacht, das muss vom

Gähnen sein oder so." Rei entschied, dass die beiden noch nichts von ihrer Mutter erfahren sollten. Einzig ihrem Freund wollte sie diese Sache anvertrauen. „Wie ist eure Wohnung so?" Rei wollte das Gespräch direkt in eine andere Richtung lenken.

„Sie sieht genauso aus wie eure. Alles ist an derselben Stelle wie hier." Jinpei musste sich nicht einmal groß umsehen, um das sagen zu können.

„Hatte auch nichts anderes erwartet", gab Daisuke zu. Sie setzten sich alle gemeinsam auf das Sofa, das gerade einmal genug Platz für die vier bot.

„Denkt ihr, Nobu ist angekommen, wo auch immer das ist?" Das war das erste Mal, dass jemand den Namen Nobu seit einer Woche erwähnte.

„Können wir nicht über was anderes reden?" Jinpei hatte Nobu schon fast aus seinen Gedanken gelöscht.

„Wieso das denn?" Daisuke konnte die Bitte von Jinpei nicht verstehen.

„Weil ich nicht verstehe, wieso es euch interessiert, was mit ihm passiert."

„Na, weil er unser Freund ist." Für Daisuke war Nobu noch immer wie ein Bruder, für den er durch dick und dünn gehen würde. Wenn die Reise etwas an ihrer Freundschaft geändert hatte, dann einzig, dass sie nur noch inniger wurde.

„Wieso versteht ihr das nicht?" Aufgebracht richtete sich Jinpei auf. „Er war an allem schuld, was uns passiert ist. Wäre er nicht gewesen, hätten wir niemals drei Monate da draußen verbringen müssen. Wir hätten keinen einzigen Tag um unser Leben bangen müssen. Weder die Yakuza noch die Tempelritter wären überhaupt auf uns aufmerksam geworden." Er redete sich in Rage.

„Wie kannst du sowas überhaupt sagen? Wenn er nicht gewesen wäre, würdest du heute noch in der Schule gemobbt werden." Daisuke stand nun ebenfalls. Er schaute auf den etwa einen Kopf kleineren Jungen, der nur knapp einen Meter von ihm weg stand.

„Wenn er nicht gewesen wäre, würde Umeko jetzt bei uns sein - und nicht sonst irgendwo." Über das Mobbing konnte er mittlerweile hinwegsehen, über Umekos Verschwinden allerdings noch nicht.

„Wäre er nicht gewesen, hättest du Umeko überhaupt nicht kennengelernt."

„Oh doch, das hätte ich, denn bevor sie zu euch kam, hat sie sich mit meiner Schwester angefreundet." Er deutete erbost mit dem Finger auf sie. Harui konnte nichts anderes, als stumm daneben zu sitzen.

„Jungs, jetzt beruhigt euch doch mal wieder." Rei versuchte die Situation irgendwie zu retten.

„Wieso du ihn verteidigst, kann ich am wenigsten verstehen. Seinetwegen ist Ishikawa gestorben." Das war zu viel, mit der Erwähnung dieses Namens hatte Jinpei eine Grenze überschritten. Daisuke machte einen Schritt nach vorne und stand direkt vor ihm. Jinpei musste sich verbiegen, um zu ihm aufschauen zu können.

„Was hast du da gerade gesagt?" Die Wut war deutlich in seiner Stimme zu hören.

„Dass Ishikawa nur wegen Nobu gestorben ist."

„Er ist gestorben, um uns alle zu retten. Auch für dein Leben ist er gestorben, also wage es nicht seinen Namen so zu missbrauchen." Jinpei wendete sich enttäuscht ab.

„Komm Harui, wir gehen, die beiden können nicht mehr klar denken." Er wollte Harui an ihrem Arm nach oben ziehen, um sie zum Gehen zu bewegen. Doch sie wehrte sich. Sie stand nicht auf. „Bist du etwa auch auf ihrer Seite?"

„Ja, Nobu trägt keine Schuld an gar nichts. Ich wünschte, ich könnte zu dir halten, doch es fällt mir schwer." Sie suchte in seinem Blick Zeichen von Vergeben. Alles, was sie fand, waren Wut und Hass auf Nobu. Er wollte zumindest seine Schwester „beschützen", weshalb er sie so lange am Arm zog, bis sie sich nicht mehr wehren konnte.

„Hey, du hast doch gehört, dass sie nicht mit dir mitgehen will." Daisuke hielt ihn am Arm fest und hinderte ihn am Gehen. Sein Griff war deutlich fester als der, den Harui zu spüren bekam.

„Fass mich nicht an!" Bei dem Versuch, sich aus seinem Griff zu lösen, formte er eine Faust und schlug Daisuke mit seiner freien Hand, mit ganzer Kraft ins Gesicht. Durch die Wucht des Schlages fiel Daisuke zurück auf die Couch und schlug sich den Hinterkopf an der Wand dahinter an.

„Alles in Ordnung." Sofort ging Rei zu ihrem Freund. Der rappelte sich schnell wieder auf und lief lauten Schrittes zu Jinpei hinüber. Ohne ein Wort zu sagen, verpasste er ihm mit voller Kraft einen rechten Hacken. Er hatte noch nie einen so heftigen Schlag abgekommen, er hob ihn von den Beinen und ließ ihn knapp zwei Meter weit fliegen, bevor er mit dem ganzen Körper unsanft auf dem Boden aufschlug. Als Jinpei sich aufrichtete, war er noch benommen von dem Schlag. Er versuchte sich irgendwie aufzurichten und zur Tür zu kommen. Harui ließ er zurück. Er schmiss die Tür hinter sich zu, taumelte das Treppenhaus hinunter und war weg.

„Ich sollte ihm hinterher." Harui machte sich auf, ihm hinterherzugehen.

„Warte", Daisuke hielt sie zurück. „Wir sollten ihn erstmal in Ruhe lassen, bis er sich abreagiert hat." Enttäuschung war das Einzige, dass Daisuke in diesem Moment für Jinpei fühlen konnte. Er sah sich selbst in der Pflicht, ihn auf den richtigen Weg zu führen, und hatte dabei versagt.

„Er hat Recht, jetzt mit ihm zu sprechen, könnte zu weiteren Wutausbrüchen führen. Selbst bei dir." Rei wandte sich ihrem Freund zu und untersuchte die Stelle, an der er gegen die Wand geknallt war. „Natürlich darfst du so lange hierbleiben."

Jinpei war immer noch benommen von dem Schlag, als er in seiner neuen Wohnung ankam. Er war verwundert, dass er den Weg in seinem Zustand überhaupt gefunden hatte, er war ihn immerhin erst einmal gegangen. Wütend schmiss er die Tür hinter sich zu. Im Bad begutachtete er den Schaden in seinem Gesicht. Seine gesamte linke Gesichtshälfte schmerzte wie die Hölle. Es war noch nichts zu sehen, würde aber sicher bald zu einem großen Problem werden. Aus Wut auf sich selbst und seine eigene Unfähigkeit schlug er sein eigenes Spiegelbild. Der Spiegel hielt dem Aufprall nicht stand und zersplitterte. Einige der Splitter bohrten sich in seine Hand. Er krümmte sich vor Schmerzen, wollte seine Hand halten, trieb dabei die Scherben aber nur noch weiter hinein. Vor Schmerzen sank er auf den Boden und lehnte mit dem Rücken an dem kleinen Schränkchen unter dem Waschbecken. Überall um ihn herum lagen Glassplitter in allen möglichen Größen und Formen. An einigen von ihnen klebte frisches Blut. In den Scherben spiegelte sich die Decke wider, aus einem Verlangen schaute er hinauf an die Decke. Den Kopf im Nacken starrte er zur Holzdecke.

„Wieso bin ich nur so erbärmlich, nicht mal meine eigene Schwester kann ich beschützen.“ Er ließ langsam die Hand zu Boden gleiten, bis er eine der großen Scherben unter ihr fühlen konnte. Als er zupackte, schnitt ihm die scharfe Kante in die Hand. Das Blut lief seinen Arm herunter, als er sie anhob und sich vor Augen hielt. Einen Ausschnitt seines Gesichts spiegelte sich darin, und ihm kam eine Idee. Er wollte sie nutzen, um sich an Daisuke zu rächen. Doch dieser Gedanke hielt nicht lange an. In seinem Kopf spielte er die ganze Szenerie durch und egal was er tat, Daisuke konnte ihn jedes Mal überwältigen. Jetzt sah er wieder in die Scherbe in seiner Hand, alles, was er dort erkannte, war sein eigenes, seiner Meinung nach erbärmliches Gesicht, an dem jede Menge Blut runterlief. Aus irgendeinem Grund schossen ihm Bilder seiner Mutter in den Kopf. Nur dass diese Bilder keine normalen waren, sondern alles, was er sah, war seine Mutter, wie sie mit aufgeschlitzter Pulsader über der Wanne hing und sich das Leben nahm.

„Das ist wohl die einzige Lösung, tut mir leid Harui. Ich wünschte, ich hätte dir ein besserer Bruder sein können, aber alles, was ich geschafft habe, war es mich verprügeln zu lassen, immer und immer wieder. Nie habe ich etwas erreicht. Doch wenigstens mein Tod soll dir ein besseres Leben ermöglichen." Er redete zu sich selbst. Alle Worte, die er für Nobu finden konnte, waren, dass sie sich irgendwann in der Hölle wiedersehen würden und er dann mit ihm abrechnen würde.

Er zögerte keine Sekunde, nachdem er seinen Monolog beendet hatte. Er nahm die Scherbe und schnitt damit einmal sauber durch die Pulsader. Das Blut floss in Strömen aus seinem Körper. Anfangs spürte er noch, wie die warme Flüssigkeit seinen Arm entlanglief, doch dann wurde es immer schwärzer vor seinen Augen, bis er sie nicht mehr offen halten konnte. Alles, was ihn umhüllte, verschwand und sein Körper wurde kalt und schwer. Er ließ die Scherbe fallen und in dem Moment, als sie auf den Boden fiel, war das Leben aus seinem Körper verschwunden.

Der Mann, der sie zuvor begleitet hatte, klingelte wieder an der Wohnungstür von Daisuke und Rei. Er hatte gute Neuigkeiten, es war ihm gelungen die vier Kinder des Ehepaares Sato ausfindig zu machen. Er erklärte sich bereit sie dorthin zu führen.

„Ich muss Jinpei holen, vielleicht fällt ihm dann wieder ein, dass uns nicht nur Schlimmes passierte." Freudig lief Harui zur Tür und zog sich ihre Schuhe an. „Ich bin gleich wieder da."

Es dauerte etwa 20 Minuten, bis Daisuke auf seinem Handy angerufen wurde.

„Gibt es wieder Probleme mit ihm?" Er hatte sich schon darauf eingestellt, dass Jinpei sie nicht mehr gehen lassen wollte. Alles, was er als Antwort bekam, war Stille, hier und da mal ein Schluchzen, das sich so anhörte, als würde es aus weiter Ferne kommen, doch größtenteils nur Stille.

„Er ist tot“, kam es leise von der anderen Seite.

„Was, wer ist tot?“ Daisuke hatte auf laut gestellt, damit auch Rei und ihr Begleiter mithören konnten.

„Jinpei, er hat sich die Pulsader aufgeschnitten.“ Als sie das aussprach, fing sie an zu weinen und ließ das Handy fallen. Unweigerlich kamen auch ihr Bilder ihrer toten Mutter in den Kopf, jedes Mal, wenn sie beides vor Augen hatte, schluchzte sie noch viel lauter. Daisuke und Rei konnten nicht fassen, was sie da gerade gehört hatten.

„Bringen Sie uns bitte zur Wohnung der beiden“, forderte er den Mann vor ihm auf. Der sprang auf und zeigte ihnen ohne Widerrede den Weg zur Wohnung der Zwillinge.

Was sie dort vorfanden, war ein Bild des Grauens. Der gesamte Fußboden des Badezimmers war voller Blut. Jinpei lehnte noch immer an dem Schränkchen unter dem Waschbecken. Seine Augen waren geschlossen und man konnte fast meinen, er würde schlafen, wäre da nicht das ganze Blut.

„Ich rufe einen Krankenwagen.“ Der Mann, der sie hergeführt hatte, konnte sich, da er Jinpei nicht wirklich kannte, als Erstes aus der Schockstarre befreien.

„Das ist, glaub ich, nicht mehr nötig, er ist tot.“ Daisuke ging zu Boden und vergrub seinen Kopf in seinen Knien. Rei setzte sich zu ihm und nahm ihn in den Arm, auch sie vergrub ihr Gesicht in seiner Schulter. Trotz der vielen Tränen die sie in den letzten Tagen bereits vergossen hatte, waren noch ein paar für ihn übrig. Zusammengekauert saß Harui vor der Badezimmertür und konnte ihre Tränen nicht zurückhalten.

Der Einzige, der von alldem nichts mitbekam, war Nobu, der nun schon vor fünf Tagen in Rom angekommen war.

Kapitel 23 Noah

Eine Woche zuvor:

Im Inneren des Fahrzeuges war, dank der fehlenden Federung, jede kleinste Bodenwelle zu spüren. Keiner der Insassen bewegte sich auch nur einen Millimeter. Zwischen ihnen saß, unwissend was auf ihn zukommen würde, Nobu.

Nach einer Stunde kamen sie dann durchgeschüttelt an einem leerstehenden Flughafen an. Der Zaun, der das Flugfeld vom Parkplatz trennen sollte, wurde bereits entfernt, weshalb sie direkt an das vollgetankte Flugzeug, ein Transportflugzeug in Weiß, ranfahren konnten. Zwei weitere Maschinen wurden gerade auf die Startbahn gefahren, beide ebenfalls in Weiß. Einen Grund sich zu tarnen gab es nicht mehr. Es gab größere Probleme, als unangemeldete Flüge aufzuhalten. Und auch andere Flugzeuge waren nicht zu erwarten.

„Wir fliegen mit der mittleren Maschine, du kannst schon mal einsteigen, ich komm dann gleich nach." Samuel ließ Nobu von zwei seiner Leute zur Maschine begleiten, während er noch damit beschäftigt war sich mit den Piloten abzusprechen.

Nobu starrte gelangweilt auf den Tower, der früher einmal dazu genutzt wurde, um den gesamten Flugverkehr zu regeln. Jetzt stand er allerdings leer und es brannte kein einziges Licht mehr im Inneren. Als die Lichter im Inneren des Flugzeugs angingen, kam Samuel gerade mit dem Piloten über die Treppe herein.

„Wir können losfliegen, wenn du so weit bist." Samuel klopfte dem Piloten lächelnd auf die Schulter. Er bemerkte, dass Nobu ihm nachschaute. „Keine Sorge, das ist einer von unseren Leuten, er ist der Beste, mit dem ich je geflogen bin." Samuel setzte sich gut gelaunt auf den freien Sitz links von Nobu.

Der Pilot hatte seine Vorbereitungen abgeschlossen und startete die Motoren. Im Innenraum wurde es auf einmal deutlich lauter und die Gespräche wurden jetzt über Helme mit eingebauten Lautsprechern geführt. Samuel gab Nobu auch einen, während er sich selbst einen aufsetzte.

„Geh auf Frequenz drei, die nutzen die anderen nicht. So können wir uns ungestört unterhalten. Du hast doch sicher viele Fragen." Dankend nahm Nobu den Helm entgegen und stellte ihn für sich richtig ein. Als er ihn eingerichtet hatte, rollte der Pilot über die Rollbahn und beschleunigte langsam. Die anderen beiden folgten ihm im Abstand von gerade mal einer Minute.

„Erwarten wir Gesellschaft oder wieso haben wir noch zwei weitere Maschinen hinter uns?" Er zeigte aus dem Fenster, man konnte nur eines der Flugzeuge dadurch sehen.

„Nein, die sind zum Auftanken gedacht." Er sprach leise in sein Mikrofon, trotzdem kam es laut und deutlich bei Nobus Ohren an. „Sollten wir aber unerwarteterweise doch Besuch bekommen, sind wir definitiv dafür gerüstet."

„Bist du eigentlich der Teamleiter auf dieser Mission?"

„Ja, das bin ich. Wieso interessiert dich denn ausgerechnet das?" Er hatte eher damit gerechnet, dass Nobu ihn über die Tempelritter ausfragen würde. Dass er daher mehr über ihn wissen will, traf ihn unvorbereitet.

„Es hat mich nur gewundert, weil du doch eher zu den Jüngeren gehörst."

„Das stimmt, ich bin gerade mal 21, also nicht viel älter als du. Aber bei uns haben Alter und Führungsqualitäten nichts miteinander zu tun. Wenn du gute Ergebnisse ablieferst, ist es egal, ob man 15 oder 75 ist. Die Belohnung und Anerkennung dafür sind dieselbe. Natürlich würde einem Schüler ohne jegliche Erfahrung kein Team überlassen werden, selbst wenn er in der Akademie Jahrgangsbester wäre."

„Heißt das, dass jemand in deinem Alter auch in dieser Tafelrunde, oder wie auch immer der heißt, ist."

„Tafelrunde ist richtig und nein, da ist der Jüngste aktuell 34 Jahre alt. Aber möglich wäre es. Nur dass in dem Alter noch niemand aufgetaucht ist, der die nötigen Qualifikationen vorweisen konnte. Zumindest soweit ich weiß." Er drehte sich zu seinen Kollegen um und rief ihnen eine Frage zu. „Hey Jungs, wisst ihr, ob es mal jemanden in der Tafelrunde gab, der in meinem Alter war."

„Der Jüngste, den ich kenne, war 27, als er anfing, aber in deinem Alter, das ist, glaube ich, noch nicht vorgekommen", erwiderte einer der anderen.

„Da hörst du's, aber selbst das ist eher die Ausnahme, es kommt wirklich nur selten vor, dass man in dem Alter schon so weit oben ist. Die meisten werden frühestens mit Ende 30, Anfang 40 aufgenommen. Wie gesagt, es geht bei uns um die Ergebnisse, die du lieferst, deine Qualifikation und deine Hingabe zum Glauben."

„Vielleicht bist du dann ja der Erste, der es in dem Alter schafft." Nobu versuchte eine freundschaftliche Beziehung aufzubauen, er war sich sicher, dass es später noch einmal nützlich werden könnte.

„Wenn Gott es für mich so vorgesehen hat." Sofern Samuel nicht ständig Gott in ihr Gespräch einbauen würden, könnte Nobu sich sicher gut mit ihnen verstehen. Das bedeutet nicht, dass er nicht an Gott glaubt und jeden, der es tut, für einen Idioten hält. An Gott glaubt er tatsächlich nicht, aber das andere stimmte nicht. Es ist einfach, dass er es idiotisch findet, wenn man sein ganzes Leben von etwas abhängig macht, von dem man nicht mal weiß, ob es wirklich existiert. Einzig der Glaube daran, dass es real ist oder der Wunsch es zu glauben, reicht Nobus Meinung nach nicht aus, um sein Leben danach zu richten. Denn wenn es etwas gab, dass er sich nicht nehmen lassen wollte, war es sein freier Wille. Dennoch wurde ihm in genau dem Moment klar, dass es genau das war, was er vor wenigen Stunden weggegeben hatte. Sein Leben und seine Entscheidungen lagen nun völlig in den Händen der Tempelritter, ob er es wollte oder nicht. Und er wollte es ganz sicher nicht. Diese Tatsache zog ihn runter und alles, was er jetzt noch machen wollte, war eine Mütze voll Schlaf zu bekommen. Er setzte den Helm ab und klemmte ihn zwischen die Füße. Samuel ging derweil zu seinen Kollegen und unterhielt sich mit denen über irgendwas.

Er konnte kaum glauben, wie schnell er auf dem Sitz einschlafen konnte. Das lag wohl daran, dass es gemütlicher als 90 % seiner anderen Schlafplätze in den letzten Wochen war. Also eigentlich nur bequemer als der Waldboden.

Alles, woran er denken konnte, während er sich ausruhte, waren seine Freunde, obwohl er sie erst vor wenigen Stunden gesehen hatte. Er stellte sich vor, wie sie wohlbehalten in Tokio ankommen und dort ein neues Leben anfangen würden. Er freute sich für sie aus ganzem Herzen und wäre nur zu gerne dabei.

„Nobu, aufwachen." Samuel brauchte gar nicht näherzutreten. Nobu hatte gelernt auf Veränderungen in seiner Umgebung aufmerksam zu werden, bevor sie ihm zu nahe kamen. Nicht dass er tief hätte schlafen können in der Anwesenheit von so vielen Killern. Samuel hielt ihm den Helm hin. „Wir werden in wenigen Minuten in einen Sturm fliegen. Gott will uns offenbar auf die Probe stellen, er will wissen, ob wir es auch schaffen dich sicher in den Vatikan zu geleiten." Mit seinem bekannten Lächeln schaute er aus dem Fenster, direkt in eine schwarze Wolkenfront.

„Was werden denn überhaupt meine Aufgaben sein, wenn ich im Vatikan bin?"

„Ich habe dich nicht ganz verstanden." Er nutzte nicht mehr das eingebaute Headset, sondern schrie es Nobu direkt ins Gesicht.

„Das Gewitter muss die Funkverbindung stören", gab Nobu als Antwort in derselben Tonlage zurück. „Lass uns später darüber reden."

„Ganz deiner Meinung.“ Samuel setzte sich mit einem fröhlichen Schmunzeln wieder direkt neben ihn.

„Warum so fröhlich?“ Nobu meinte damit nicht, dass sie überhaupt nicht mehr miteinander reden sollten.

„Weil wir jetzt komplett der Gnade Gottes ausgeliefert sind und nichts mehr an unserem Schicksal ändern können. Wenn Gott will, dass wir es schaffen, dann schaffen wir es auch, wenn nicht, dann eben nicht. Dieser Fakt stimmt mich einfach fröhlich.“ Nobu konnte überhaupt nicht einschätzen, ob das jetzt wirkliche Freude, extremer Glaube an das Übernatürliche oder doch einfach purer Wahnsinn war. Das, worüber sich sein Sitznachbar amüsierte, war genau der Fakt, über den er sich am meisten Sorgen machte. Es war das erste Mal, dass er nichts an seiner Situation ändern konnte. Dieses Gefühl wurde auch dann nicht besser, als sie in die Wolken eintauchten und der komplette Innenraum in Finsternis gehüllt wurde.

Er hatte keine Angst vor einem Gewitter, dennoch wurde ihm flau im Magen, als das Flugzeug begann sich zu schütteln. Gewaltige Wassermaßen peitschten gegen die Fenster und die Außenwand. Diese Geräuschkulisse erinnerte ihn daran, wie sie alle, auch Umeko, in der Villa darauf warteten, dass endlich neue Informationen bekannt gegeben wurden.

Hätte Samuel ihn nicht vorher aufgewacht, wäre er spätestens jetzt wach. Um sie herum schnellten Blitze Richtung Boden und je näher sie ihnen kamen, desto mehr wurde die Maschine durchgeschüttelt. Wenn wirklich etwas Übernatürliches diese Blitze heraufbeschwor, dann dachte er ganz sicher nicht an den christlichen Gott. Der, an den er dachte, war einer von vielen Göttern, und zwar Zeus, der oberste Gott im antiken Griechenland. In seinen Augen warf er gerade mit den Blitzen in seinem Kescher um sich. Fast so, als würde er in einem Kampf mit dem Gott der Christen stehen und nicht wollen, dass er sein Ziel erreichte. Zum einen ließ dieser Gedanke, dass sich Götter aus zwei verschiedenen Religionen wegen ihm bekämpften, ihn schmunzeln, zum anderen machte er ihm Angst.

Viele beinahe Blitzeinschläge und damit verbundene Wackler später waren sie wieder draußen und ließen die schwarzen Wolken hinter sich. Nobu hätte schwören können Zeus auf den Wolken zu sehen, wie er ihm mit einem Blitz in der Hand zuwinkte.

„Also, was wolltest du vorhin wissen?“ Die Funkverbindung der Helme funktionierte wieder.

„Ich wollte wissen, was meine Aufgaben sein werden, wenn wir im Vatikan angekommen sind.“

„Soweit ich weiß, wirst du erstmal von Noah empfangen, der wird dich dann ein bisschen herumführen. Dann wirst du einer Prüfung unterzogen, um deine Loyalität Gott gegenüber zu beweisen. Danach schätze ich, dass du erstmal eine ganze Weile in den unterschiedlichsten Sachen unterrichtet werden wirst, bevor du dann eine Art Abschlussprüfung ablegen musst. Sonst weiß ich nicht, was auf dich zukommen wird. Vertraue ganz auf Gottes Führung, er wird dich vor keine Aufgaben stellen, die du nicht erledigen kannst. Wenn überhaupt, wächst du an diesen Aufgaben.“ Irgendwie machte es ihn zuversichtlich, dass er mit seinem Vorhaben, die Tempelritter zu zerschlagen, Erfolg haben könnte, nachdem Samuel ihm das sagte.

„Was sind das für Prüfungen?“

„Die Prüfung, mit der du deine Loyalität beweist, dürfte ich dir, selbst wenn ich sie kennen würde, nicht verraten. Was deine Abschlussprüfung anbelangt, kann ich dir nur so viel sagen. Es gibt unterschiedliche Bereiche, in denen man später eingesetzt werden kann. Darum kann ich dir dazu noch nicht allzu viel verraten, kommt auf deine eigenen Entscheidungen an.“ Nobu merkte die Ironie in Samuels Worten, vorhin noch sprach er davon, dass er sein Leben ganz in Gottes Hände legen sollte. Jetzt sollte er auf einmal wieder eigene Entscheidungen treffen.

„Dieser Noah, was ist das für einer?“ Nobu wollte so viele Informationen über seinen zukünftigen Gegner, wie er nur bekommen konnte, bevor er ihm in echt begegnet. Immerhin weiß dieser Typ auch schon eine Menge über ihn, ohne dass er etwas dagegen unternehmen konnte.

„Noah ist, wie schon gesagt, ein Mitglied der Tafelrunde, der höchsten Instanz bei den Tempelrittern.“ Er machte eine Pause und überlegte, was er noch sagen konnte. „Er hat genau wie alle anderen auch, die in der Tafelrunde sitzen, den Rang eines Kardinals und hat somit das höchste Amt nach dem Papst.“

„Begleitet jedes Mitglied von euch ein Amt innerhalb der Kirche?“

„Nicht jeder, nur die Leute, die auch bei uns was zu sagen haben, sowie die Tafelrunde, deren Stellvertreter, Leibwächter und ähnlich hohe Instanzen. Der Rest ist nur Mitglied in der Kirche.“ Nobu hätte gerne gefragt, ob der Papst von ihren Taten weiß, hielt sich aber zurück, da er nicht wusste, wie er es formulieren sollte.

„Erzähl mir mehr über Noah.“

„Er ist vermutlich einer der besten Kämpfer von uns. Aber nicht nur der Kampf ist seine Besonderheit. Ich habe es selbst zwar nicht mitbekommen, aber er soll als einer der Jahrgangsbesten damals die Akademie abgeschlossen haben. Ich glaube, der Einzige, der ihn in Sachen Intelligenz noch überbieten kann, ist Kalix, sein ewiger Rivale und ein weiteres Mitglied in der Tafelrunde. Sein Spitzname ist nicht umsonst ‚Professoris‘.“

„Professoris?“ Die einzigen Sprachen, die Nobu sprach, waren Japanisch und Englisch, Latein gehörte nicht dazu.

„Das ist Latein für der Professor.“ Dass Noah nicht nur einer der Stärksten, sondern auch der Schlausten der ganzen Organisation sein soll, beunruhigte Nobu dezent. „Ich weiß nicht, ob das für dich von Interesse ist, aber Großmeister Noah baut gerne Boote aus Holz.“

„Boote.“ Diese Information überraschte ihn dann doch.

„Ich weiß, eine ganz schöne Ironie, nicht wahr? Sein Name ist Noah und er baut gerne Holzboote, wie die Arche eines war." Besser hätte Nobu seine Gedanken gar nicht ausdrücken können. „Deshalb nehmen viele auch an, dass er von Gott aus der Vergangenheit geschickt wurde, um uns auf diese neue Sintflut vorzubereiten. Sein Spitzname ist daher ‚Faber Dei' – ‚Gottes Architekt'." Samuel war anzusehen, dass er diesen Noah verehrte wie keinen Zweiten.

„Von Gott geschickt, so ein Schwachsinn", dachte sich Nobu.

Sie unterhielten sich noch eine ganze Weile über Noah und viele andere Dinge, bis sich Nobu dazu entschied nochmal ein Nickerchen zu machen.

„Hey Samuel, du hast dich jetzt ziemlich lange mit ihm unterhalten, was denkst du über ihn?" Einigen der Männer an Bord kamen Zweifel.

„Ich kann nur eines sagen, und zwar, dass er ein netter Junge ist, mit dem man sich gut unterhalten kann. Alles Weitere wird nicht von uns bestimmt." Samuel setzte sich zu den anderen, um Nobu nicht aufzuwecken.

„Denkst du, das bekommt er hin?"

„Ich denke schon. Noah wird sich bestimmt nicht geirrt haben."

„Trotzdem, der Typ ist keiner von uns."

„Viele sind erst später dazugestoßen. Außerdem ist er einer von uns, seine Eltern haben ihn nur seiner wahren Bestimmung beraubt." Samuel verteidigte ihn weiterhin.

„Dieser Typ ist der Sohn von zwei Verrätern. Wer sagt uns, dass er uns nicht genauso hintergehen wird."

„Noah wird sich schon darum kümmern, wenn wir erstmal angekommen sind." Damit beendete er das Gespräch und nahm seinen Helm ab.

Nobu wurde erst Stunden später wieder geweckt. Diesmal nicht, weil wieder ein Gewitter bevorstand, sondern weil sie endlich angekommen waren. Als er aus dem Fenster blickte, war die Morgensonne gerade über dem Horizont erschienen. Er konnte auf die Straßen und Häuser Roms, die in diesem Augenblick eher so aussahen wie ein Miniaturmodell dieser, blicken. Auch auf dem Flugplatz war einiges los. Doch wimmelte es dort nicht von Flughafenmitarbeitern, sondern durch und durch von Mitgliedern der Tempelritter. Gut zu erkennen an ihren braunen Roben. Jetzt erst fiel ihm auf, dass sie in Wirklichkeit ganz in der Nähe einer Kirche, die sich später als der Vatikan selbst herausstellte, runtergingen.

„Das hier ist alles das Gebiet der Tempelritter. Kein normaler Passant darf dieses Gebiet betreten", klärte man ihn auf.

Als sie ausstiegen, wurden sie schon erwartet. Und zwar von niemand Geringerem als Noah, der von zwei Männern begleitet wurde. Er hatte kurze, lockige braune Haare und einen braunen Vollbart, der sein eckiges Gesicht umrundete. Er hatte eine ungeheure Ausstrahlung. Sie war viel größer als die, die von Goro oder sonst jemandem ausging. Nobu war noch viele Meter von ihm entfernt und konnte dennoch spüren, dass der Mann, dem er gleich gegenüberstand, mächtiger war als alles, was er kannte. Das lag zum Teil an der schwarzen Soutane, mit dem großen Kreuz vor der Brust, die er trug und voll ausfüllte. Doch nicht nur das, er war mindestens 1,80 m groß gewesen. Noch dazu war er sehr muskulös, es war fast so, als wenn Nobu vor eine Wand laufen würde, als er ihm näherkam. Es war das erste Mal, dass er wirklich so etwas wie Todesangst fühlte, obwohl es ein eigentlich komplett entspannter Moment war. Weder waren Spannungen noch Mordlust in der Luft, alles war wie immer und dennoch stand vor ihm dieser Mann, der ihm einfach nur Angst machte. Er zweifelte daran, dass er ihn, geschweige denn die Organisation hinter ihm wirklich vernichten konnte.

„Es freut mich dich kennenzulernen, mein Name ist Noah." Er sprach in perfektem Japanisch und streckte seine Hand zur Begrüßung aus. Nobu wusste, dass sich in anderen Ländern mit der

Geste des Händeschüttelns begrüßt wird, nicht so wie in Japan mit einer Verbeugung. Nobu nahm die Hand. Die Hand, die er ergriff, war riesig und übersäht von Schwielen. Die Arbeiten an den Booten hatten ihre Spuren hinterlassen. Doch trotz des Riesen, der vor ihm stand, war sein Händedruck sanft und freundlich.

„Ab hier übernehme ich, danke Samuel." Auch die Stimme klang sanft, besonders für jemanden, der nicht von Geburt an Japanisch sprach. Seine Worte waren von Freundlichkeit gezeichnet, genau wie die von Samuel. Der einzige Unterschied war, dass Noah kein Lächeln auf den Lippen hatte. Trotzdem hatte er irgendwie einen freundlichen Gesichtsausdruck.

Kapitel 24 Rundgang

Die erste Station bei Noahs Führung war ihre Heiligkeit, der Papst höchstpersönlich.

Nobu wurde über den Petersplatz geführt, direkt vorbei am vatikanischen Obelisken, auf dessen Spitze ein eisernes Kreuz prackte. Unten am Sockel konnte er eine in den Stein eingemeißelte Inschrift erkennen. Da sie allerdings auf Latein war, verstand er kein Wort davon. Für Besucher schien der Platz schon lange nicht mehr geöffnet zu sein. Überall ob am Eingang oder auf dem Petersplatz selbst standen Männer und Frauen in braunen Roben. Sichtlich trug niemand von ihnen eine Waffe. Doch Nobu war sich sicher, dass sie genau wie Samuel überall am Körper versteckte Messer und andere Nah- bzw. Fernkampfwaffen mit sich trugen.

Auch über den Toren, die in das Gebäude hineinführten, stand irgendetwas auf Lateinisch. Im Inneren wurde er von der Gestaltung fast erschlagen. Ein so hohes Gebäude hatte er in seinem Leben noch nicht gesehen. Es gab keinen Fleck, an dem kein Gemälde die Decken, Wände oder den Boden zierte. Oder nicht irgendeine Statue aus dem faszinierenden Gestein herausgeschlagen wurde. Obwohl Nobu nicht gläubig war, spürte er hier die Anwesenheit von etwas weitaus Bedeutenderem als ihm selbst. Und die Rede war keinesfalls von Noah, es war etwas, das noch über ihm stand.

Je weiter sie ins Innere kamen, desto mehr Leuten begegnete er, sie alle redeten und lachten vergnügt über die alltäglichsten Dinge. Viele von ihnen trugen Mappen oder Ordner gefüllt mit Unterlagen.

„Viele der organisatorischen Abläufe unserer Organisation werden hier erledigt. Auch vieles, das mit der Öffentlichkeitsarbeit der

Kirche zu tun hat, wird von uns im Hintergrund erledigt." Noah waren die Blicke nicht entgangen.

„Warum erledigt eine Organisation, die im Verborgenen agiert, Aufgaben in der Öffentlichkeitsarbeit?" Wenn es etwas gab, das die Ausstrahlung des Petersdoms noch übertraf, dann war es die des Mannes neben ihm.

„Weil hier eigentlich alle Mitarbeiter zu den Tempelrittern gehören. Während du also in anderen Kirchen rund um die Welt nur ab und zu mal jemandem von uns begegnest, ist es hier genau umgedreht." Sie durchschritten einen riesigen Steinbogen in einen Raum, der von riesigen Stahltoren verschlossen wurde. „Hier wurde noch niemand reingelassen, der nicht zu uns gehört. Du darfst dich also geehrt fühlen." Sie betraten einen riesigen Raum, in dem überall Kreuze und ähnliche Glaubensgegenstände hingen. Nobu war trotz seiner fehlenden Gläubigkeit beeindruckt von diesem Raum.

Ein paar Meter vor einem Altar blieben sie stehen. Darüber hing ein gewaltiges Bild von der Jungfrau Maria. Die Musik einer Orgel holte ihn aus den Gedanken heraus, er schaute sich in dem Raum um und entdeckte direkt hinter ihm einen Mann, der eine Ballade spielte.

„Du solltest lieber nach vorne schauen." Noah zog ihn allein mit seinen Worten nach vorne. Beide schritten einige Meter in Richtung des Altars, währenddessen blieben ihre anderen Begleiter an der Tür stehen und sahen jetzt eher nach Türstehern aus. Etwa zehn Schritte entfernt blieb Noah stehen und ging auf die Knie. Zuerst war Nobu verwundert, bemerkte aber, dass eine Tür rechts des Altars geöffnet wurde. Ein sehr alter Mann mit einer vergoldeten Mütze und einem Stab, an dessen Spitze ein goldenes Kreuz thronte, betrat den Raum. Nun ging auch Nobu auf die Knie. Der Mann war der Papst selbst, begleitet von zwei älteren Männern in schwarzen Roben. Ob es nur Kardinale oder doch Mitglieder der Tafelrunde waren, konnte Nobu nicht sagen.

„Noah, du brauchst doch nicht vor mir niederknien.“ Die beiden Männer sprachen italienisch miteinander, weshalb Nobu kein Wort davon verstand. Mit einer kleinen Bewegung seiner Hand deutete der Papst an, dass Noah aufstehen durfte. Noah ging auf ihn zu und küsste seine Hand, als Zeichen des Respekts. „So, das ist also der Junge, von dem du so Großes erwartest.“ Er wendete sich Nobu zu und machte ein paar Schritte auf ihn zu. Er verstand auch weiterhin nicht, was das Oberhaupt der katholischen Kirche sagte. Jedoch verstand Nobu, dass sein Gegenüber auch von ihm einen Handkuss erwartete. Denn er streckte ihm wie bei Noah die Hand entgegen. Widerwillig gab Nobu ihm, was er wollte.

Auch beim Papst konnte er die enorme Ausstrahlung spüren, die von ihm ausging. Doch im Vergleich zu Noah war das überhaupt nichts. Trotz seiner Position und der damit einhergehenden Macht ließ sich keine Spur von Arroganz in seinem Auftreten erkennen.

„Wie heißt du, mein Junge?“ Er deutete auch ihm mit einer einfachen Bewegung seiner Hand, dass er nicht vor ihm zu knien brauchte. Nobu merkte, dass mit ihm gesprochen wurde, alles, was er konnte, war verwirrt zu Noah zu schauen.

„Nobu spricht nur Japanisch und Englisch“, erklärte der Kardinal auf Italienisch.

„It is a pleasure to meet you, I would like to talk to you, but I heard your day is very busy. Right Noah.“ Er drehte seinen Kopf, um Noah ins Gesicht sehen zu können.

„Unfortunately, this is the case. But I am sure that there will be an opportunity in the near future, so that you two can talk undisturbed.“

„Dann möchte ich dich gar nicht weiter aufhalten und freue mich schon jetzt auf unser nächstes Gespräch.“ Er wendete sich an seine Begleiter. „Meine Herren, lasst uns gehen, wir haben noch einiges vorzubereiten.“ Sie verließen über das massive Eisentor den Raum.

„Das war also der Papst“, sagte Nobu in sich hinein.

„Die beiden Männer, die bei ihm waren, sind so wie ich Mitglieder in der Tafelrunde und tragen ebenfalls den Kardinalstitel.“ Die beiden waren Nobu kaum aufgefallen, denn im Vergleich zu dem Papst oder Noah waren sie in seinen Augen keine wichtigen Personen. „Komm mit, dann stelle ich dir die anderen aus der Tafelrunde vor.“ Sie gingen nun durch die Tür, mit der zuvor der Papst den Raum betreten hatte. Sie führte in einen gut ausgeleuchteten Gang. Besonders auffällig war, dass er eigentlich überhaupt nicht auffällig war. Keinerlei Gemälde, Statuen oder andere Verzierungen. Einfach ein Gang mit hölzernen Wänden und Fenstern auf beiden Seiten. Nach allem, was er gesehen hatte, war er schon viel zu gewöhnlich.

Sie gingen durch eine weitere Tür, welche sie einfach den Gang weiterführte. Nur dass dieser nun an einer Seite offen und nur durch tragende Säulen unterbrochen wurde. Direkt daran schloss ein weiter Platz an. Auf diesem befanden sich mehrere Gebäude wie auch Springbrunnen. Alle Menschen, die zu sehen waren, waren in etwa in Nobus Alter oder jünger.

„Das hier ist das Gelände der Akademie. Siehst du das Gebäude da ganz hinten?“ Nobu nickte, das Gebäude war riesig, mindestens 7-mal so groß wie das gesamte Gelände seiner alten Schule. Seine Form ähnelte einer Kirche, in der Mitte befand sich ein gewaltiger Turm. Anstatt des Ziffernblatts befand sich ganz oben ein großes, rundes Fenster. Aus der Ferne konnte Nobu eine Silhouette dort oben erkennen.

„Das Fenster, auf das du da gerade starrst, gehört zum Büro des Direktors“, erklärte Noah. „Das ist die Akademie, zu der wir später auch noch kommen werden, daneben siehst du das Wohnhaus, in dem du von nun an leben wirst.“ Selbst das Wohnheim war ein beeindruckendes Gebäude, größer als jede Uni, die Nobu je gesehen hatte. Und im Rahmen seiner Zukunft hatte er in ganz Japan Universitäten besucht, um sich die passende aussuchen zu können. Viele der Schüler winkten Noah zu und beäugten aus der Ferne den Fremden an seiner Seite.

„Heißt das also, dass alle, die ich hier sehe, Studenten sind."

„Genau, wir befinden uns hier auf der Ausbildungsseite. Hier leben und lernen die Kinder und Jugendlichen alles, was ihnen im späteren Leben von Nutzen sein wird. Das Akademie-Gelände ist in etwa so groß wie eine kleine Stadt, pass also auf, dass du dich nicht verläufst." Das, was Nobu sehen konnte, war demnach nur ein Teil seines neuen Zuhauses. „Auf der anderen Seite dieses Ganges halten sich die Erwachsenen auf. Mit einer Ausnahme, und das sind die Lehrer, denn die leben in einem gesonderten Bereich im Wohnheim."

„Und was befindet sich auf der anderen Seite?"

„Vor allem die Unterkünfte der Leute hier, aber auch Felder, auf denen Gemüse und Obst angebaut werden. Außerdem auch Ställe, um Landwirtschaft betreiben zu können. Und dann noch einige andere Orte, die du früher oder später sowieso sehen wirst."

„Vermischen sich diese beiden Distrikte auch mal?"

„Eher selten, höchstens mal zur Abschlussprüfung, in der viele der Erwachsenen als eine Art Jury fungieren. Andersherum kommt es nur dann zur Vermischung, wenn Schüler oder Studenten auf eine Mission außerhalb dieser Mauern geschickt werden." Noah schaute über den weiten Platz und blieb an der drei Meter hohen Mauer kleben, die das gesamte Gelände umschloss.

„Siehst du das Tor da drüben?" Er zeigte auf ein geschlossenes Tor in der Mauer.

„Ja."

„Solltest du mal in die Stadt wollen, musst du nicht durch den Vatikan laufen, sondern kannst ganz einfach durch dieses Tor spazieren. Allerdings ist es nur am Wochenende und in den Ferien geöffnet. An Schultagen wird es niemals geöffnet."

Noah erklärte ihm noch das ein oder andere. Zum Beispiel, dass der Eingang, den sie eben genutzt hatten, normal geschlossen war und nur wenige die Autorität haben ihn zu öffnen. Damit solle verhindert werden, dass Eltern ihre Kinder besuchen kommen.

„Eines verstehe ich aber in all dem hier noch nicht." Nobu blieb im Wohnbereich der fertig ausgebildeten Mitglieder der Tempelritter auf der anderen Seite der Mauer stehen.

„Und das wäre?" Auch Noah blieb einen Schritt vor ihm stehen und drehte sich um.

„Wieso erzählen Sie mir das alles, obwohl ich noch nicht mal diese Prüfung der Treue bestanden habe?" Noah kicherte, was für Nobu keine verständliche Reaktion auf seine Frage darstellte.

„Diese Plaudertasche hat dir also schon von der Prüfung erzählt, na ja, auch egal. Ich glaube, du unterliegst hier einem großen Missverständnis, du denkst wohl, du könntest kommen und gehen, wie es dir gefällt, was?" Sein freundlicher Blick verwandelte sich in einen, der auf den Jungen herabsah. „Wenn du das wirklich glaubst, muss ich dich enttäuschen. Du kannst hier nicht einfach rumspazieren, wie es dir gefällt. Wäre ich nicht bei dir, hätte dich jeder hier schon längst getötet. Ich bin der einzige Grund, wieso du noch lebst. Es ist egal, wie viel ich dir erzähle oder ob du die Prüfung bestanden hast, du kommst hier nie wieder weg, um es jemandem zu sagen, der nicht sowieso schon Bescheid weiß. Und bilde dir ja nicht zu viel darauf ein, dass ich dich persönlich hergebeten habe. Mir war nur langweilig und dann kam der Regelverstoß deiner Eltern rein. Ich habe mir dein bisheriges Leben angeschaut und entschieden, dass du mein nächstes Spielzeug sein wirst. Solltest du das übrigens jemandem sagen, wird er dir kein Wort glauben, also kannst du es gleich lassen. Vermutlich interessiert es ihn nicht mal." Endlich zeigte Noah sein wahres Gesicht. In seinem Inneren kringelte er sich vor Lachen. Er war sehr amüsiert über seinen Gegenüber, es machte ihm Spaß, mit seinem Leben und seinen Entscheidungen zu spielen. Nobu war einfach nur schockiert von der Offenbarung und seinem wirklichen Ich.

„Na los, gehen wir weiter, du musst doch heute noch deine Prüfung ablegen." Mit einem verschlagenen Grinsen im Gesicht drehte er sich um und ging weiter.

Vor der nächsten Tür, durch die sie gehen mussten, standen mehrere Wachen. Jede einzelne von ihnen nickte Noah zu und öffnete dann die stählerne Tür hinter sich. Zwei Personen waren vonnöten, um dieses schwere Ungetüm öffnen zu können. Im Vorbeigehen sah Nobu auch weshalb, die Türen waren nicht nur drei Meter hoch und 1,50 Meter breit, sondern auch mindestens einen halben Meter dick. Viel war nicht in diesem Raum, nicht einmal Fenster, das einzige Licht kam von den an der Decke angebrachten LED-Lampen. Die Luftqualität im Inneren wurde durch mehrere Belüftungsschächte gesichert. Das einzige Möbelstück war ein riesiger schwarzer, kreisrunder Marmortisch mit einer Aussparung in der Mitte. Drum herum waren genau 12 Stühle aufgestellt. Sie waren ebenfalls aus schwarzem Marmor, hatten allerdings Polster. Die Wände, der Boden und die Decke des Raumes waren aus weißem Marmor. Am anderen Ende des Raumes war eine Öffnung für einen großen Bildschirm in der Decke.

Insgesamt waren mehr als zwölf Personen im Raum. Dennoch war nur die Hälfte der Stühle besetzt. Einer von den Sitzenden winkte Nobu und Noah zu.

„Das ist also dein neuer Schützling." Er begutachtete Nobu von Kopf bis Fuß. „Sieht mir jetzt nicht wirklich nach was Besonderem aus." Er schaute ihn abschätzig an. Nobu hätte in diesem Moment gerne etwas erwidert, doch er war immer noch zu sehr von Noah eingeschüchtert.

„Wo sind die anderen?" Mit Noah waren nur sechs Mitglieder der Tafelrunde in dem Raum, wie er auch trugen sie alle eine schwarze Soutane, ein Erkennungsmerkmal für Kardinäle. Nobu hat schon oft Übertragungen aus Rom gesehen, in denen über ein Dutzend Kardinäle in genau diesen Roben in Begleitung des Papstes von A nach B liefen. Die anderen Anwesenden waren nur deren persönliche Leibwächter beziehungsweise ihre Assistenten.

„Zwei sind aktuell mit dem Papst unterwegs."

„Denen sind wir schon begegnet."

„Kalix ist, soweit ich weiß, noch in der Schule. Wo der Rest ist, weiß ich nicht." Er wendete sich zu den anderen, doch auch die hatten keine Ahnung, wo er sein könnte.

„Hat er denn schon die Prüfung absolviert", fragte eine der beiden einzigen Damen. Da in der katholischen Kirche Frauen keine Titel wie Kardinal oder Bischof innehaben konnten, war sie nur eine Leibwächterin. Sie störte es überhaupt nicht, dass sie durch dieses veraltete Verbot nicht weiter aufsteigen konnte. Für sie war es entspannt, sie hatte nur ab und zu mal was zu tun und das gefiel ihr sehr gut. Allerdings war es bei weitem keine Alltäglichkeit, dass eine Frau zu einem Leibwächter der Tafelrunde wurde. Einfach nur der Fakt, dass jeder ihrer männlichen Kollegen automatisch einen hohen Rang innehatte, machte es äußerst schwer für sie in einen solchen Posten zu gelangen. Der einzige Grund, wieso es überhaupt möglich war, lag an ihrem Chef, er war ein lüstern dreinschauender, leicht dicklicher Mann. Er hatte sich extra zwei Frauen als seine persönlichen Assistenten ausgesucht. Für ihn konnte Nobu, aber auch Noah nichts anderes als Abscheu empfinden. Dennoch hatte er viel Einfluss, da er sonst nicht einfach die Regeln von sowohl den Tempelrittern als auch der Kirche missachten könnte.

Doch allein der Blick, den die beiden Frauen ihrem Chef zuwarfen, beruhigten Nobu, denn auch sie waren nicht mit ihrem Chef einverstanden und waren wirklich nur wegen der Vorteile in diesem Job.

„Nein, das wäre unsere nächste Station gewesen, aber es ist ja nicht so, als wenn er ohne mich irgendwo hinkönnte." Er musste Nobu diesen Fakt unbedingt noch einmal unter die Nase reiben.

„Da hast du recht." Der Chef der beiden Damen fing an zu lachen, und zwar so stark, dass er sich vor Schmerzen den Bauch halten musste. Mit der anderen Hand begrapschte er den Hintern seiner Assistentin.

„Ich wüsste nicht, was daran so witzig sein sollte.“ Es war die, die gerade befummelt wurde. Sie war sauer auf ihren Chef und hätte ihm in diesem Moment am liebsten eine verpasst, wusste aber um die Konsequenzen und ließ es. Das Lachen wurde zunehmend lüsterner.

„Wir sollten weitergehen.“ Noah war genauso angewidert von dieser Situation und wollte unbedingt weg.

„Dieser Mann ist eine Schande für die gesamte Menschheit. Er verkörpert alles, was mit dieser Welt nicht stimmt. Alles, was die Welt da draußen Schlechtes von uns denkt, wird von diesem Fettwanst da drinnen verkörpert. Er macht mich einfach krank.“ Noah wartete, bis sie den Raum verlassen hatten, um Nobu seine ehrliche Meinung zu diesem Ekelpaket mitzuteilen. „Er nutzt es vollständig aus, dass diese beiden auf normalem Weg niemals an diese Stelle gekommen wären. Ich möchte gar nicht wissen, zu was er sie alles zwingt.“

„Ich hätte nicht gedacht, dass Sie so denken.“ Nobu war überrascht, dass Noah im so ehrlich seine Meinung sagte.

„Sag bloß, du verteidigst dieses Stück Dreck? Ohne seinen Einfluss wäre er nichts und dem hat er es auch zu verdanken, dass er zwei weibliche Assistenten haben darf, obwohl es nicht gestattet ist. Typen wie der machen mich einfach krank.“ Nobu wollte ihn auf keinen Fall verteidigen, in diesem Punkt stimmte er mit Noahs Meinung vollkommen überein. Genau das war es, was ihn verwunderte.

Danach fragte Nobu ihn noch, ob er vorhabe, etwas an dieser Tatsache zu ändern. Doch trotz seines Ranges sah er schwarz in dieser Angelegenheit. Da dieses Konzept schon seit Jahrhunderten Bestand hatte, sahen nur wenige einen Grund dies zu ändern. Früher hatte Noah einmal genauso gedacht, doch das änderte sich, als er Mitglied der Tafelrunde und andauernd mit diesem Ekelpaket konfrontiert wurde. Das war der Moment, in dem er sich schwor, etwas daran zu ändern.

Nur wenige Minuten später standen sie auch schon vor der nächsten Tür.

„Ist alles vorbereitet?“ Fragte Noah, woraufhin die Wache vor der Tür nickte und stumm die Tür öffnete. Sie kamen in einen komplett leeren Raum, am anderen Ende davon befand sich eine weitere Tür, um die es sich eigentlich handelte.

„Hier.“ Noah reichte ihm ein Messer. „Die Person, die du hinter dieser Tür antriffst, musst du töten.“ Nobu blickte runter auf die im Licht schimmernde Klinge in seiner Hand. Er kannte dieses Modell nur zu gut, es war dasselbe Modell, das alle Mitglieder der Tempelritter, die er töten musste, mit sich trugen. Es war ein Bowie Campingmesser mit rückseitigen Sägezähnen. Nobu konnte sich nicht erklären, wieso es für ihn eine Prüfung sein soll jemanden zu töten. Er hatte doch schon oft genug gezeigt, dass er nicht davor zurückschreckt genau dies zu tun. Aus diesem Grund stellte er sich auf einen Kampf ein.

Ein letztes Mal schluckte er, bevor er die Messingtürklinke nach unten drückte. Die Tür war schwerfällig und er musste sich richtig anstrengen, um sie nach innen drücken zu können. Der Raum, den er betrat, hatte nur ein einziges kleines vergittertes Fenster. Es hing zehn Meter weit über dem Boden und erleuchtete den dreckigen Raum. Nobu kroch ein Gestank in die Nase, den er nicht einordnen konnte. Es war wie eine Mischung aus Blut, Fäkalien und verwesenden Menschen. Von der Decke hingen unzählige Ketten, trotzdem konnte Nobu einige Vorrichtungen ausmachen, die so aussahen, als wären sie im Mittelalter zum Foltern von Gefangenen verwendet worden. An manchen von ihnen klebte sogar noch getrocknetes Blut. Als er sich weiter in dem Raum umsah, konnte er erkennen, dass an zwei der Ketten jemand gefesselt war.

Als er näher trat, konnte er erkennen, dass es sich dabei um ein Mädchen mit langen blonden Haaren handelte. Als er noch näher kam, konnte er erkennen, um wen es sich handelte.

„Umeko!" Er rannte auf sie zu und hob ihren Kopf an, um ihr Gesicht sehen zu können. Sie hatte überall im Gesicht Schrammen und Kratzer. Ihr Körper war dabei keine Ausnahme. Besonders die Stellen, an der die Kette am Körper rieb, verrieten, dass sie nicht erst seit Kurzem angekettet war. Ihre Handgelenke waren komplett wund und blutig.

Sie hatte nicht mehr als ein Fetzen Stoff, der ihren Körper bedeckte. Dadurch lagen sowohl ihre Arme als auch Beine komplett frei. Nur ihr Oberkörper und bestimmte Teile unterhalb ihrer Taille wurden dadurch verdeckt.

„Wer hat dir das angetan?" Sie war nicht bei Bewusstsein und konnte nicht antworten. Jetzt wurde ihm klar, wieso das Töten von jemandem eine Prüfung für ihn darstellen sollte. Er sollte eine gute Freundin von sich töten.

„Nobu." Sie war wach und konnte nicht glauben, wenn sie vor sich sah. „Nobu, bist du es wirklich?" Ihr Gesicht wurde schmerzverzerrt, als ihr Handgelenk an der Kette rieb.

„Jaja, ich bin es." Sie brach in Tränen aus und er nahm sie in den Arm. Wären die Ketten nicht gewesen, hätte sie seine Umarmung nur zu gerne erwidert. Doch der Stahl hielt sie rasselnd zurück.

„Gehts dir gut, was ist mit den anderen, geht es denen gut?" Sie konnte noch immer nicht glauben, wer da vor ihr stand.

„Denen geht es gut."

„Auch Jinpei?"

„Ja, dem auch." Dass er sich später das Leben nehmen würde, konnte zu diesem Zeitpunkt noch niemand ahnen.

„Ich bin so froh dich zu sehen." Sie brach wieder in Tränen aus.

„Aber wieso bist du hier, was ist mit dir passiert?"

„Ich werde es dir erzählen." Langsam bekam sie ihre Tränen wieder in den Griff und fing an zu erzählen.

Kapitel 25 Letzter Wunsch

Einige Wochen zuvor:

Die Sonne war gerade erst vor kurzem aufgegangen und Umeko bereute jetzt schon, dass sie ihren Rucksack mit all ihren Sachen zurückgelassen hatte. Sie hatte Durst, ihr war nie aufgefallen, wie oft sie am Tag zur Flasche gegriffen hatte. Die einzigen Pausen, die sie im Sinne hatte, waren die höchstens vier Pausen am Tag, in denen sie gemeinsam Rast gemacht hatten. Was ihr auch auffiel, war, dass sie schon nach weniger als einem halben Tag komplett die Orientierung verloren und keine Ahnung mehr hatte, wo sie war. Jetzt wünschte sie sich Daisuke öfter zugehört zu haben, wenn er über Sachen wie die Himmelsrichtung anhand des Sonnenstandes zu erkennen geredet hatte. Das Einzige, das sie nicht vermisste, war der Ballast, den ihr Rucksack immer dargestellt hatte. Trotzdem würde sie ihn gegen Lebensmittel und einen Plan eintauschen.

Woran sie sich aber noch gut erinnern konnte, war die Geschichtsstunde, die Rei eines Abends abhielt. Sie erzählte dabei von den ersten Völkern der Erde und wie Sachen wie Flüsse bei der Erbauung ihrer Siedlungen einen entscheidenden Faktor darstellten. Weiter hatte sie erwähnt, dass in jedem Wald der Erde irgendwann mal ein Fluss oder zumindest ein Bach zu finden war. In den letzten Jahren waren aber, wegen des Klimawandels, viele davon verschwunden. Dennoch hatte diese Geschichtsstunde ihr zumindest einen Plan gegeben. Ihre nächste Aufgabe würde die Suche nach einem Fluss darstellen. Nicht nur könnte sie dann endlich etwas trinken, sondern würde sie, wenn sie ihm folgen würde, mit großer Wahrscheinlichkeit auf ein Dorf treffen. Nur eines wollte sie nicht, und zwar zurück zu ihrer Gruppe. Sie vermisste ihre Freunde jetzt schon, hatte aber einen Entschluss gefasst und hoffte, dass die anderen ihn akzeptierten und nicht nach ihr suchen würden. Weiter hoffte sie, dass sie ihre Gefühle für jeden von ihnen in den wenigen Zeilen, die sie schrieb, gut zusammenfassen konnte.

Die Mittagssonne brannte auf ihrer Haut, sie war erschöpft und dachte, dass es ihr Ende wäre, als sie ein bekanntes Geräusch hörte. Von irgendwo her war das Rauschen von Wasser zu hören. Da sie mit den Augen nichts sehen konnte, vertraute sie auf ihre Ohren und ihr räumliches Denken und schloss ihre Augen. Das Geräusch wurde von den Bäumen abgefangen, weshalb es schwierig war, die wirkliche Quelle auszumachen, doch sie war sich ziemlich sicher, dass es von vorne schräg rechts kommen würde. Sie raffte sich nochmal zusammen und sammelte ihre letzten Kräfte, um dorthin zu gelangen.

Und tatsächlich, ihr Weg führte sie genau zu einem kleinen Fluss. Sie hechtete herüber und fühlte ihre Hände mit Wasser, um daraus zu trinken. Zuerst verschluckte sie sich, da sie zu schnell zu viel auf einmal getrunken hatte. Als sie nach einer kurzen Hustenattacke wieder Luft bekam, schaute sie sich einmal um und ihr fiel auf, wie schön der Platz war, den sie nur dank ihres Dursts gefunden hatte.

„Ich schätze mal, alles hat seine guten Seiten." Sie sammelte noch mal etwas von dem kalten Nass in ihren Händen, um daraus trinken zu können. Danach beugte sie sich nach vorne, um sich ihr Gesicht waschen zu können.

Als sie nur noch wenige Zentimeter von der Wasseroberfläche entfernt war, konnte sie spüren, dass jemand ihren Hinterkopf packte. Zeit, um darauf zu reagieren, blieb ihr jedoch nicht, denn kaum hatte sie es bemerkt, drückte dieser Jemand sie unter Wasser. Wer auch immer da hinter ihr war, hatte zu viel Kraft. Sie hatte keine Chance sich dagegen zu wehren. Sie ruderte so heftig mit ihren Armen und Beinen, wie sie konnte. Doch auch wenn sie manchmal irgendwas erwischen konnte, hatte es einfach keinen Effekt.

„So soll es also enden." Sie hatte schon damit abgeschlossen und aus irgendeinem Grund war es ausgerechnet das Gesicht von Jinpei, das sie wieder Kraft finden ließ. Sie versuchte sich mit ihren Händen vom Grund des Flusses abzudrücken. Jedoch ohne Erfolg. Ihr Bewusstsein schwand und ihre Hände ruhten nun auf dem Boden. In einem Anflug von Überlebenswille bekam sie einen der größeren Steine am Grund zu fassen. Damit versuchte sie nun ihren Angreifer zu erwischen. Schon beim ersten Versuch funktionierte es und die Kraft, die ihren Kopf unter Wasser hielt, ließ nach, wodurch sie wieder an die Oberfläche kommen konnte und nach Luft rang. Sie versuchte das Wasser, das sie schlucken musste, aus ihrer Lunge herauszubekommen, und schaffte es sich umzudrehen. Nun konnte sie ihren Angreifer erkennen. Es war ein Mann in den 40ern. Seinem Aussehen nach zu urteilen war er mindestens schon so lange wie sie hier draußen. Sein Haar war fettig und dreckig. Am Kopf hatte er eine Platzwunde von dem Treffer mit dem Stein. Als er wieder zu Kräften kam, versuchte er erneut sich auf sie zu stürzen. Nur war sie diesmal die Schnellere. Immer noch mit dem Stein in der Hand, verpasste sie ihm einen weiteren Schlag gegen den Kopf. Diesmal konnte er nicht sofort wieder aufstehen. Das reichte Umeko jedoch noch nicht, sie kam in Fahrt. Sie nahm den Stein erneut und hob ihn über ihren Kopf, nur um ihn direkt wieder mit voller Kraft nach unten sausen zu lassen. Erneut mit dem Kopf des Mannes als Ziel, dann noch einmal und nochmal.

Sie schlug so lange auf ihn ein, bis sein Körper aufgehört hatte zu zucken, wenn der Stein ihn traf. Sein Kopf war nun nichts weiter als Matsch. An dem Stein und auch an ihrem ganzen Körper klebten sein Blut und Reste seines Gehirns. Erst als sie wieder zu Sinnen kam, realisierte sie, was sie gerade getan hatte. Sie ließ den Stein fallen und sah an sich runter. Ihr ganzes Shirt war voll mit dem Blut des Mannes. Ihre Hände waren über und über mit Blut besudelt. Erschrocken wich sie zurück und kroch zum Fluss herüber. In der Spiegelung konnte sie nur eine unscharfe Version ihres Gesichtes erkennen, doch die reichte vollkommen aus, um zu erkennen, dass auch das voll von Blut war. Genau in dem Moment lief ihr ein bisschen Blut in den geöffneten Mund. Auf einmal hatte sie den Geschmack von Eisen im Mund und wurde ihn, egal wie oft sie auch spuckte, nicht los.

Bei dem Unterfangen, sich sowohl Hände als auch Gesicht zu waschen, färbte der Fluss sich in einem bedrohlichen Rot. Sie konnte noch so stark an ihren Armen und im Gesicht reiben, das Blut ging einfach nicht komplett ab.

Sie war schon am Verzweifeln, als es endlich abging. Alles, was jetzt noch fehlte, waren ihre Klamotten. Gerade weil sie einen Mann, den sie zuvor nicht bemerkt hatte, erschlagen hatte, machte sie sich Sorgen, dass irgendjemand sie beobachten könnte. Mit dem Shirt vor der Brust hielt sie inne, als der Wind einmal kurz durch die Blätter fegte. Erschrocken schaute sie sich um, um sicherzugehen, dass auch wirklich niemand in der Nähe war. Erst dann zog sie auch noch ihre Hose aus. Sie stand nun komplett in Unterwäsche am Fluss und wusch ihre Klamotten darin. Ihre mittlerweile mehr braunen als schwarzen Stiefeletten hatten in dem ganzen Durcheinander nichts abbekommen und standen einfach nur neben ihr.

Nach einer Weile zog sie ihre komplett durchnässten Sachen wieder heraus und musste enttäuscht feststellen, dass das Waschen nur begrenzt geholfen hat. Das Blut war nun nicht mehr so intensiv zu sehen, war aber immer noch da. Da sie sowieso warten musste, bis sie getrocknet waren, entschied sie sich dazu ihre Stiefel mal wieder zu putzen. Die Klamotten hing sie dabei über einen Ast in der Nähe, auf den die Sonne noch eine ganze Weile scheinen würde.

Der Schlamm und ähnlicher Dreck gingen erstaunlich leicht ab und brachten ein glänzendes Schwarz zum Vorschein.

„Wenigstens eine Sache, die funktioniert." Enttäuscht stellte sie die Stiefel wieder neben sich. Das Waschen im kalten Flusswasser gepaart mit der Tatsache, dass sie nur in Unterwäsche war, ließ ihren Körper ziemlich runterkühlen. Erst als sie kurz nur still dasaß, bemerkte sie es. Sie kauerte sich zusammen, um das bisschen Restwärme, das noch vorhanden war, zu behalten. Obwohl es Sommer war, war es in der Nähe eines Flusses und im Schatten viel kälter als angenommen. Dass ihre Klamotten immer noch feucht waren, konnte sie sagen, ohne sie angefasst zu haben.

Um sich warm zu halten, entschied sie sich dazu die Leiche des Mannes zu durchsuchen. Denn wen sie sich richtig erinnerte, hatte er einen Rucksack auf dem Rücken. Wenn sie Glück hatte, war darin etwas, das sie gebrauchen konnte. Doch um an ihn heranzukommen, musste sie den Körper auf den Rücken drehen und davor schreckte sie zurück. Dennoch schaffte sie es sich dazu durchzuringen. Als sie dann aber den ersten Kontakt mit dem noch warmen Blut hatte, zuckte sie wieder zurück.

„Reiß dich zusammen Umeko, seit wann bist du so eine Memme?" Sie atmete tief durch und drehte ihn mit einem Ruck auf den Bauch. Viel Hoffnung machte sie sich nicht, als sie den plattgedrückten Rucksack betrachtete. Eine Chance wollte sie ihm dennoch geben. Eine Rolle Klopapier war alles, was es ihr einbrachte. Der Mann war nämlich genau wie sie auf der Suche nach Wasser gewesen, auch er hatte schon mit üblen Typen, auch Frauen, zu tun gehabt. Dieses Mal wollte er kein Risiko eingehen und entschied, den ersten Schritt zu machen. So kam es zu dem Angriff auf Umeko.

„Na großartig." Sie schmiss die Rolle genervt auf den Boden und lief direkt weiter zu ihren Klamotten. Die waren inzwischen angenehm trocken. Zwar immer noch feucht, doch eine Unterkühlung musste sie deshalb nicht mehr befürchten. Nachdem sie dann also ihre Stiefel angezogen hatte, machte sie sich daran, dem Verlauf des Flusses zu folgen. So würde sie irgendwann auf Zivilisation treffen und hätte gleichzeitig den ganzen Weg über genug zu trinken, auch wenn das Wasser eine für sie unangenehme rote Farbe angenommen hatte.

Die vereinte Wärme der Sonne und ihrem Körper reichten aus, um ihre Sachen relativ schnell komplett zu trocknen.

Ein Glück hatte sie wenigstens Rei damals zugehört, als sie Überlebenstipps verteilt hatte. Der Fluss hatte sie wirklich zu etwas geführt, in dem sie die Nacht verbringen konnte. Am Waldrand, in der Nähe des Wassers, hatte jemand eine Holzhütte erbaut. Sie betete, dass sie unbewohnt war, bevor sie aus Gewohnheit an der Tür klopfte.

Keine Reaktion.

Als sie versuchte, die Tür zu öffnen, wurde sie nicht enttäuscht, denn sie war nicht abgeschlossen. Ihrer Freude wurde auch im Inneren kein Riegel vorgeschoben.

Der Staub und die Spinnenweben erweckten den Eindruck einer heruntergekommenen Hütte. Die Hütte war schon lange nicht mehr benutzt worden, jedoch alles andere als heruntergekommen. An der Wand links gab es einen großen Kamin, neben dem auch genug gehacktes Holz gelagert war, um einige Nächte Feuer machen zu können. Davor stand ein alter Sessel, in dem man es sich bequem machen konnte. Am anderen Ende des großen Raumes gab es eine Küche mit funktionierendem Wasseranschluss. Umeko war alles andere als enttäuscht, als sie in die Küchenschränke schaute. Sie waren randvoll mit Fertignudeln, die alle noch gut waren, nicht dass die je schlecht werden könnten.

Sie hatte oft genug dabei zugesehen, wie die anderen ein Feuer machten, und traute sich zu, ebenfalls eines auf die Reihe zu bekommen. Vor allem da ihr hier alles viel einfacher gemacht wurde.

Es gab genug Anzünder, um das ganze Haus damit abzufackeln. Darum war das Feuer schnell entfacht und sie konnte sich eine Packung der Fertignudeln machen. Während sie darauf wartete, dass das Wasser auf dem Kamin warm wurde, las sie die Produktbeschreibung der Fertignudeln.

Ein Pfeifen zeigte ihr an, dass sich das Wasser in der Teekanne jetzt bei genau der richtigen Temperatur befand. Sie goss ausreichend heißes Wasser in den Becher. In fünf Minuten konnte sie zu Abend essen. Die Wartezeit vertrieb sie sich damit irgendwas zum Lesen zu suchen. Doch alles, was sie finden konnte, war einer dieser Liebesromane, wie man sie am Flughafen oder an Bahnhöfen kaufen konnte. Sie entschied, dass es besser war als nichts, und nahm ihn mit.

Zusammen mit dem Buch und dem Becher Fertignudeln setzte sie sich in den alten abgenutzten Sessel. Er war muffig und fing schon nach kurzem an, an ihrer Haut zu kleben. Deshalb entschied sie sich schnell auf das wunderschön verzierte Holz-Bett als ihre Sitzgelegenheit auszuweichen. Das Knistern des Feuers war auch in diesem Raum zu hören, doch als Lichtquelle musste sie leider auf eine alte Nachttischlampe umsteigen. Vor der Zimmertür konnte sie sehen, wie das Feuer an der Wand zum Knistern, zu tanzen begann und Schatten von allen Gegenständen im anderen Raum an die Wände warf.

Das Gezwitscher der Vögel draußen vor dem Fenster weckte sie auf. Sie konnte sich gar nicht mehr daran erinnern, wie sie eingeschlafen war. Ihre einzigen Erinnerungen an den vergangenen Abend waren, dass sie sich noch zwei weitere Becher machte und danach noch ein bisschen in dem Buch las. An die Handlung konnte sie sich jedoch nicht mehr erinnern. Die Sonne war schon lange aufgegangen und erwärmte ihren Oberkörper durch das verstaubte Fenster.

Sie stand auf und streckte sich einmal ausgiebig. Sie konnte sich nicht mehr daran erinnern, wann sie das letzte Mal so gut geschlafen hatte. Die Betten in der Feuerwache ein paar Tage zuvor waren schon lange durchgelegen gewesen. Das Feuer war schon längst ausgebrannt, dennoch ist es über Nacht nicht kalt geworden. Im Bad konnte sie ihre Zähne endlich mal wieder mit Zahnpasta putzen. Irgendwie gefiel es ihr in der Hütte so gut, dass sie beschloss bis zum Ende dort auszuharren. Tokio war schon seit vorletzter Nacht nicht mehr ihr Ziel gewesen. Alles, wonach sie suchte, war eine Bleibe, um bis zum Ende auszuharren.

Sie wollte den Tag mit ein paar Dehnübungen in der Sonne beginnen, weshalb sie die Haustür öffnete und sofort wieder zuschlug. Vor ihrer Tür standen einige Männer in braunen Roben. Umeko wusste sofort, dass sie zu den Tempelrittern gehörten. Dementsprechend wunderte es sie auch nicht weiter, dass sich bereits einige von ihnen einen Weg ins Haus gebahnt hatten. Um sich verteidigen zu können, sprintete sie zum Kamin. Mit dem Schürhaken, den sie als Waffe auserkoren hatte, fuchtelte sie wie wild herum, um alle auf Abstand zu halten. Was sie jedoch nicht bedacht hatte, war, dass die Tür nicht abgeschlossen war. Sobald es ihr auffiel, war es schon zu spät. Ein Mann, von dem sie ohne die Robe gedacht hätte, dass er ein gewöhnlicher japanischer Angestellter gewesen wäre, hatte ihr bereits eine Spritze in den Nacken gerammt. Wenige Sekunden nach einem Schmerzensschrei wurde ihr Körper schwer, erschlaffe und jegliche Form von Gegenwehr verschwand.

Das Nächste, an das sie sich erinnern konnte, war, wie sie bereits in den Stofffetzen gekleidet in einem anderen Raum an die Wand gekettet war. Dort hatte sie mehr Auslauf, sie konnte den ganzen, wenn auch kleinen Raum ablaufen. Anders als jetzt, wo jegliche Form von Bewegung von ihrem Kopf ausging. Die Schrammen und anderen Verletzungen hatte sie von dem Mann mit den zwei Assistentin. Sie weigerte sich mit ihm zu schlafen und wurde als Strafe dafür verprügelt. Das zu erzählen fiel ihr sichtlich am schwersten und hätte Nobu sie nicht gedrängt, es ihm zu erzählen, hätte sie es auch für sich behalten.

„Diesem perversen Arschgesicht werde ich eine verpassen, dass er sie in hundert Jahren noch spürt."

„Danke." Eine einzelne Träne rann ihre Wange herunter. Sie wusste genau, was jetzt kommen musste und sie war darauf gefasst. Ihr wurden alle Informationen, die für sie wichtig waren, gegeben, als sie aus ihrer Zelle in diesen Raum geführt wurde. Alles, nur nicht, dass es ihr guter Freund Nobu sein würde, der es tun sollte.

„Habt ihr meine Briefe gelesen?" Das wollte sie unbedingt noch wissen, bevor es so weit war.

„Haben wir." Auch Nobu fiel der eigentliche Grund ein, wieso er in diesem Raum mit einem riesigen Messer in der Hand war. „Danke, dass du uns wenigstens deine wahren Gefühle mitgeteilt hast. Es war nicht für alle leicht die Suche nach dir aufzugeben, das kannst du mir glauben."

„Jinpei." Sie wusste genau, wen er meinte.

„Genau, aber am Ende konnten wir ihn doch dazu überreden deinen letzten Wunsch zu respektieren."

„Apropos letzter Wunsch, könntest du ihn dir anhören, bevor du tust, weshalb du hier bist."

„Natürlich." Zu hören, dass sie bereit dazu war, machte ihn sowohl wütend als auch traurig.

„Lass bitte jeden von diesen Typen dafür bluten, was sie getan haben."

„Darauf kannst du dich verlassen."

„Danke nochmal." Ihr kamen die Tränen.

„Wofür?"

„Dafür, dass du es bist, der es zu Ende bringt." Sie schloss die Augen und war bereit zu sterben.

„Ich werde es so schnell und so schmerzlos, wie ich kann, beenden." Er setzte das Messer an ihrer Brust an, doch er hielt inne, als ihm die erste Träne kam. Wenn er es nicht durchzog, war er der Nächste, der sterben würde, und Umeko würde dennoch nicht überleben. Mit diesem Gedanken trieb er das Messer zur Gänze in ihre Brust. Warmes Blut lief ihm den Arm herunter. Noch ein letztes Mal nahm er sie in den Arm und konnte spüren, wie das Leben aus ihr wich. Von Trauer überwältigt ging er zu Boden und brach in Tränen aus.

Erst als ihre Leiche kalt wurde, hörte der Fluss seiner Tränen auf. Mit der blutverschmierten Hand wischte er sich einmal übers Gesicht, wodurch er einen Blutstreifen darauf hinterließ, doch die Tränen waren weg. In der Zwischenzeit hatte jemand unbemerkt einen Schlüsselbund neben die Tür gehängt. Einer von ihnen trug die Aufschrift Ketten. Nobu nahm in an sich und öffnete damit eine ihrer Fesseln. Bevor er die zweite Kette öffnete, zog er das Messer aus ihrer Brust und steckte es zurück in die Hülle. Als er die letzte Kette öffnete, fiel ihm ihre Leiche in die Arme. Er bemerkte, dass sie deutlich an Gewicht verloren hatte, im Vergleich zum letzten Mal, wo er sie so tragen musste. Auch damals hatte ihr ein solches Bowie Campingmesser fast das Leben genommen. Diesmal war es geschehen. Wie damals, vor ihrer Reise, lief ihm das Blut den Arm runter.

Er trat aus dem Raum und sofort kamen ihm zwei Leute mit einer Bahre entgegen. Nachdem sie darauf lag, wurde sie mit einem weißen Tuch bedeckt, das sich sofort blutrot färbte.

„Sorgt dafür, dass sie angemessen beerdigt wird", rief Noah den beiden hinterher.

„Eines Tages werde ich dich umbringen." Nobu rammte das blutverschmierte Messer nur Zentimeter neben Noahs Kopf in die Wand. In seinen Augen keimte der pure Hass. Jeder andere wäre von seinem Blick in der Luft zerrissen worden, doch Noah nicht.

„Ich freu mich schon darauf." Mit einem sadistischen Grinsen erwiderte er seine Drohung.

Kapitel 26 Hannah

Nobus Körper schrie nach frischer Luft, weshalb er draußen stand und der Sonne entgegenblickte. Diesen Moment der Stille gönnte Noah ihm, bevor er ebenfalls nach draußen trat und sich neben ihn stellte.

„Ich werde dir jetzt dein Zuhause zeigen, danach stelle ich dir deine Mitschüler vor.“ Er machte eine Pause, er wusste genau, wie schwer es für ihn war. „Wenn du so weit bist, sag Bescheid, ich warte so lange da drüben.“ Er ging einige Meter zur Seite und setzte sich auf eine Bank.

Er dachte sich beruhigt zu haben, doch als er sah, wie Noah friedlich ein Nickerchen machte, kochte die Wut wieder in ihm auf.

„Ich wäre dann jetzt so weit.“ Er spielte kurz mit dem Gedanken es jetzt zu beenden, entschied aber, dass es das Dümmste wäre, das er tun könnte.

„Gut.“ Noah öffnete die Augen und schaute zu Nobu rauf. „Dann zeig ich dir jetzt erstmal dein Zimmer.“

Kaum waren sie wieder auf dem Gelände der Akademie, kamen ihnen immer wieder Schüler entgegen.

„Ist etwa schon wieder Pause“, fragte Noah einen der vorbeigehenden Schüler.

„Ja Meister, die sechste Stunde ist gerade vorbei“, antwortete dieser.

„Hier gibt es also auch ganz normale Pausenzeiten.“

„Ja, abgesehen von manchen der Fächer ist hier alles genauso wie in normalen Schulen. Ihr habt zweimal 45 Minuten Unterricht und dann 20 Minuten Pause. Wie viele Stunden man insgesamt hat, ist unterschiedlich. Je nachdem in welcher Klasse man ist. Aber du kannst dich schonmal darauf einstellen, dass du täglich mindestens acht Stunden haben wirst. Es gibt sogar sowas wie Ferien. Demnächst sind die Sommerferien, doch an denen wirst du kaum teilnehmen können, da du dich in dieser Zeit darauf konzentrieren wirst den Stoff nachzuholen."

„Und was sind das für Fächer?"

„Auf jeden Fall wirst du ein Grundwissen in Latein bekommen. Dann kommen noch Grundkenntnisse im Umgang mit allen möglichen Waffen sowie Kampftechniken, da ist es egal, welchen Zweig du am Ende einschlägst. Natürlich hat man Mathe und andere grundlegende Fächer wie Biologie, auch wenn es da eher in Richtung Anatomie geht."

„Damit man lernt, wie man einen Gegner am effektivsten ausschaltet, nicht wahr?"

„Genau." Noah fing an zu schmunzeln. „Bei allen anderen Fächern kommt es darauf an, welchen Zweig man einschlägt. Denn nicht alle hier sind Killer. Es gibt auch Leute, die sich auf Landwirtschaft konzentrieren oder der puren Religion verschreiben. Aber selbst da gibt es die unterschiedlichsten Kurse."

„Verstehe." Nobu würde auf gar keinen Fall etwas wie Religion oder Landwirtschaft wählen, das war ihm schon längst klar.

„So, da wären wir." Sie standen vor dem Eingang des Wohnheimes, das selbst schon aussah wie eine Kirche. „Selbst in den Pausen kommen hier nur die wenigsten Schüler her, also werde ich dir erstmal in aller Ruhe dein Zimmer zeigen."

Im Erdgeschoss befanden sich nur vereinzelt Zimmer, jedes davon gehörte dem Personal. Sonst befand sich dort unten die Kantine, in der die Mahlzeiten ausgeteilt werden.

„Jedes Wohnhaus hat ihre eigene Kantine. Allerdings wird dort meistens nur zu Abend gegessen. Frühstück und Mittagessen gibt es im Schulspeisesaal. Außer am Wochenende, da kann man sich aussuchen, wo man essen will. Wird meistens dann genutzt, wenn Mädchen und Jungen sich treffen wollen. Die Wohnheime sind nämlich nach Geschlecht aufgeteilt."

Neben einem Gemeinschaftsraum und einem Fitnessraum gab es noch eine kleine Arena mit Zuschauerrängen, die Nobus Aufmerksamkeit besonders beanspruchte.

„Hier können die Schüler gegeneinander in allen möglichen Arten von Kämpfen antreten. Wird gar nicht mal so selten genutzt: manchmal, wenn ein Streit aus dem Weg geräumt werden muss, meistens aber nur für ein freundschaftliches Gerangel." Bis auf diesen einen Raum war es genau wie jedes andere Wohnheim, das Nobu durch seine Unirecherche kannte.

Eine steinerne Treppe führte sie hinauf in den ersten Stock, ab diesem Stockwerk begannen die Unterkünfte der Schüler. Sie betraten einen breiten Gang, wo auf beiden Seiten in Abständen von etwa sechs Metern immer wieder Türen waren. Wäre man an der Treppe, anstatt nach links abzubiegen, gerade aus weitergegangen, wäre man durch eine Tür gelangt, die weitere Zimmer offenbart hätte. Noah führte Nobu fast an das Ende des Flures, bevor er einen Schlüsselbund hervorholte. Mit diesem schloss er eine der Türen auf. Der Raum dahinter war nur sehr spärlich eingerichtet. Noah ließ ihn allein und zog sich in die Kantine zurück, da er noch nicht zu Mittag gegessen hatte.

Es gab nur einen kleinen Holzschrank, der aber für Nobu ausreichend war. In seinem Inneren waren schon verschiedenste Kleidungsstücke platziert worden. Darunter auch ihre typische braune Robe in mehrfacher Ausführung.

„Die Tempelritter stehen wohl auf die Farbe braun." Er hatte seine Schuluniform in der Hand. Braune Hosen, Kurz- sowie Langarm-Hemden und eine leicht gefütterte braune Jacke. Daneben gab es auch Sportbekleidung, welche aus drei schwarzen T-Shirts, schwarzen Jogginghosen – einmal in kurz und einmal in lang – bestand.

In der einen Ecke stand ein Schreibtisch, es war ein einfacher Tisch mit einer Stehlampe darauf. Kein PC oder sonst irgendetwas Technisches war dort zu finden. Zum Schreiben stand ein Rollcontainer unter dem Tisch. Dort drin war alles, was man brauchte, um sich Notizen zu machen. Stifte, Blöcke und Hefte waren in ausreichender Zahl vorhanden.

Obwohl das kleine Bett mit seinem Metallgestell nicht gerade gemütlich aussah, warf Nobu sich mit dem Gesicht zuerst drauf. Es war tatsächlich nicht so bequem wie sein Bett zuhause, beschweren konnte er sich dennoch nicht. Am liebsten hätte er jetzt die Augen geschlossen und den Rest des Tages verschlafen, doch diese Unaufmerksamkeit konnte er sich momentan noch nicht leisten. Er drehte sich auf den Rücken, so dass er die Decke anstarrte. Ihm fiel auf, dass noch immer das Blut an seiner rechten Hand klebte, als er sie sich vors Gesicht hielt. Inzwischen war es getrocknet und war selbst mit Wasser und Seife nicht so leicht wieder abzubekommen. Im Spiegel, der genau wie das Waschbecken direkt neben der Tür hing, konnte er sehen, dass auch ein bisschen von dem Blut an seiner Wange klebte. Bei dem Versuch es wegzuwischen wurde nur seine gesamte Wange rot. Bei jedem Streichen spürte er den Bart unter seinen Fingern. An diesen Anblick konnte er sich noch immer nicht gewöhnen. Er nahm sich vor, bei der erstbesten Gelegenheit sowohl seinen Bart als auch seine Haare stutzen zu lassen.

Das Handtuch, das er nutzte, um Gesicht und Hände abzutrocknen, war danach leicht rosa gefärbt, dafür war er das Blut endlich losgeworden. Mit den trockenen Händen untersuchte er das Einzige in dem Raum, das er noch nicht näher betrachtete hatte: ein Bücherregal, das direkt neben dem Schreibtisch stand. Es waren schon ein paar wenige Bücher einsortiert worden, doch insgesamt war noch genug Platz für weitere Bücher. Schon beim Durchblättern fiel ihm jedoch auf, dass es sich bei jedem einzelnen Buch um ein Sachbuch handelte.

„Vermutlich mein Lernmaterial. Na, das werden mal schöne

Sommerferien.“ Er stellte es mit einem leichten Lachen wieder zurück ins Regal.

Nach einem Knurren seines Magens entschied er sich dazu ebenfalls in die Kantine zu gehen und sich dort etwas zu essen zu holen.

Noah wartete bereits dort bereits auf ihn, er war der Einzige in dem Raum außer dem Kantinen-Personal. Alle anderen waren in der Kantine der Akademie. Er zeigte auf einen Stuhl ihm gegenüber. Auf einem Tablet an dem Platz war eine große noch dampfende Portion Lasagne, Nobus Lieblingsessen.

„Greif ruhig zu, es ist mehr als genug da.“ Die Kirche war vermutlich die am besten vorbereitete Gemeinschaft. Sie betreiben auf ihrem Gelände schon seit Jahrzehnten Landwirtschaft und hatten somit das Glück, genug Lebensmittel für eine Katastrophe wie diese im Vorfeld konservieren zu können.

Nobu war begeistert von dem Essen, er hatte schon oft Lasagne gegessen und sie auch schon oft selbst gemacht. Dennoch war das, was er vor sich hatte, mit Abstand die beste, die er je gegessen hatte. Sie konnte sogar die Lasagne seiner Mutter, welche eine herausragende Köchin war, überbieten. Wann immer seine Mutter zu Hause war, machte sie ihm in der Zeit mindestens einmal sein Lieblingsessen.

„Wie gefällt dir dein Zimmer?“, fragte Noah, während er gerade die Gabel zu seinem Mund führte.

„Recht klein und spartanisch eingerichtet.“ Er sprach nur zwischen zwei Bissen, hatte aber keine Bedenken seine ehrliche Meinung auszusprechen.

„Damit fängt jeder an, alles Weitere musst du dir erst verdienen. Und jetzt iss auf, damit ich dir deine zukünftigen Klassenkameraden vorstellen kann.“ Trotz der Ansage wollte er noch eine zweite Portion, die er auch bekam.

Ihre Tabletts wurden von einer Bedienung abgeräumt. Nobu war seit langem mal wieder von einer Mahlzeit satt geworden.

Eine große Tür am Ende des Ganges im Erdgeschoss verband das Wohnheim mit der Akademie. Ihr erstes Ziel, das Lehrerzimmer, befand sich im vorletzten Stock. Darüber lagen nur noch die Privatbüros einiger Lehrer so wie das Direktorat.

Das Lehrerzimmer war nur mit wenigen Leuten besetzt, sie alle schauten auf, als Noah durch die Tür kam. Der Lehrer, der am nächsten dran saß, rollte mit seinem Bürostuhl nah an Noah ran.

„Was können wir für dich tun?" Er war ein guter Bekannter von Noah. Die beiden kannten sich schon seit ihrer Ausbildung. Da er Nobu zuvor nicht gesehen hatte, sprach er direkt Englisch mit seinem Bekannten.

„Ich bin auf der Suche nach der 11A, kannst du mir sagen, wo sie gerade ist?" Noah antwortete ihm in bestem Englisch.

„Klar, warte kurz." Er wühlte sich durch einen Stapel Dokumente, unter denen sich auch der Stundenplan einzelner Klassen, wie auch der 11A befand. „Wie gehts dir, du lässt dich hier kaum blicken", fragte er, während er seine Suche fortsetzte.

„Ich habe einiges zu tun, ansonsten ganz gut. Wenn du willst, können wir demnächst mal wieder zusammen einen trinken gehen." Mit einer Geste vor den Mund verdeutlichte er seinen Vorschlag.

„Gern!" Er zog einen einlaminierten Zettel aus dem Stapel heraus und hielt ihn hoch. „Hier haben wir das gute Stück. Lass mich kurz schauen, die 11A ist gerade, ah … da steht's, sie sind gerade in der Arena." Der Lehrer hielt ihnen den Plan hin und zeigte auf die Klasse.

„Danke dir, ich komm später noch mal vorbei."

„Klar", er war schon wieder völlig in seine Arbeit vertieft.

„Die Arena also, da kommt mir doch gleich mal eine gute Idee." Noah lachte in sich hinein. Das gefiel Nobu so gar nicht, unter Arena verstand er im Zusammenhang mit den Tempelrittern einen Ort, an dem sich Leute gegenseitig die Köpfe einschlagen würden.

Die Arena war eine Mischung aus der Anlage im Wohnheim und einer einfachen Sporthalle. Es gab Zuschauerränge und untereinander aufgeteilte Bereiche, sodass mehrere Klassen gleichzeitig vor Ort sein konnten. Doch in diesem Fall wurde nur ein Bereich genutzt. Dort traten gerade zwei Schüler, die in Nobus Alter waren, mit Gummimessern gegeneinander an. Der Lehrer, ein etwas rundlicher Mann mit vollem, braunem Haar, schien von dem Kampf gelangweilt zu sein, denn er war der Erste, der die beiden näher kommen sah. Er sah sich ein wenig im Raum um und entdeckte sie.

„Was verschafft uns die Ehre?“ Er war schon viel förmlicher und ging nicht mehr so locker mit Noah um wie noch der letzte Lehrer. Diese beiden waren nichts weiter als Kollegen, die in derselben Firma arbeiteten und sich alle Jubeljahre mal zu Gesicht bekamen. Während der Lehrer ein einfacher Angestellter war, war Noah eine Art Filialleiter.

„Ich hatte doch von dem Neuen erzählt, der nach den Sommerferien in die Klasse kommt.“ Er zeigte auf Nobu.

„Ja stimmt, das hattet ihr mal erwähnt, das ist er also.“ Er begutachtete den Jungen von oben bis unten. Diese Blicke war er inzwischen gewohnt. Fast jeder auf dem Gelände schaute ihn so an. „Sieht nicht so aus, als hätte er viel drauf.“ Enttäuscht wendete er sich wieder den beiden kämpfenden Schülern zu. Genau in dem Moment hatte der eine den anderen überwältigt und zu Boden geworfen. Nobu dachte nur daran, dass der Lehrer auch nicht gerade das war, was er vom Sportlehrer der Tempelritter erwartet hatte. Vielmehr hatte er einen Mann wie Noah dabei im Sinn gehabt, groß und breit gebaut. Nicht einen Mann, der genauso groß war wie er selbst und trotzdem 30kg mehr auf die Waage brachte.

„Gut das reicht, die Nächsten“, schrie der Lehrer in den Ring.

„Haben Sie was dagegen, wenn er im nächsten Kampf antritt? Dann kann er sich auch gleich bei seinen Klassenkameraden vorstellen.“

„Soll mir recht sein, aber beschwer dich nicht, wenn er getötet wird.“ Dass der Lehrer nicht viel von Nobu hielt, merkte man sofort.

„Gut, wer tritt als Nächstes an? Jemanden, den ich kenne.“ Noah war neugierig auf den Gegner. Der Lehrer spickte kurz auf seiner Liste.

„Hannah“, gab der Lehrer trocken von sich. „Bist du sicher, dass du ihn in diesem Kampf antreten lassen willst.“

„Ach das wird schon, der hat bereits Schlimmeres überstanden.“

„Wer ist wohl diese Hannah?“, dachte sich Nobu.

„Na los, du bist dran.“ Mit einem Grinsen deutete Noah mit seinem Kopf in Richtung Kampffläche und drückte ihm eine Gummiklinge in die Hand.

Ein Mädchen mit Schulterlangen, silbernen Haaren und eisblauen Augen betrat den Ring. Das war Hannah, die Jahrgangsbeste.

„Na los Glacies Reginae, zeig diesem Idioten, dass er hier nichts verloren hat.“ Einer ihrer Mitschüler stachelte sie an.

„Ihr Spitzname ist Glacies Reginae, oder auch Eisprinzessin“, erklärte Noah ihm.

Ihr Spitzname war Eisprinzessin, er passte perfekt, wie Nobu dachte. Die Haarfarbe zusammen mit den Augen und dem eiskalten Blick, den sie hatte. Er hätte sich keinen Besseren für sie ausdenken können.

„Ist das wirklich Ihr Ernst?“ Sie war genervt und schaute durch Nobu hindurch zu ihrem Lehrer. Als er von diesem Blick durchbohrt wurde, spürte er eine Kälte in sich aufkommen.

„Fangt an!“ Der Lehrer ignorierte ihre Frage.

„Was ist los, hast du etwa Angst Glacies Reginae?“ Der Junge, der sie zuvor noch angefeuert hatte, fing nun an sie zu ärgern. Dafür kassierte er direkt die Quittung, nämlich denselben kalten Blick, den Nobu auch kassierte. Es war deutlich zu sehen, dass die Ehrfurcht in seinem Gesicht nicht gespielt war. Er hatte Angst davor, dass Hannah sich ihn als Nächstes vornahm.

Genau diesen kurzen Augenblick, in dem sie ihre Deckung hatte fallen lassen, stürmte Nobu auf sie zu. Im Bruchteil einer Sekunde hatte er sie aus dem Gleichgewicht gebracht und zu Boden stoßen können. Direkt darauf setzte er sich auf ihre Brust mit den Knien auf ihren Armen. So konnte sie nicht mehr weg. Zu guter Letzt setzte er ihr das Gummimesser an die Kehle. In ihrem Blick war zu erkennen, wie überrascht sie über diese plötzliche Niederlage war. Noch überraschte war sie jedoch über die Wut, die in Nobus Augen loderte. Sie hatte das Gefühl, dass es sie gleich zerreißen würde, nur dadurch, dass sie in seine Augen blickte.

In nur wenigen Sekunden war der Kampf entschieden. Für jeden im Raum war der Gewinner die größte Überraschung, die er je erlebt hatte. Vor Überraschung vergaß der Lehrer den Kampf zu beenden. Und selbst der Typ, der zuvor noch mit Hannah gestichelt hatte, konnte keinen Ton mehr rausbringen. Sogar Noah schaute mit echter Überraschung auf das Ergebnis.

„D...Damit hatte ich jetzt nicht gerechnet." Dennoch freute es ihn, dass er gewann.

„D...Der Kampf ist vorbei. Der Gewinner ist ..." Der Lehrer konnte den Namen vor Verwunderung nicht sofort aussprechen. „Nobu!"

„Du hast ihn gehört." Sie pustete sich eine Strähne ihres silbernen Haares aus dem Gesicht. „Und jetzt geh runter von mir." Hannah war verlegen, gleichzeitig aber auch wütend. Etwas, das ihre Klassenkameraden in all den Jahren nie erlebt hatten. Nobu stieg von ihr runter und lief auf den Lehrer und Noah zu. Dem Lehrer drückte er mit einer gelangweilten Miene die Waffe gegen die Brust. Dieser wusste nicht, was er erwidern sollte, weshalb er ihm nur stumm nachschaute. Nobu machte sich wieder auf den Weg zu seinem Zimmer, Noah hielt ihn nicht davon ab, da er an diesem Tag nichts mehr mit ihm vorhatte. Wütend über sein Verhalten lief Hannah ihm hinterher. In der Zwischenzeit stellte sich Noah vor die Zuschauerränge.

„Er wird ab morgen in eurer Klasse sein, ich hoffe, euch hat gefallen, was ihr gesehen habt. Ihr solltet niemals jemanden unterschätzen, nur weil er nicht nach einem starken Gegner aussieht." Noah verwandelte das Ganze, mit dem nicht mal er gerechnet hatte, direkt in eine Lektion für die nächste Generation. „Sonst passiert euch das Gleiche wie Hannah. Und bedenkt, dass sie die Jahrgangsbeste ist, also wäre jeder von euch noch schneller erledigt gewesen." Er bedankte sich noch für die Aufmerksamkeit der Schüler, ehe er an dem Lehrer vorbei nach draußen ging. „Ich hoffe, dass es auch Ihnen eine Lehre war." Noah mochte es gar nicht, wenn man auf jemanden heruntersah, nur weil er nicht nach viel aussieht. Er respektierte Nobu immerhin von Sekunde eins als einen guten Gegner.

„Warte, hey, ich habe warte gesagt!" Hannah ergriff Nobus Arm und zog ihn zu sich herum.

„Was willst du?" Die Wut war wieder aus seinen Augen verschwunden.

„Denk ja nicht, dass es das war, ich weiß nicht, wie du es geschafft hast, aber das nächste Mal werde ich nicht gegen dich verlieren. Das ist mal sicher." Ihre blauen Augen funkelten.

„Natürlich würdest du das nicht. Auch jetzt konnte ich nur gewinnen, weil du abgelenkt warst und mich nicht ernst genommen hast. Aber wenn ich eines dank euch gelernt habe, dann, dass der erste Kampf zwischen zwei Personen für einen von ihnen auch immer der letzte sein kann."

„Irgendwann will ich eine Revanche gegen dich." Sauer ging sie zurück zu ihrer Klasse.

Ende des dritten Buches